belle vue

人 生 風 景 · 全 球 視 野 · 獨 到 觀 點 · 深 度 探 索

記憶

The Rag and Bone Shop

How We Make Memories and Memories Make Us

我們如何形成記憶，記憶又如何塑造我們？

精神病學家探索解析大腦記憶之謎

Veronica O'Keane

薇洛妮卡・歐金 著

潘昱均 譯

Contents

前言

我能感受身體裡有一顆心，我斷定它存在。我能接觸這世界，同樣地我斷定它存在。我的一切知識總結於此，其餘便是虛構的。

——卡繆，《薛西弗斯的神話》（1955）

法國作家普魯斯特（Marcel Proust）寫下探索童年回憶的名著 *A la Recherche du Temps Perdu*，書名翻譯過程的小波折呈現了我想藉此書傳達的概要。*A la Recherche du Temps Perdu* 在一九五四年翻譯成英文時，譯本書名一開始譯為 *Remembrance of Things Past*（《往事回憶錄》），到了一九九二年的版本，書名則改為更精確的 *In Search of Lost Time*（《追尋逝去時光》）。初版書名的「Remembrance of」表示記憶被動地從一個隱藏且固定的儲存庫中被召喚出來；而後的書名改用「in search of」（尋找）則是主動地在流逝過往中尋找這些記憶。在兩次翻譯的間隔，神經科學幾乎趕上了普魯斯特。[1]

1 譯註：*A la Recherche du Temps Perdu* 在台灣通行的書名為《追憶似水年華》，這是聯經出版社沿用 1989 年簡中版譯本的譯名，書名取自湯顯祖《牡丹亭》劇中主角杜麗娘感嘆青春易逝而唱出的「似水年華」，學界多認為偏離主旨，新譯本又改為《追尋逝去時光》。

Part 1

How We Make Memories

我們如何形成記憶

1 曙光初現

人生當中有些事只要一被我們想起，就會以一種「往事歷歷」的感覺出現。有時候這種感覺很強烈，倒不是恍然大悟，而是有一種忽然栽進一層全新意識的感覺。而這新意識是不言自明的，就像碟上的杯子喀地響了一聲，只要有這個信號，你就知道杯子動過了。我想了解記憶的真相，送我踏上這條路的輕聲喀響發生在千禧年初的倫敦，回想起來，這件偶發事件就像小說的開場，故事元素像是不經意出現，但全都經過刻意布局，倘若回頭再分析，故事開頭早就預示了結局。伊迪絲的故事送我踏上破解記憶之路，讓我重新定義我對記憶的看法，雖然記憶的相關知識對我來說早已爛熟到想都不用想，但我這樣也迴避了建構記憶內涵的本質——身為有感覺、活生生的人，只有個人經驗才能形塑記憶。

我在貝斯勒皇家醫院（The Royal Bethlem Hospital）遇到伊迪絲。貝斯勒是世上最古老的精神病院，現在隸屬名聲更顯赫的莫茲利精神病醫院（Maudsley Hospital）。貝斯勒的歷史可追溯到一二四七年，當時管它叫 Bedlam（瘋人院），後來 bedlam 一字的意思就變成混亂狂躁了。到了二十世紀初，這家醫院才改名為貝斯勒皇家醫院。國民治療中心占地一百多英畝，醫院廣場滿是七葉樹與榛樹。千禧年代才過不久，我已經在國民孕產婦精神診療病房做了五年的主治醫師，自從國民健保署（NHS）成立這個單位至今，我們已經讓大批民眾免於失能，英國各地在懷孕期或生產後出現精神疾病的婦女都會送到我們單位做專業治療。

我們部門門口附近的下水道住著一家獾。我經常駐足在大樓外看著牠們安躺在洞口柔軟的泥草地，倘若時間湊巧，趕上牠們守夜交班的時候，還會看到一隻獾在白日光線中探出頭來。這些年我往來倫敦和都柏林通勤上班，在都柏林的兩個孩子每個禮拜總盼著聽我說又看到那幾隻獾有什麼新動靜，但他們只等到用春夏林間野花做成的壓花，深秋落下的榛果和七葉樹果子。我愛在貝斯勒工作的這五年，因為可以挽救像伊迪絲這樣的女人，她們被嚴重的產後精神病擊倒，我們帶她們重回正規人生。送進我們部門的女人多數都有不足為外人道的精神病，英國每年約有一千四百名婦女會發生這個情況。伊迪絲在生下孩子幾週內就被送進病房，以下是她的故事。

伊迪絲生產前沒有任何精神疾病的病史，她滿心喜悅迎接嬰兒的到來。她懷孕期間身體健康，掃描胎兒也正常，分娩過程也不複雜，她生下一個足月的健康男嬰。但在孩子出生後幾天，伊迪絲開始變得冷漠抽離，人似乎越來越恍神，好像有什麼事在困擾她，有些事一直盤據她的心思，而她卻不想說出緣由。她的病情迅速惡化，入院時她已拒絕進食，白天黑夜在家中遊魂似地走來走去，無視嬰兒，更不理會其他世事。家庭醫生到家看診後，立刻把她轉給我們醫院進行評估治療。我一見到伊迪絲就注意到，她才生下孩子不到兩個禮拜，身型卻異常消瘦。她的臉上沒有表情，大半時間總是沉默，對我們的問題沒有反應。

我們經常在精神病患身上看到這種「封閉」的樣子。對這些患有產後精神病的婦女來說，她們通常會聽到別人聽不到的聲音，會聞到外面聞不到的異味（多半是臭味），或感到身上被碰觸，卻見不到有人或有東西碰觸她們。這些聽覺、嗅覺、視覺與體感幻覺（包括體表碰觸與內臟感覺）都是精神病的病徵，我們必須確立的首要原則是這些所謂的症狀都是真實的感覺。聽到東西聲響、聽到人的語音，這些都是主觀經驗；無論這個聲音源自於外界或大腦神經元病態放電，這兩種聽音感受是類似的，而聲音來源是另外一回事。就算這聲音是起自大腦病態放電，聽者也會環顧四周查看是誰在說話，當他們查找時，只要發聲源的方位有人，他們就會認為聲音是那個人發出的，或是藏在那裡的人發出的。那些有幻聽症狀的人總像在自言自語，然而真實狀況是他們正在回應那個聲音，對他們而言，那個聲音真的聽得到，真真切切就如真人發出。

這讓精神病患者被孤立，困在一個明明聽得到或看得到的世界，但外界卻無法體會這個世界。他們進而相信自己祕密地進入一個別人都察覺不到的靈異幻境，擁有他人都沒有的「第六感」。大多數精神失常的人多會說自己遇上了未知力量，以為自己卡到了神、鬼、魔、靈等物，像伊迪絲就以為自己碰上了惡魔，這樣才能解釋自己的主觀感受為何如此怪異，為何與外界他人的感受不同。

伊迪絲把全副精神都耗在解讀這些活靈活現的天語、幻視、靈動，對外在的感官刺激已無能回應。就像多數的產後精神病患一樣，她的意識混亂，脫離現實。在諮商過程中我注意到伊迪絲有時盯著我的眼睛一直看，有時把雙眼閉得緊緊地，有時望向諮商團體中的某個成員，似乎她聽到聲音從那個方向來，她就朝著那方向的某人望去。她的動作僵硬、無目的地動來動去，有極大的防衛心，試圖隱藏自己的困惑和恐懼。對我們來說，很明顯地，伊迪絲回應的對象不是外界的感官刺激，她有產後精神病。

伊迪絲不再照料嬰兒，她「知道」那個嬰兒已不是她親生的孩子，即使看來一模一樣，但她親生的孩子身上沒有腐臭味，所以孩子不知怎地被調包了。一開始她還弄不清楚孩子是被換走了或是被邪力入侵，她的親生孩子若不是被眼前這個一模一樣的假貨給取代了，就是被惡魔附身。但她在來貝斯勒的途中正巧經過離她家很近的墓園，不經意地看了大門一眼，剛好瞥見一個小墓，覺得墓碑怎麼有點歪。這一下她就立刻明白，她的孩子一定被埋在這裡了。用舊墓穴埋新屍體正好掩人耳目，因為墳墓最近剛被動過，碑石才會歪掉。這證明她現在手上的嬰兒就是個冒牌貨，惡魔不但把伊迪絲和她的親生骨肉分開，現在就連她自己也要被惡魔關起來了。

伊迪絲剛被送到醫院時並沒有把這件事向我或其他人透露，因為說出來就完了，只會暴露自己已經知道了。只有假裝不知道我們都是假扮來騙她的，這樣才有自救的機會。她什麼都不會說的，就是陪著我們一起演下去，盡量少開口。

我在產後精神病患身上經常看到一種狀況，這些婦女多半深信她們親近的人被調包了，特別是自己剛生下的孩子被換成另一個替身，一個冒牌貨。這種現象稱為「卡普葛拉症候群」（Capgras syndrome），病名顯然來自首次描述這種病的醫生。我說「顯然」的原因是換孩子的想法其實可追溯到人類最古老的傳說，一些童話故事，在本書最後我們還會回到這些故事。

除了嬰兒，伊迪絲還覺得她的另一半也是個假貨，被一個長得一模一樣的人冒名頂替，串通惡魔一起來陷害她。她在幾個月後才告訴我這件事，那時已是她康復之後了。因為伊迪絲很害怕被邪靈抓走，一直想從醫院逃走。她拒絕吃藥，覺得那些藥一定有毒，至少吃藥也會削弱她對抗這樁邪事的力量。照她推測，在惡魔找到新目標前，要除掉的應該就只剩她一個了。她的冒牌丈夫和她身邊出現的詭異怪物都是針對她來的，這樁陰謀參與者的一舉一動都有目的，沒什麼是出於偶然或湊巧。每個人都是知人知面不知心，她的冒牌家人串通外人，把她的真孩子擄走殺了，之後又匆匆忙忙埋在附近墓園。

我們認為讓伊迪絲離開治療中心並不安全，因此用抗精神病藥物治療伊迪絲。幾天過去，她變得不再那麼受干擾後，開始願意回應我們。兩週後，精神錯亂的病況好轉，她了解那個孩子是她親生的，也因為和孩子分隔兩地而焦慮，她想要和孩子重聚。當伊迪絲的另一半把孩子帶來治療中心，伊迪絲看著孩子又哭又笑。我無法想像此刻她的混亂情緒，但其中必定參雜著初為人母的心情。她漸漸康復，三週後離開我們的治療中心，不再精神錯亂，但仍因為這些經歷造成心中創傷。

接下來幾個月伊迪絲回診追蹤病況，把她精神錯亂時期的經歷告訴了我。隨著治療的開展，那些聲音從正常音量漸漸減弱為耳語的音量，次數也變得較少，最後終於消失不見。對於另一半和小孩被調包的想法消失了，也了解到她對身邊所有人、包括對醫療團隊的懷疑都屬於偏執妄想的一部分。她為她在精神錯亂時那些執念感到很羞愧，尤其對小孩，所以很想將整段事情拋諸腦後。她還擔心如果讓別人知道她當時的妄想，他們可能把她當成會傷害小孩的母親。伊迪絲在精神錯亂前，對精神病的了解少之又少，更從未聽過產後才發作的精神病。她對自己的認知被搞得天翻地覆。我向她保證，她的精神病是因為生產時身體賀爾蒙快速變化影響到大腦造成的，這些變化讓大腦某些部分胡亂放電，產生很多主觀感受，都像是從外在環境中真實感受到的，但那卻是在大腦生成的。

對精神病的任何解釋都要從主觀體驗開始談起。所有的感覺，包括聲音、氣味、觸摸、視覺影像；無論是「精神錯亂」還是「真實的」感覺，無論是受到外界事物的刺激，或是因為大腦無緣無故，在沒有外來刺激下自己放電，這些感受都是真的。當時伊迪絲的感受是真的親身感受，是真實發生的，因此毫無疑問，在她的主觀上就是真的，在這點上我與伊迪絲都有共識。但是當我們需要指出這些感受是真的時，也就暗示我們了解它們是精神錯亂的幻覺。

我不斷想起在她出院後某次我們交談的情景，我問她，在她出院後是否還閃過對孩子或伴侶精神病態的妄想。伊迪絲回答說，她在復原階段的初期還是有的，但隨著時間過去，狀況越來越少。她告訴我，出院後，某次來這裡回診的路上她又經過那座社區墓園，又看到當初被押來貝勒姆時看到的小墓碑。同樣的一塊墓碑，入院前的她立刻就想到她的孩子被埋在這裡；幾個月後，她再看著這塊微微傾斜的石碑，有一刻她又像「回到」那時的她了，在被人押去醫院的路上，生命中真正的親人被調包成冒牌貨了，還被他們強押著去醫院，這些想法伴隨一陣恐懼直湧上心頭。我問她，這是第二次，她難道不知道這些是精神病發作的想法，而不是真的？她接下來的回答促使我踏上追尋記憶真相的漫漫長路，伊迪絲的眼睛直盯著我，說道：「是的，我知道……但記憶是真的。」

如此，我了解了，伊迪絲的記憶竟如有機實體般存在——是經驗感受的快照，是某種「情境再現」（flashback）。**所謂的「再現」**，除了出現了如真感受的記憶外，還能是什麼？就伊迪絲而言，事件發生當時和再次降臨之間的時間差消失了，所謂的記憶，就是當時經歷的感受連帶著情緒打擊一股腦地又一次向她襲來。記憶裡的感受是完全獨立且比所有理性認知更強大，自從那段遭遇烙印在腦海後，她一直灌輸自己理性與認知。伊迪絲知道自己有精神病，知道她的精神病經過治療目前已經好轉，也知道她的小孩安然在家，沒有被調包，沒有死，沒有被埋在社區墓園，這一切她都知道，但這些知識在她記起那件事時，全都被擱置了。**那個記憶是真的。**

伊迪絲具有如普魯斯特的能力，將記憶表述為未經重建的感官體驗——具有畫面和情緒，而且似乎與時間無關——這讓我的內在程序被啟動了，放棄用已知的知識架構去學。在對談前，我並未真正思考過記憶的問題，記憶於我不外是在醫學院學的解剖學迴路，研究生臨床訓練時學到的心理學理論，或是腦部病變造成的記憶力缺損；它是我們在臨床工作上的評量標準，也是精神病學中神經成像和分子研究的主題。更可以說，記憶是來自不同知識範疇的抽象結構。如果伊迪絲告訴我的是，看到墓碑讓她想起在精神錯亂時去醫院的經過，再次看到墓碑讓她經歷情境再現，那麼我可能會繼續深陷於對記憶的平面認知。

我從伊迪絲那裡學到很多，而最初也是最重要的一課，是心理學的學理分類和精神病學的臨床分類讓我對主觀感受視而不見。深受知識份子鍾愛的貝克特（Samuel Beckett）[1]對人類各種煎熬痛苦觀察入微，他就寫道：「我不是知識份子，全部的我只有感覺。」我對這段話深有同感，所以在這本書中我要捨棄記憶在知識上的解釋，避開理論，甚至記憶的基本分類。我探尋記憶的路要從世上的感覺開始，討論內在感覺狀態，旁及記憶的神經網絡[2]。

我整理出一些問題，並根據生活經驗和科學實驗的觀察提出一些可能的解釋。這些都是在「後伊迪絲」年代後默默出現的。視覺如何觸發過往記憶？我們如何藉著回憶再次體驗和感受？有情緒體驗的回憶和沒有感覺、只是「念頭」的回憶有何不同？伊迪絲為什麼光憑著聽到怪聲、聞到腐臭這些怪異的感覺就說她的嬰兒被調包了？伊迪絲看到墓碑就想到親生孩子被埋在這裡，如果對伊迪絲來說這就是真實的記憶，那什麼又是虛假的記憶？

透過大腦記憶路徑的探究，可說明各種情緒感覺是如何從本質上被綁在記憶裡一起存下，以致回憶時也召喚出感受。我們將一起探究，透過我個人的專業及人生記憶，希望能刺激你慢慢走向觀察自己的記憶。三十七年來，我觀察、治療、研究情緒和精神疾患。精神科醫生要精通十八般武藝——藥理學、神經學、心理學，還要有出自經驗的直覺，但我認為，我們在精神病學擁有的專門知識是對經驗感受本質的理解、也就是我們稱之為「現象學」（phenomenology）。我們將某些感受視為正常，某些為異常，還有一些是病態。我對正常和異常感受之間的區別不感興趣，但我一直對創造這些體驗感受的神經機制充滿好奇。不管你從哪裡開始尋找感受——也就是感覺、認知、情緒——的神經學解釋，終究會導向記憶。記憶把我們所知與所感結合在一起，並成為我們過濾當前意識與非意識感受的媒介。

我從伊迪絲那裡學到的另一堂基礎課程是，我們更容易從有異常經驗的人那裡學到正常經驗。十九世紀末著名心理學家威廉・詹姆斯（William James，他的弟弟是更有名的小說家亨利・詹姆斯）就曾說過：「研究異常現象是理解正常現象的最好方法。」所以對我來說，伊迪絲這樣的患者是我研究的起點，他們顯示記憶就如真實生活

---

1 譯註：貝克特（Samuel Beckett，1906-1989）經典名劇《等待果陀》的作者，出身愛爾蘭，定居法國，歷經兩次世界大戰，結合硬漢、運動員、藝術家、文人與哲人的複雜特質讓他成為文人偶像。

2 作者註：記憶有幾種傳統分類，主要分為兩類。第一種根據時間做分類，如「短期記憶」、「中期記憶」、「長期記憶」。這種區別對臨床上想稍微評估記憶功能時很有用：例如，失智症病程越長，短期記憶受損狀態就越嚴重，相較起來長期記憶就能保留較多。大腦若有嚴重損傷，長期記憶也可能立即喪失。另一類用記憶形式作主要分類，通常分為「內隱記憶」（implicit memory）〔又稱為「非陳述性記憶」（nondeclarative memory）〕；和「外顯記憶」（explicit memory）〔也稱為「陳述性記憶」（declarative memory）或「自傳性記憶」（biographical memory）〕。我認為這些劃分使非專業人士更難以理解記憶的形成和記憶涉及的共同處理程序，因此，我沒有將記憶分成不同類別。

感受一般錯綜複雜。讓我記住病人的原因有很多，有些病人具有驚人的適應力和接受度，有些是因為他們的行為表現極有戲劇性或非典型，還一種原因是我無法解決病人的問題出在哪裡。無法解釋的現象在我記憶中徘徊不去，有時會持續很多年，直到出現新解釋，此時他們會突然再度出現，謎團得到解答。這就像是病人帶我從他們的經歷中去探索、發現、定義大腦機制一樣。引用亨利．詹姆斯（Henry James，就是那個較出名的威廉弟弟）的話：「我們的疑問是我們的熱情。」

伊迪絲對墓碑的記憶雖被隱藏，卻完整保存……就像那隻從沒見過的獾。牠在腦海出現，獾洞隨之出現，對我而言，還出現我小孩的影像，和一種錯失良機且良辰不再的感覺。時光匆匆在我身邊流逝，流過獾，也流過每個孩子，這記憶一定是靜止不動的。每個人記得的東西可從眼花撩亂的感官到情緒感覺，伊迪絲也一樣，到了某地就只出現對某地的情緒感覺——是一絲酸楚，一點湧上心頭的愛，一團幾乎無法察覺的失落感，一聲懊悔的長嘆——就像我現在寫作時的感受。記憶的神經迴路在人類覺知世界中意味什麼？我自以為我理解，這也是我衷心希望和你一起在本書探討的內容。

2 感覺：記憶的原料

「事實上，所有的感覺已是記憶。」
——法國哲學家亨利・伯格森（Henri Bergson），《物質與記憶》（*Matter and Memory*），一八九六年

夏洛特・吉爾曼（Charlotte Perkins Gilman）在一八九二年出版了她著名的短篇小說《黃色壁紙》（*The Yellow Wallpaper*）。吉爾曼是女性主義者，通篇故事的調性是帶著壓抑的哥德式恐怖，反映出十九世紀女性的生活經驗，它也可以看作產後精神病患的第一人稱敘述，值得玩味。主人翁用溫和平緩的口吻敘述，讓讀者認為她有完美善良的丈夫約翰，而她是備受老公珍愛的妻子。但隨著故事發展，你會發現她似乎住在一棟從殖民時期留下來殘破不堪的大宅裡，還被關在閣樓的育嬰室。她並沒有說出確切地點，只告訴讀者她從夏天就搬到那裡，獨自一人待在育嬰室。當我第一次讀到這個故事，就覺得她可能在精神病院，因為所有窗戶都被木條封死，樓梯出入口遭鎖住，牆上還掛著束縛帶，床也釘死在地板上。她處於一種極度「緊張」的狀態，「⋯⋯

沒有人會相信我連做這些瑣碎小事都要這麼費力——著裝、接待客人、打點事情……我莫名其妙就哭，大部分時間都在哭。」但是她沒有和其他人見過面，只見過她的丈夫（「地位崇高的醫生」）、她的兄弟（也是傑出醫生），還有丈夫約翰的姊姊（家庭主婦，常常來照料她，她管她叫「大姊」，但我看來她是一名護士）。「她無法在一起」的嬰兒由瑪麗照顧著。她不允許和嬰兒在一起嗎？……她不能照顧嬰兒嗎？……她無法對嬰兒產生情感嗎？嬰兒和她在一起安全嗎？

她什麼事都不准做，只能靜養，但她瞞著眾人在日記上偷偷寫個一兩行文字，就是現在讀者看到的這篇故事。約翰或大姊都不知道有這本日記存在。破爛的黃色壁紙上滿布圖案，她對著上面雜亂的圖案像是著了魔。「沒有人知道壁紙上有東西，除了我之外再也沒有人知道了。那東西就在圖案花樣的後面，形狀模糊晦暗，但每一天樣子都更清楚一些。」她看到壁紙下面有東西在動，也感覺那東西在動，最後琢磨出壁紙後面有個女人在爬，到了晚上那個女人從壁紙逃出來在房間地板上四處爬。主角又說她在白天也看到那女人在花園爬。壁紙散發出「一股臭味，持久不散，我生平從沒聞過持續這麼久的臭味……我唯一想到的是，那味道該不是壁紙顏色吧，一股黃色的臭氣！」對於沒有看過這本書的人，可以很容易在網路上找到這六千字的故事。

就像所有偉大文學作品一樣，《黃色壁紙》可以多面向解讀，都言之成理。它是女性主義的故事，故事裡的女性被貼在壁紙後面，不准書寫，精神生病時就被關起來剝奪感官刺激；把女人看成只會歇斯底里且天生在智力和道德上就比男人弱的族群；故事更在說十九世紀社會及醫學界令人窒息、高高在上的父權。這也使得《黃色壁紙》成為研究女性主義的學者最熱衷的研究題材。只是，作者夏洛特．吉爾曼確實在生完孩子後得了精神病，在她寫給當時名醫西拉斯．米切爾（Silas Weir Mitchell）的信中提到：「隨著孩子出生而來的是心理上的沉痛」。她有「可怕想法」、「經常激動」、日日失眠，處於「不時狂躁、歇斯底里、近乎癡呆」。信中結尾表示因為擔心失去自己「所有記憶」，所以求醫[1]。

一切產後精神病的病徵都可在這短篇故事中看到：一個沒有出現的新生兒，把醫生誤認為丈夫和兄弟，把護士當成大姑；一股永不消散只有她聞得到的噁心氣味；她有幻嗅、幻視、幻觸，思緒一片混亂。可以感覺到似乎她想騙其他想騙她的人，不時

1 作者註：夏洛特．吉爾曼的《黃色壁紙》成書時間是在一八九二年，但她是在一八八五年懷孕，女兒出生後精神崩潰，直到一八九〇年才再提筆寫作。她把自己的病歸咎於一八八四年不愉快的婚姻以及緊接著一八八五年女兒凱瑟琳的出生。她從一八八四至九〇年的六年間銷聲匿跡，這一直是個謎，但在二〇〇五年出版的吉爾曼書中收錄了她寫給西拉斯．米切爾醫生的信，這個謎題才得到解答。吉爾曼在一八八七年寫信給米切爾醫生要求進行「休息療法」，這封信一直到她快去世才公開，透露了吉爾曼作為精神病性憂鬱症的經歷。

西拉斯．米切爾是治療「神經衰弱」（neurasthenia）的著名神經學家，當時所謂的神經衰弱是各種病徵的統稱，包括我們現在所說的創傷後壓力症候群、憂鬱症、焦慮症和躁鬱症。他在當時的美國社會非常紅，曾治療過詩人華特．惠特曼（Walt Whitman）和美國總統富蘭克林．羅斯福（Franklin D. Roosevelt）等名人。(Denise D. Knight, '"All the Facts of the Case": Gilman's Lost Letter to Dr. S. Weir Mitchell', *American Literary Realism*, 37:3 (spring, 2005), pp. 259–77.)

提到想要燒掉房子以擺脫臭味，還把床頭板咬掉一片，藏起繩子，以備逃跑前先綁住那個在地上亂爬的女人……到了故事結尾，我們了解那個亂爬的女人其實就是作者自己，反映的是精神病態下自我意識的瓦解。《黃色壁紙》表面上看似多線整合的懸疑小說的，敘述了一個女人在她混亂感官幻覺上的連貫性，就算很浮面，也不失聰明的手法。

在這個故事中，女人描述了自己真實的體驗感受。她聽起來並不「瘋」，只是她的感受聽來很怪，有時像處在怪異陌生的世界。她的感受是什麼？她**感覺**有個女人，**覺得**她就在壁紙後面，看到她的身影在壁紙上不斷變來動去；最後她**看到**那女人從壁紙後面爬出來，活生生在她眼前，**聽到**她呻吟，**聞到**可怕且「永不退散的臭味」。這些幻覺是真的，我們讀著她每天對這些感受的敘述就知道那都是真的。儘管大家多把《黃色壁紙》詮釋為產後精神病的表現，但幾乎沒有人對敘述者的真實感官體驗進行分析。主角的精神錯亂通常被視為一種隱喻，指涉她被當時嚴酷的社會制度囚禁。有趣的是，儘管她的感受是故事中最精采也是最吸引讀者的部分，但大部分的分析文章（你可在Google上找到超過十億筆資料）幾乎都集中在探討這些感受的社會政治意涵，而不是這些主觀感受的本質。她的幻覺與我們的正常感覺一樣，我們用看的、用聽的、用感覺的、用聞的、用嚐的，所以知道有東西存在。但讀者知道壁紙背面沒有爬行的女人，而且敘述者似乎沒有以傳統方式「發瘋」。這個故事或許在告訴我們，如果將任何人鎖在房裡並否認她的一切，此人與精神病的距離會有多近。需要注意的是，大多數學者可能都忽略了，在這女人被強迫去做「休息療法」以致心生被隔離的恐懼之前，她很可能已經患有精神病了。所以，我們是如何通過感官來解釋外在世界的？若說理解和記憶是一台織布機，而感覺又是如何變成這台織布機的線？這些議題我們都將在本章探討。

我們不可能在沒有感覺的情況下製造記憶，這是基本要點，但我們都已經太習以為常了，以致視而不見。五感將資訊帶入大腦，讓人們學習並分類資訊，最終統合成感覺世界，這在現今已是不言自明的事，很難相信要花上數百年才能理解。討論感覺和記憶互有關聯的故事可追溯到四、五百年前科學革命之初，從那時起，人類對記憶的了解從靜態的知識庫轉往動態的人類生活經驗，這一轉向不但意義深遠且備受爭議。轉變始於十六和十七世紀，所謂現代科學思想的啟蒙期，先是哥白尼，然後是伽利略，他們提出地球不是宇宙中心而是繞行太陽的小行星，有效地將地球從教會的神創論教條中拿掉了[2]。當時，教會信仰體系已主導人類思想近一千五百年。

---

2 作者註：哥白尼（1473－1543）在十六世紀初以行星繞日的模型，讓「日心說」這個爆炸性的想法引發科學革命。伽利略（Galileo Galilei，1564－1642）誕生於哥白尼死後二十一年，他擴大哥白尼的想法，卻在一六一五年被羅馬宗教裁判所判定傳播異端邪說，終其一生被軟禁。哥白尼和伽利略展示自然法則，卻與上帝律法不符。之後跟隨兩人腳步以科學解釋探索世界的人少之又少，且他們的命運多是流放或判死。

也是這條否認物理學的同一教條阻礙了學習與記憶的思潮發展。人（並不包括女人）對世界的學習並不來自外界資訊，因為當時認定的真理是：一切知識都是上帝賜與且藏於靈魂。我們有神賜的靈魂和物質的肉體，而靈魂獨立於肉體。對靈魂的概念自有哲學思考起就一直存在，柏拉圖在公元前四世紀時將人三分為身、心、靈，此三元論也成為分類人類經驗的恆久模板。之後柏拉圖的「身心靈三元說」轉化成基督教的「三元論」，就如聖父、聖子、聖神（或聖靈）三位一體，此精神滲透在時起時落的思潮中，偽裝成各種必須忍受的時代精神而歷久不衰。

新的「大腦／身體」區分：心智／大腦

當人們發現精神感受起源於大腦後，「大腦／身體」的分別逐漸消退，靈魂說消失了。很好的例子是「麻痺性癡呆」（General Paralysis of the Insane，簡稱GPI），十九世紀精神病院收治的病人有高達二十五％都被診斷得到這個疾病，其病徵是一種特殊的瘋狂現象，稱為「道德錯亂」。但到了一八八〇年代，人們發現這種病是梅毒到了末期造成的腦部病變，隨著一九五〇年代盤尼西林的發現，麻痺性癡呆病患的醫治者才由「專門治怪病的人」（alienist，那時候對精神科醫生的稱呼）轉到內科醫生；之後也因發現了致病的梅毒螺旋體，才將此病由「性濫交造成的精神錯亂」轉到「傳染病科」。歷史上一直以奇怪的文化觀念來解釋精神疾病，還混合了神話和科學，這種現象持續干擾精神病學。就如癲癇，一開始被放在精神病學裡治療，一旦發現致病原因和治療方法後，就轉入神經科學的領域。無法解釋的精神體驗似乎總是先找精神病學來庇護，然後隨著科學發現，再轉到「器質性」（organic）的醫學領域。

就算現在的精神病學也是如此，疾病的定義從「心智失調」（mind disorder）逐漸轉向「大腦失調」（brain disorder）。所謂「心智」，這個歧義詞無論以哪種理解來說，它就是人類大腦的本質。心智高度主觀而且神祕，但正如我們將看到的，每個大腦不但高度個人化，並由獨特感受鍛造，連繫人的一生。距今不久前就有將疾病從精神學科轉移到神經學科的例子——「抗 NMDA 受體腦炎」（Anti N-methyl-D-asparatate-encephalitis）。得到抗 NMDA 受體腦炎的患者通常表現出精神錯亂，有幻聽或妄想，也會發生動作障礙，所以病人多半會先收入精神科接受診治。但腦炎就是腦部發炎，以這個疾病來說，是抗體直接攻擊腦組織，也就是遍布大腦的 NMDA 受體，因而引發腦炎。抗體是免疫系統產生的防禦蛋白。通常觸發抗體合成的原因多是外來物質，如病毒、細菌或捐贈器官，但有時免疫系統會形成攻擊自身組織的抗體，稱為「自體抗體」，進而引發自體免疫失調。以抗 NMDA 腦炎來說，人體產生的自體抗體與神經元上的 NMDA 受體相配，加上 NMDA 受體分布範圍廣，所以發炎四起，最後引發急性腦炎。這是一種「自體免疫」（autoimmunity），針對自己身體生出抗體，被攻擊的目標組織不免受傷，因為免疫系統把這些組織當成與細菌或病毒類似的異物[3]。自二〇〇七年發現這種精神錯亂的病因開始，它就被轉到神經病科，也出現很多討論此病不是精神病而是神經病的研究報告。從此，有大量證據指出很多種精神分裂都與自體免疫有關。大腦和心智是不可分割的整體，這一點越來越明顯。即使抗NMDA腦炎的病患和其他精神病患有類似感受與病徵表現，但此病從精神病轉到神經病的範疇對患者而言還是正面的——對於大多數人來說，被診斷得了神經病還是比得到精神病來得好。

第三隻眼現象

心智／大腦區分的根源可追溯到有史記載之初，那時出現一些代表「心智」或「靈魂」（soul）的符號，我稱之為「第三隻眼」。

如今我們正處於把神經科學視為崇敬對象的歷史階段，那些解釋古往今來人類共同體驗的文化傳說就算很了不起，我們也不再崇拜。我女兒蘿恩十三歲時有天晚上做了一個夢，從痛苦中醒來，呼喊著我和她哥哥。我們坐在她的床上，她把那些生動的夢境片段說給我們聽，連細節都有，是一種醒來後即時的畫面重播。有一幕夢境最難忘，她正和一個女人在船上，船的四周都是水，那女人可能是我，但她不確定。船在洶湧的水中載浮載沉，她和女人都努力向前方那片看似可及的土地划，但她們無法靠近，船只是隨波而動沒有前進。一隻大蝸牛從海裡竄出，嚇壞了她。蝸牛突然停在她額頭中央，開始慢慢沿著蝸牛殼的螺蛇紋路鑽入她的頭部，她嚇到醒來。

我對蘿恩的夢非常著迷，得出的結論是，她已經把「第三隻眼」的神祕意象轉變成了蝸牛的新形象。這個符號在公元前三千年的埃及神話就已經出現，稱作「荷魯斯之眼」（Eye of Horus），歷經數代成為東方神話中的「濕婆之眼」（the Eye of Siva）；到了現代，神祕學的說法多是「第三隻眼」。這個符號從千年之前帶有預知力與防禦力的男性象徵，演變成現今隱晦的跨世代女性智慧。從此意義看，蘿恩的蝸牛可以解釋為女童轉變成女人的恐懼——典型上要經過一場水的洗禮——恐懼則來自橫渡惡水時，受到第三隻眼的襲擊。我對符號學的解釋或許牽強，但不得不承認，我對蘿恩敏銳感受到的恐懼感到高興，這份恐懼是女性傳統繼承下來的力量，但也可能是入侵她思緒的破壞性力量。

蘿恩的夢並非來自她神祕踏入隱藏智慧的永恆之池，反而像出自對這神話的恐懼。我從第三隻眼的夢中學到的一課是，我們沉浸在如何取得知識的神話中，無論你是基督教徒、印度教徒、佛教徒、穆斯林還是住在愛爾蘭的無神論少女，這個符號無處不在。現在一般都把第三隻眼用松果代表，原因是我們假定這個智慧結構的位置是

3 自體免疫性疾病很常見，很多身體組織都會發生，例如發生在關節的類風濕性關節炎；發生在甲狀腺的甲狀腺炎；在腸道有克隆氏症；發生在心臟有心肌症等。抗 NMDA 腦炎與許多自體免疫性疾病一樣，對免疫抑制療法有反應，但也像大多數自體免疫性疾病一樣，抗 NMDA 腦炎也許能治好，也很可能再復發。

在松果體（pineal gland）。松果體得名是因為長得像*pinea*（pine的拉丁文，意思是松果）。它位於兩眼水平線的中間，向後推回到腦葉後方，類似蘿恩蝸牛採行的路線。

公元一世紀著名的醫學家蓋倫（Galen）認為松果體是靈魂／心智的可能棲息地，他可能是第一位這樣想的科學家。他以驚人的先見之明，相信所有的人類感受都可藉由身體運作來解釋。他不相信非物質的靈魂，而是看著人腦來解釋感受。也許蓋倫的見解現在聽來荒謬幼稚，但它代表當時常識的進步，認為靈魂和心智是分開的——靈魂屬於上帝，心智屬於個人。

十五世紀達文西把眾人在文化上認定的靈魂與心智觀念結合，而且認為這兩者的連結就在腦部。他輕推了靈魂的概念一把，把靈魂與飄飄蕩蕩的「靈氣」（spirit）距離拉得更開。暫居人體的靈氣在人死時退租，它不是離開人體遠離塵世去向它界，就是暫居另一個身體，去往某個直接連接「腦中心智」的所在。如此，靈魂少了些靈氣，多了點血肉；少了些「上帝」，多了些「人」味。

我們現在知道松果體是相當原始的大腦結構，主要參與褪黑激素的分泌。褪黑激素對鳥、羊、馬和牛來說很重要，褪黑激素與牠們眼睛接收的光線協同作用，刺激生殖激素分泌，以確保雛鳥、羔羊、小馬和幼犢誕生在溫暖明亮的環境中，是陸地海洋食物最豐茂的時節以提供後代更好的生存機會。對人類而言，褪黑激素與「睡眠－清醒」的週期有關，但沒有其他值得注意的效果。松果體是大腦中間一個不成對的結構，但大腦幾乎所有東西都是對稱的，這顯得很稀罕，而且它藏在大腦深層結構的縫隙中，就像在自然控制下被限制了生長，變成一個孤零零的遺址，啟人疑竇。

腦科學的開端

後達文西時代爆發的科學革命將人們對世界的理解從教會的神創論帶入可解釋多重現象的物理學普遍定律。地球的移動和運行不再是上帝或眾神的意志，而是物理學基本定律的必定結果。地球不再是宇宙中心，同時有個概念出現了：或許人也應該臣服於某些科學原理。於是，自然取代了超自然，科學無意間破壞了教會教條。

十七世紀笛卡兒在勾畫他的哲學「**二元論**」（*dualism*）時，替教會／科學之間的鴻溝提供潛在的解決方案。他認為靈魂是非物質的，是上帝賜予的，其構成也和身體不同——靈魂是空靈的；身體是有血有肉的；而大腦是物質身體的中心，且與非物質的靈魂分開。笛卡兒根據二元論提出世上首個偽科學，用以解釋現已成形的「心智／大腦」區別。他把物理和知識上的觀念混在一起，把當時宗教和科學觀念拼成大雜燴，但重要的是，相較於非物質，笛卡兒認為生活的感官經驗沒那麼重要。看不見的靈魂是完美的，是依上帝的形象和樣式所造的，比起感覺無定的身體，靈魂有更高的地位。然而，一群強烈反對笛卡兒理論的哲學家則認為知識是透過生活，特別是透過各種感覺積累的。這群相信知識由感覺獲得的人稱為「感覺主義者」（sensationalists）。

因此，我們來到知識之戰的起源——知識分為兩種，一種是透過物質感官學到的「知識」（knowledge，這種知識用小寫的 k 表示）；另一種是上帝藉由非物質靈魂賦予我們的內在知識（Knowledge，以大寫的 K 表示）。那些反對笛卡兒觀點的感覺主義者被視為異端，有些人喪失生命，有些人失去自由，但他們把知識從上帝之手拿回人類自身。

現在我們知道必須經過學習來了解世界，但知識到底是上帝植入的還是透過感覺經驗或學習得來的，過往爭辯的許多論點很可能動搖那個時代的世界秩序。最重要的也許還是政治問題，因為神將高等知識植入某人的想法無疑給了教會權力，就如神將知識給了教皇，因此教皇是不可違逆的；又如神將知識給了君主，他就是上帝挑選的。如此一來，教會在凡人之上，君主在平民之上，男人勝於女人，依此類推。各種既得利益者為了維護天授優勢的神話而在各自權力體系中鬥爭。挑戰人權天授的言論會引起教會分裂；或讓某個作威作福的君主被推翻換成另個作威作福的君主；或引起教會與國家的鬥爭。成千上萬的人死於宗教法庭審判或戰爭。堅持知識神授的想法，意味著人無法經由學習得到知識，無法得到與另一人平等的可能性。

這場仗不但打了整整十六、十七世紀，還延續到今日，就像維蘇威火山，時而活躍，時而微弱，有時又毀天滅地般爆發。即使感覺主義者爭辯的角度主要是哲學和人文主義，我則認為他們的想法構成當今神經學科的知識基礎。他們為人類潛能高過神授的天賦知識而戰，他們也是最初的人文主義者，為個人自由和解放暴政奠定基礎。而**感覺**又如何被理解為知識和記憶的素材，這故事是神經科學和現代人權概念的第一章。

莫利紐茲問題

十七世紀有一場關於知識的偉大辯論要在這裡詳加說明，辯論主題是：知識是天生的，抑或是透過經驗世界學得的？值得說明的原因是隨著醫學進步，它可以輕鬆解決像「一個針尖上能站多少天使跳舞？」這種哲學公案。講這個故事的另個原因是這場爭辯的發生地在都柏林的三一學院，也是我工作的地方。發起辯論的是三一學院的學者威廉・莫利紐茲（William Molyneux，1656-1698），以及英國非常有名的激進派醫師兼哲學家約翰・洛克（John Locke，1632-1704）。洛克身為十七世紀著名哲人之一，他反對笛卡兒的靈魂說和天賦知識觀，敢於挑戰當權派訂下的教條，否定知識是上帝給予更是按照地位層級給予。他寫道，人的心靈在出生時就如一塊**白板**（tabula rasa）[4]。我們獲得知識是藉著「認知事物的普通能力」，就像某人透過感覺資訊記憶世界。當時的哲學議題廣及各學科，包括政治學、醫學、心理學、自然科學、物理學

4 作者註：「白板」的概念是前基督教時期亞里斯多德首先提出的。

和數學，某些議題會在莫利紐茲建立的哲學學會中討論，但那些議題更適合拿到現今的三一學院神經科學研究所，也就是我工作的地方來討論。

一六八八年七月七日，莫利紐茲寫了一封信給洛克，信中提出一個後來稱為「莫利紐茲問題」（Molyneux's Question）的思辨命題。問題假定某人天生看不見，只能透過觸摸來「看見」東西，但後來他視力恢復了。問題是，這個天生眼盲以觸摸來學習分辨形狀的人，能否在視力恢復後僅憑看的、不用摸的就能分辨物體形狀？比方說，這個天生盲者以前透過觸摸而學會辨別圓球與方塊，視力恢復後能否單憑看的、不用摸的，就能區分那是方塊，這個是球？

他們從哲學角度剖析這個難題。如果這個視力才剛恢復的人一眼就能分辨球與方塊，不需要先透過觀察來學習形狀，那麼視覺知識早已存在於此人心智中，表示視覺知識就是先天存在的。另一方面，如果新得視力的人無法一眼分辨物體，則意味著視覺記憶是透過視覺感官習得，而知識就非天賦即有。後者代表一種經驗框架，也就是知識需由觀察才能學到，人只能獲取經由感官學得的知識。

洛克和莫利紐茲正確推理盲人無法單憑視覺就能分辨球與方塊，因為知識不是天授的，必須透過每一種感官，透過視覺和觸覺一個個學習。莫利紐茲問題要等到下一個世紀，當先天性白內障（最常見的先天性失明）的矯正手術普及後才得到解答。漸漸釐清的是，新得視力的人無法只憑**視力**分辨哪個是球、哪個是方塊，由此可知，他們無法自然而然理解這個由視覺畫面構成的世界。眼盲病患必須由觸覺學習球和方塊的視覺形象，因為這就是他們**學習了解**物體的方法。擅長說故事的神經學家奧立佛・薩克斯（Oliver Sachs）在一九九三年在寫了一篇名為〈見與不見〉（To see and Not see）的文章刊登在《紐約客》上，現在這篇文章變得非常有名。文章寫到一位叫維吉爾的人，他恢復視力時已經五十五歲了。他看到的每一件東西都是初見面，從他的房子到自然界的一切，對維吉爾來說都是難以理解的。薩克斯在文中特別就維吉爾無法用視覺分辨球與方塊一事提到莫利紐茲問題，這說明心智在出生時是一片白板，必須累積了對世界的感覺體驗才會形成知識與記憶。

常識

莫利紐茲問題的故事告訴我們，哲學辯證無法解決的問題可以被醫學轉譯成現實生活上明確的知識。正如我所見，這是神經科學迎戰刻板嚴酷世界的第一場重大勝利。到了十八世紀，人們已廣泛接受這個想法：是餵給大腦的感覺創造人類的知識基礎。十八世紀下半葉，具影響力的知識沙龍對這些問題進行辯論，當時這些沙龍的主人幾乎全是女性[5]。正因為這概念已被大眾廣泛接受，進而成就托馬斯・潘恩（Thomas Paine）寫的《常識》（*Common Sense*）成為那個世紀最受歡迎的書。這本小書於一七七六年出版，是一本政治宣傳小冊，通篇都在傳揚知識由感官習得的理念，並對數月後出爐的《美國獨立宣言》產生巨大影響。潘恩在《常識》一書中清楚呈現人不是生而不平等，反而是生而平等的清楚例證。全書承繼感覺主義者的理念，認為我們只是由感官資訊組成的構造，這些內容如沒有感覺主義者的想法就一定寫不出來。

歷史上和哲學上對知識、靈性、靈魂、心智的各種說法都有人支持。人類經驗感受與身體功能的分裂，構成「身、心、靈」的概念不斷滲入各個文化。宗教和靈學系統對此說法出現了最大公約數，認為植入的知識或說外來的知識是由第三隻眼來的，這是一種超越個人的力量。神經學之所以令人著迷，不僅是因為它可以幫助我們了解自己，滿足人類對自身的無窮好奇心，更因為神經學解放了我們，讓我們從第三隻眼截圖式的結論中解脫。但是奇怪的是，神經學並未如設想般滲入精神病學的文化中。人們仍然普遍認為，作為一種醫療形式的精神病學不一定與大腦有關，而是假設它與人類的心智／靈性領域有關。但身為精神病醫生，二元論是我的敵人，無論這個二元論是指「身體／大腦」、「大腦／心智」、「身體／靈魂」、「理性／情感」。這些區別皆是人造，**唯有**當你意識到世界只會透過感官傳達給你，而我們只會透過遍布大腦到處連結的神經迴路來理解世界，這些人造區別才會崩塌（這是我從物理學家兼暨神經學家丹妮爾．巴塞特（Danielle Bassett）那裡借來的一句話）。

人類透過「視、聽、觸、味、嗅」等五感傳送感覺，內化外在世界，這些感覺不斷被餵入記憶網絡中。這些對外的感覺，如觸覺和視覺，會讓你學到分辨形狀，建構相對簡單的知識，然後在此基礎上構建更複雜的資訊。還有經常被我們忽略的身體感覺訊息，會持續不斷由身體餵給大腦，讓簡單的情緒反應到複雜的情感層次不斷起伏。感覺是餵養大腦的基本原料：遍布大腦的連通力就是以感覺為基底的。從本質上講，記憶就是傳到大腦的感覺訊息的神經表現，只是無限複雜。

透過感覺學習

透過感官來學習的過程非常緩慢，我們可從嬰兒長大及我們教孩子認識這個感官世界的過程中看出。除非你思索過嬰兒如何藉著感官體驗成長，不然是很難理解什麼是「直覺知識」（intuitive knowledge），其實它就是把學到的知識做自動化處理。嬰兒不了解我們視為直觀的事物，我們喜歡那份不理解的純真：「把拔什麼時候才會長到和

---

5 作者註：文化沙龍的成員和追隨者過著「另類」的生活，他們滿懷熱情討論科學和政治上正在萌芽的新秩序。沙龍裡的女性成員可以與男性成員一起寫作、研究和爭論。那時的知識份子對「法國舊制」（Ancien Régime）的威脅越來越大，由艾爾維修夫人（Madame Helvetius）主持的沙龍對這些不被當局所容的知識份子簡直是夢寐以求的避難所。艾爾維修夫人是法國哲學家克羅德－阿德里安・艾爾維修（Claude-Adrien Helvetius）的遺孀，艾爾維修是《論精神》（*De l'esprit*）一書的作者，一本匯集當時法國對感覺主義及感覺能力的綜合論述，書中論述所有心靈皆平等，無論種族階級，更根本的是無論男女。也因如此，在被社會排斥，之後因為丈夫去世，安・艾爾維修在巴黎近郊的奧特伊買了一座小莊園，過著自由婦女的生活，但有一些追隨者成為沙龍的永久居民。有趣的是，班傑明・富蘭克林（Benjamin Franklin）在把法國啟蒙運動的各種思想帶回美國前經常拜訪她的沙龍，而且好像愛上了她。如果你想更了解這些撼動世界觀的熱烈辯論，想更深入認識這些在法國這些沙龍進出來往的人物，我推薦喬治・馬卡里（George Makari）的書《靈魂機器：現代思想的發明》（*Soul Machine: The Invention of the Modern Mind*）。

我一樣矮？」」躲貓貓是一種神奇的消失與再現，孩子做出沒有人教他的情緒反應。有許多神經學家研究嬰兒如何藉由視覺、聲音、觸覺、氣味和味覺來學習，一位傑出的發展心理學家說得很好：「嬰兒自然會深蹲。」這是亞里斯多德和洛克「白板論」的現代重述[6]。

繼莫利紐茲問題後更驚人的例子是新得視力的成年人，就像奧立佛・薩克斯描寫的維吉爾，他們是如何學習這個視覺世界的？他們必須慢慢地暴露在這世界的畫面中，學習這些影象代表的意涵，否則他們會被一大堆無法處理的視覺資訊淹沒。就因如此，新得視力的人會被關在一個視覺刺激沒那麼多的環境，之後再讓他們慢慢進入這個影像世界。只要你掌握到人必須通過感官學習一切的想法，這件事並不難理解。當我們說我們**看到**某物，是指我們看到大腦裡有個圖像被詮釋為某物。看到魔術方塊、看到網球，你不需要碰觸它們才決定哪個東西是哪個，你不會困惑的，你**知道**方塊與球的區別。所以當你說你看到魔術方塊或看到網球時，你真正說的是，你看到一個已經認識的魔術方塊影像，或已經知道的網球影像。我們稱之為「感覺」的東西也就是「記憶」：**看見的**既是物體的立即視像，也是影像的識別。這就讓我們回到了本章開頭的引言，伯格森在一八九六年說了這一段話：「事實上，所有的感覺已是記憶。」

一般說來，所謂「知覺」（perception）就是把餵給大腦的各種感覺訊息組織後的東西。無論我們的感官餵給大腦什麼，這些資訊會形成動態的記憶神經通路和解釋框架，我們因此有了**理解**。我們可以透過下列例子了解：當你聽到一首熟悉的樂曲卻無法立刻想起是哪一首，此時你正同時經歷了感覺和記憶的刺激。試圖確定曲調涉及感覺和記憶迴路。感官資訊越湧越多，增強並刺激更多的感官與記憶整合。有時，我們知道有意識的搜索可能會失敗，也許等一下就會自己出現，所以我們放棄努力記起來的嘗試，這種不作為反而會讓我們在幾分鐘後辨別出這首樂曲。記憶不是靜止的：它處於流動的狀態，與感覺一起跳著永不停歇的舞。

試想，若你的周邊感覺是完美的，有2.0的視力和極好的聽力——就如我們醫生說的神經系統正常——但你看見或聽到旁人看不見、聽不到的東西。我們現正進入幻覺體驗的領域，在幻覺的範疇，主觀感覺不再來自傳遞周圍訊息的可靠傳遞器。幻覺可能來自感覺信號的錯誤詮釋，比如人在發燒的時候，或者像膝蓋以下被截肢的人卻覺得截肢的部分傳來訊息，而產生幻肢痛。思覺失調患者也是如此，他的感覺不來自外

6 作者註：此段引文來自曼徹斯特大學嬰兒實驗室的西維亞・西若斯（Sylvia Siros），這是在二〇〇五年成立的研究單位，負責研究嬰兒的認知發展。在都柏林三一學院，我們對二〇一四到一五年在都柏林出生的一百例嬰兒進行縱向研究，研究對象為懷孕期間有憂鬱傾向或無憂鬱傾向的婦女，目的是了解懷孕期憂鬱對嬰兒有無影響，如果有影響，則更詳細評估是否憂鬱會影響嬰兒的神經發育。這項研究是在嬰幼兒實驗室與心理學系同仁共同合作完成。實驗讓嬰兒和嬰兒父母互動，令人驚訝的是看到很多可以做微觀分析的行為，就連眼光輕輕一瞥也能做評估指標。廣泛的一般發現是，曾被兒童虐待或被忽視的婦女在懷孕期間可能發生憂鬱症。如果憂鬱症平復，嬰兒沒有發育障礙，但如果憂鬱症反復發作，嬰兒較有神經發育不良的軌跡。目前我們還沒有完成嬰兒在三歲的追蹤測試。

界，聽到的聲音不是**外面世界**的，他看見的形象別人也看不見。感覺決定此人對世界的理解。在《黃色壁紙》這篇小說中，主角推斷壁紙後面有個女人，因為她看到這女人的動作，感覺到她在壁紙後面，她聞到壁紙的刺鼻氣味，還聽到這女人的呻吟聲。一九二五年維吉妮亞．吳爾芙（Virginia Woolf）也可能罹患了精神病且受幻覺之苦，她接受了精神病學家西拉斯．米切爾的治療，而此人正是一八八四年治療吉爾曼的同一位醫生，他對兩人同樣使用「休息療法」（rest cure）。如前所述，休息療法要求病人與外界幾乎斷絕往來，而且強迫他們不要活動。她們的感覺近乎被剝奪，隨之而來的是瘋狂不受控的精神錯亂，這必定是酷刑，只會更強化思覺失調的狀況。

吳爾芙在一九四一年自殺，因為她再也無法忍受精神病的折磨。吉爾曼也在一九三五年自殺身亡，她在遺書中寫道，她寧願死在自己手中，也不願被癌症慢慢折磨死。在下一章中，我們將探討我們如何**理解感覺**，以及為何無法對世界有**共同感覺**。

3 理解感覺

「我們的智力是感覺的延伸。」

——法國哲學家亨利・伯格森（1859-1924）

幾年前某天晚上我參加了一場派對，席間聊到了靈媒。一如既往，大家爭先恐後踴躍發言。輪到我時，我的話不值一哂，還有些不順耳。我提到，大多數收錢辦事的靈媒都是招搖撞騙的江湖術士，趁著別人情感脆弱的時候占人便宜。說不定還有些靈媒自己就有精神病，把自己的幻聽當成某位他想召喚的死人一直對他說話。有位女士看來還算正常——除了她「相信」靈媒。她看著我說：「如果你不是精神錯亂，那麼那些聲音是從哪來的？」我衝口而出：「什麼聲音？」然後才意識到她是在告訴派對的其他人，她聽得見聲音，這對她而言是正常的。聽到不存在的聲音在一般人中出奇普遍，有十%的人會在生命的某個時刻出現幻聽，但並不意味某個聽到幻聽的人就會繼續發展成精神病。

我在派對遇到的客人只是想弄明白她的感官體驗。對於幻聽者來說，一種情形是腦中聲音似乎是另一空間傳來的，但在頻譜的另一端，幻聽的聲音也許就像從外界傳來的真實聲音。對於後者——所謂的「顯性幻聽」（real hallucination）——在精神分裂（現稱：思覺失調症）患者身上極為常見。他們如何理解聲音及其他的幻覺？了解這點就能說明我們多麼依賴感官體驗去**認知**世界。

喬瑟夫是患有精神分裂症的年輕人，以下是他怎麼理解自己幻聽的故事。

多年來大家都勸喬瑟夫去看醫生，家人、朋友、家庭醫生都要他去看精神科醫生。最後他來找我，因為一個禮拜前他在斯巴超商發生了一件事。他無意間聽到兩個男人在說話，其中一個告訴另一個說：「他明天就得死」。喬瑟夫不知道他們在說誰，但知道一定有人處在危險中，也許就是他自己。他跑去愛爾蘭和平衛隊報告這件事，他們非常願意幫忙，告訴喬瑟夫，他們一定會調查的，也建議他應該去當地的 A&E 醫院，因為他似乎看起來壓力很大。他從 A&E 被轉介到精神部門。因此，在他二十歲出頭的年紀，來到了我的診所。

他看起來善良又陽光，有著青少年散漫不拘的態度，掛著不可少的耳機，笑容安靜，言談溫和，穿著寬大時髦的衣服，自在從容，甚至在談到自己遭遇時也是如此，這點通常很少見。喬瑟夫在學校是資優生，特別擅長數學、物理和資訊科技。他從十幾歲就知道自己有特殊天賦，他有第六感，使得他比其他正常人更深入了解世界。他的特殊天賦在結合資訊科技的知識後，讓他逐漸了解到大多數人看不到的東西：這個大多數人認知的真實世界其實是「模擬世界」。自從有此理解之後，他的生活主要圍繞以下議題：是誰？或是誰的力量在操作這個模擬器？他的猜測是，這個大多數人共享的虛擬世界其實是模擬器運用科技的產物。他不知道誰在控制這個模擬世界，也不知道大多數人感知的「真實」生活是什麼狀態。而他既不存在於可以控制模擬世界的真實世界，也不存在於與旁人共享的虛擬現實。在喬瑟夫的世界中，每個人都活在這個由模擬器運作的現實，而他是少數知道這件事的人。他之所以知道，是因為他可以聽到從「外界」——一個雷達偵測不到的真實所在傳來的聲音。

一開始，喬瑟夫在少年與青少年時期偶爾會聽到難以理解的細微雜音，要很專心才能聽出一點他們在說什麼。抽大麻時每日心中雜亂思緒會稍微清理乾淨，那時候聲音就比較清晰。朋友告訴他，他抽大麻時總講一些亂七八糟的話，喬瑟夫覺得這實在太諷刺了，因為他才是唯一了解真相的人，抽大麻時他更清楚明白這一點。他待在房間自我封閉、哈草、明擺著耍廢，無心讀書，使得家人越來越受不了他。喬瑟夫一點也不覺得切斷與世界的聯繫有什麼不好，甚至覺得在這個複雜偏執的難題上才是他發揮創意的地方。隨著時間過去，模擬器的影響力不斷擴大，引起他更多注意。起先訊號偶爾會從房間電視裡洩漏出來，後來訊號送到他的手機，然後是他的耳機。

他上大學繼續念電腦資訊，這些學問有助他調查外界力量的源頭：他心裡想，聲音一定要經過傳送，傳送一定要接上某種匯集線路的數位集線器。畢業之後，他決定攻讀更高階的網絡安全。喬瑟夫現在已經能全天候聽到聲音，而且是「身歷聲立體音效」。當他與其他人交談時，他能聽到他們說話，並且兩邊互比大聲，聲音大到經常聽不到眼前人在說什麼。他聽到聲音從人群中傳來，他懷疑街上這些陌生人中就有人是模擬器。然後他想是否還有一群「知道」這件事的人，是否那些也知道真相的人也正在向他發送信號，這些信號可能偽裝成任何日常行動來暗示他，但他不確定。另一種可能性是，外來的力量可能瞬間進入陌生人的體內以便和他溝通。只要出門就是一片充滿複雜資訊與偏執的爆雷區，他變得越來越離群索居。

攻讀網路安全讓他學到更多逃離外界勢力的技能，更可能讓自己「消失」。他開始做假身分證件，取了多個假名，設了多個銀行帳戶、變造假的公共事業費賬單，這一切只為讓模擬器難以追蹤他。但詐欺偵查小組先抓到他了，因為他不想引起模擬器的注意，毫無辯駁反抗就被判入獄四個月，這樣就更被社會排斥了。我見到他是他出獄大概一年的時候，現在他幾乎全部時間都在房間裡解讀聲音和密碼。控制者已經站穩腳跟，他擔心他們會逼他做出他不想做的事。他們有時會威脅他，有時告訴他應該自殺。有極少數在他外出的時候，他們很容易找到他，總是隨機透過陌生人向他說話。喬瑟夫後來在網咖找到避難所，因為只有在訊號互相衝突的網咖，他們難以追蹤到喬瑟夫。

他曾掙扎要不要接受「治療」，但很想擺脫知道真相的沉重壓力，最後他決定想「再次進入社會」，即使這意味著會失去對真實世界的警覺。喬瑟夫說了一句有趣的話：「我要把我的注意力抓回來。」這是他接受治療的理由。服用抗精神病藥物的最初幾個禮拜，聲音變得不那麼刺耳了，接著我們加重劑量，聲音在幾個月內漸漸消失。他因為幻聽而產生的妄想開始瓦解，像在個人記憶裡留下一片奇怪的空白荒地。他慢慢與家人和朋友重新建立聯繫，而這些聯繫越牢固，他就離神經錯亂的模擬世界越遠。我們的職能治療師介紹喬瑟夫去一家電腦工作室幫忙，以備之後他可以順利找到資訊業的工作。現在的喬瑟夫認為，他因為思覺失調進入一個「不知存在何處的網路空間」，但他對於追求這座遺世獨立的偏執迷宮不再感興趣了。

喬瑟夫的故事告訴我們，人們根據自己的感官理解世界，而這又成為人們詮釋世界和記憶的基礎。喬瑟夫對世界的**認知**不同於他人，他根據自己的感知創造了一個故事，就如我們一樣。他被思覺失調控制，讓他在這個你我同感的世界中成為陌生人。就像那個在五十五歲才看得到的維吉爾，必須重建視覺資訊的記憶系統，喬瑟夫也必須建立一個新的認知框架，讓他可以在精神病復原後重新解讀和記憶這個世界。他患有思覺失調，這是一個症狀廣泛的疾病，核心表現是幻覺，患者通常有幻聽、妄想和怪異信念。但是患者要把這些思覺失調的妄想或怪異信念組織起來需要時間：喬瑟夫在感知外界後，將得來的資訊組織成看似合理且表面連貫的系統。從外面看來，約瑟夫的世界觀是「瘋狂的」，但具有解釋他個人感知的內部邏輯，架構出的世界是很高明的。

解讀感覺

我們如何理解餵給大腦的感覺？基本規則是，身體特定部位的神經會進入大腦負責詮釋的特定區域。大腦是一球膠質團，顏色像生蝦，上面有彎彎曲曲的凹痕。這球大腦正好緊密嵌進顱骨內層凹槽，就像蝦殼包著蝦，或胡桃殼裡嵌著一個皺摺很多的胡桃。原則上顱腔內部就像胡桃核裡面分成兩個半邊，而腦就像核桃，明顯分成兩半，我們稱為兩個腦半球，但事實上，整個腦更像由兩個四分之一球組成的半球，只是我們仍習慣稱為半球。

大腦的外層稱為皮質（cortex），這是身體大部分神經的目的地。我們把皮質劃分為各區，就像地圖上的各個地區或國家，每個區域接收身體特定部分傳來的神經元，我們把這樣的對應稱為身體在大腦的「大腦地圖」。五大感覺器官在皮質上各有所屬的皮質區，藉由大腦表面上的「腦溝」很容易劃分成：視覺皮質、聽覺皮質、嗅覺皮質、味覺皮質和體感皮質（觸覺皮質）（見圖 1）。

身體從頭到腳各部位進入大腦的神經細胞稱為「感覺神經元」（sensory

圖 1　從感官到大腦皮質的感覺途徑

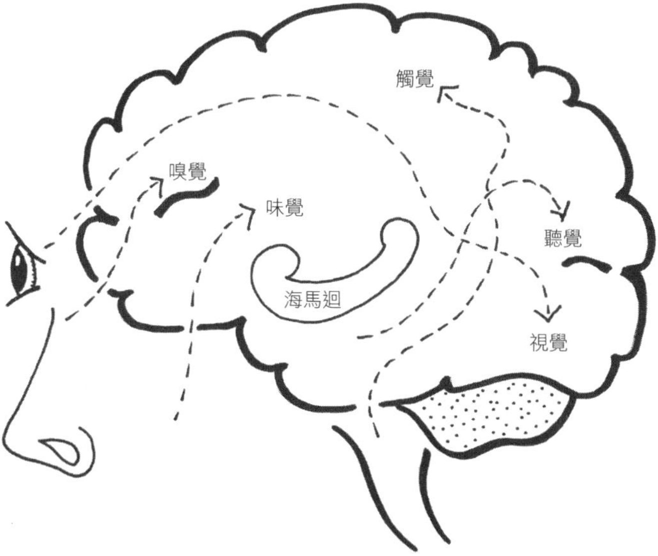

從外側看到的大腦。神經束（nerve tract）通到大腦表面皮質。圖中呈現聽覺、視覺、嗅覺、味覺和觸覺等五大感官在皮質上的位置。

neurons），神經元的設計各不相同，但通常在一端會長出毛髮般的突出物，稱為「樹突」（dendrites），一端合併成一條細胞質單鍊，最後形成神經末梢（參圖2）。神經末梢有細胞質構成燈泡狀的圓頭（terminal button），裡面有一顆顆包著神經傳導物質的突觸小泡。如果受到電信刺激，這些含有神經傳導物質的囊泡會與細胞周圍的膜融合，讓神經遞質溢進突觸。神經元與下個神經元間有突觸間隙（synaptic gap），被放出的神經遞質浮在這裡，然後附著在相鄰樹突的近端受體上，觸發相鄰突觸的神經元形成電波，這種電子化學信號是所有大腦活動的基礎。

將信號從一個神經元傳遞到下一個神經元需要電化學能，而這個電化學能的產生除了以釋放神經傳導物質的方式外還有其他方式。就如光線可以觸發視網膜中的電流信號；空氣傳播的費洛蒙也能激發鼻腔中的氣味受器；食物中的化學物質會觸發舌頭味蕾的電流信號；聲波會引起鼓膜運動產生信號；觸摸物體也會刺激皮膚下的觸覺受器產生微小信號。

觸覺

回到神經學發展的早期，莫利紐茲和洛克只能想像感覺途徑，觸覺是從手指到大腦，視覺是從眼睛到大腦，而這些途徑現在都已成為常識。觸及外在世界的觸覺器官是皮膚，我們碰觸任何東西或任何事物碰到我們都有信號傳到觸覺皮質，它的位置

圖 2　典型神經元結構

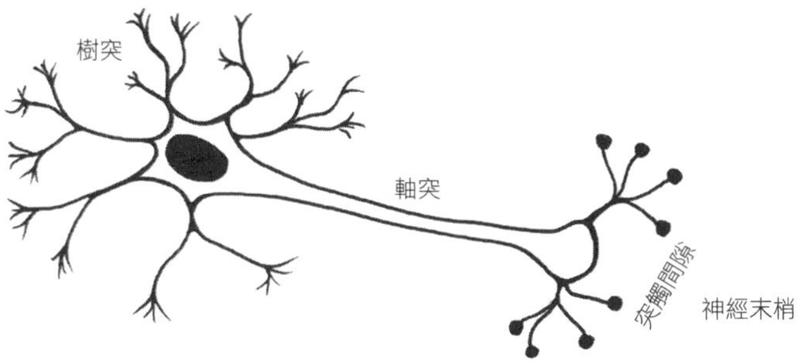

電子信號沿著神經元從樹突向下傳到神經末梢。信號改變細胞膜的微小結構，含有神經傳遞物質的突觸小泡與神經元周圍的膜融合，小泡破裂在外部的連續表面上釋放內含的神經傳導物質。

在大腦中央大橫溝後側，腦表面可見的凸起（見圖1）。懷爾德．彭菲爾德（Wilder Penfield，1891-1976）是二十世紀初神經外科的先驅，在少有冒險開腦的年代，他趁患者進行大腦癲癇手術之際，在患者清醒時做腦部試驗。他用針刺激觸覺皮質，發現居然會讓身體各部位產生被碰觸的感覺。令人驚訝的是觸覺皮質本身沒有任何感覺，這是因為大腦雖負責詮釋身體上或身體內的觸動，但大腦本身卻沒有任何觸覺受器。皮質沒有感覺但能感覺身體，這種違反直覺的事實，簡明地點出「大腦－身體」這個複合體具有不可分割性。時間過去，彭菲爾德觀察到，用針刺不同患者觸覺皮質上的相似位置會在相同的身體部位產生感覺。他忽然想到可以在大腦皮質上畫出對應身體感覺的「位置圖」。

一九五一年，彭菲爾德出版相關書籍，刊載他在觸覺皮質上發現的人體對應圖。他是「大腦－身體對應圖」的繪圖先鋒，他畫出的「體感小人」（sensory homunculus）原始版本多年來變化不大。你可以從圖3看到，人體在觸覺皮質的呈現區域不成比例，敏感區占的比例更大，例如嘴與嘴唇，它們相較腿部神經數量較多，所以在皮質上所占表面積就比腿部來得多，即使腿的面積更大，但因為腿的觸覺受器密度較低，敏感性也較低，在感覺小人上的占比就低。

就像五大感官有神經連到外側皮質層，身體內部也有神經通到皮質對應區，傳遞稱為「內感受」（interoceptive sensation）的感覺。接受內感受的皮質稱為「腦島」

圖 3　體感小人（somatosensory homunculus）或觸覺皮質

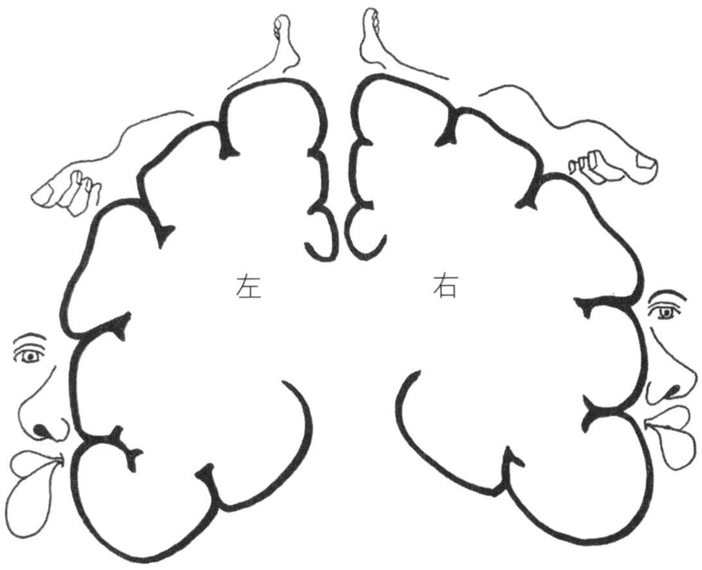

從左耳到右耳橫切一刀，就可看到大腦水平面的觸覺皮質。觸覺區位於皮質上的中央大橫溝後側。圖中顯示皮質上反應人類身體感覺的對應區域。越是敏感的身體區域，其對應範圍越大得不成比例，因為身體比較敏感的部位會有更多神經分布，如嘴唇和舌頭。

（insula），位在皮質皺褶中，從大腦外部是看不到的，就像我們的感覺也是看不到的。腦島非常重要，因為它負責解讀「內臟」感覺，我們將在下一章討論這個主題。現在只需要知道我們體驗世界的方式除了有輸入大腦的外感受外，也必須大量仰賴內感受。

在基本學理上，彭菲爾德的研究成果證明，我們只能藉著大腦體驗身體的感覺。但是大腦有時候會因為周邊神經元發生錯誤而做出錯誤解讀，如幻肢痛。幻肢痛就是截肢後還有來自殘肢的疼痛感，比如小腿被截肢了，大腦仍覺得從斷腿處傳來痛感，但那隻腿已經不在了。那是因為**神經**向下延伸到原有的腳，即使腳不在了，膝蓋殘餘的神經仍然連到「體感小人」的足部區域。這個區域在體感小人中是固定的，也就是說，從小腿出發的神經一定會走到感覺皮質的特定位置。這條神經束已被觸覺皮質記住了，即使被截肢，還是會觸動皮質的「小腿」區。這個例子說明了神經的「固定連線」（hard-wiring）——小腿到觸覺皮質的神經解剖解構是固定的。但如果解剖病理的情況相反，例如中風後造成皮質區上的小腿區受損，儘管中風者的小腿仍然完好無缺，但小腿不再有感覺。因為大腦，我們才有身體感受。

現在已可以用核磁共振（MRI）的大腦成像技術[1]看到身體連到彭菲爾德體感小人的固定連線。僅在彭菲爾德研究的五十年後，德國腦科學家阿諾．維爾格林（Arno Villringer）的團隊只是摸了摸實驗者的手，就能夠從核磁造影看到觸覺皮質有某個區域被「點亮」了。當初需要用清醒開顱手術才知道的彭菲爾德體感小人，到現今已可藉由神經成像技術讓大腦視覺化，這一大躍進說明了神經成像技術如何開啟大腦的探索。

多重模式感覺

身體感覺投射到大腦區的核心原則，就是大腦之外的任何身體感覺都可以在大腦中呈現。這些神經連線在腦內無所不在且獨特地彼此連結，包括天生即有的固定連線，也包括在記憶和學習複雜交互作用下，因感覺經驗而生的「增生連線」（soft-wiring）。增生連線是大腦為了適應與學習長出的神經連線，固定連線和增生連線間持續進行有機的相互作用。例如盲人以觸摸來閱讀世界，而觸覺的解剖學基礎是：來自觸覺皮質的神經元以大腦表面的跨皮質連接走到視覺皮質，然後「觸覺」就會被翻譯成「視覺」資訊。與看得到的人相比，天生盲人的視覺皮質較小，但有較多從其他區域通到視覺皮質的跨皮質連接。失去視力的人真的可以「看見」，但圖像是二維的或

1 作者註：核磁共振（magnetic resonance imaging，簡稱ＭＲＩ）是一種用來測量身體結構體積的成像技術。ＭＲＩ機器基本上是一個非常強大的磁鐵，以特定旋轉拉動一些大腦原子，從而產生 3D 結構圖。接著比對標準結構體積的腦解剖圖，用以解讀這些圖像。功能性ＭＲＩ與經顱磁刺激的原理相同，會在短時間內提供大腦血流。理論上血液會流向較為活躍的區域，因此若進行某特定活動，血流就會顯示某些區域正在作用。文中引用的阿諾．維爾格林研究，當手指移動時，觸摸皮質的血流量增加，表明手指的運動是由觸覺或感覺皮質的區域控制的。

平面的，缺乏景深。盲人看東西的方式告訴我們很多關於感覺的抽象本質。感覺主要在**識別**輸入刺激，而識別機制透過跨感覺來詮釋的情形非常普遍。大腦藉由觸摸學習區別某形狀與另一種形狀，藉著形狀區別某種圖像與另種圖像，依此類推。聲音也一樣，聲音要對照其他聲音才能識別：請想一想你如何區別各音階、各音調或各節拍的不同。不斷區別某個圖像或聲音與另個圖像或聲音，如此形成模式，因此識別，這是記憶的基礎。如果天生失明的人夠幸運可以恢復視力，就像維吉爾，視覺皮質依據輸入的外部圖像重組，不再依賴觸覺皮質[2]。

另一個跨感覺記憶的常見案例是讀脣語，就算失去視覺或聽力，也可以透過觸摸或震動學習視覺與聽覺刺激。皮質適應連同皮質感覺圖上感覺訊息的分流，可以說明大腦是如何調整記憶和詮釋這些感官資訊。這是一種「大腦可塑性」（brain plasticity），也就是大腦具有成長和適應的能力。這個發現已經為失明者開發出轉化視覺圖像的感覺替代裝置——將一個相機裝在人身上，拍出照片並轉成聲音，好讓聽覺皮質學著去詮釋相機拍到的圖像。感覺神經學的語言已從「感覺－特定皮質的模型」轉換到「計算元模型」（computational meta-modal）——一個反應大腦高度連結關係的組織模型。

感覺與知覺

一九七二年，約翰．伯格（John Berger）的《觀看的方式》（*Ways of Seeing*）由BBC同名電視節目改編成書，旨在探討我們在視覺之外是如何「看」的。伯格在探討人腦如何詮釋看見的事物，也就是**感知**，是極有影響力的傳播者。他作為藝評家、視覺藝術家和作家，展示了我們是如何從探索世界的學習框架中發展出觀看的方法，亦即他說的「知覺恆常性」（perceptual constancy）。例如，因為被價值體系牢牢約制，我們用不同方式觀看女人和男人。知覺恆常是必要的，不然我們會對每項刺激不斷重新評估，但它也是偏見的基礎。對於觀看世界的方法，伯格有第一手經驗，因為他有白內障，且日益嚴重，漸漸失去視力。但在白內障手術後，他的視力又大幅改善。他描述自己在手術後經歷的「視覺復興」，對於一切事物，他都像初次見到。他的視覺記憶迴路在多年死寂後因光明而重啟，重新喚起他的基礎視覺記憶。生動的童年視覺記憶又回來了：一張白紙將他帶回母親的廚房，看到了「各種白色，桌上的、水槽的、櫃子上的」。

愛爾蘭作家湯馬斯．吉爾羅伊（Thomas Kilroy）在《越過後院的牆》（*Over The*

2 作者註：我的同行，神經學專家紐威爾（Fiona Newell）證實，以前把感覺學習歸為單一區域，但事實上分布在不同的感覺皮質，就如視覺，視覺感覺其實分布在視覺皮質與聽覺皮質。

Backyard Wall）一書中也寫出類似經歷，他在白內障手術後視力重生。書中的他乘著想像力遍遊故鄉小鎮卡蘭，探訪童年回憶。我對這本書特別感興趣，因為我在這個愛爾蘭中部小鎮待了好幾年。當吉爾羅伊描述舊視覺記憶被喚醒時，我對他的視覺復興感同身受。他說「視覺本身的真實起源」就是記憶。視覺就像所有的感覺，不能與記憶分離，兩者交織形成感知。

回到患有良性幻聽的派對賓客，回到有持續幻覺的喬瑟夫，幻聽的潛在感覺機制是什麼？我們並不完全清楚，但我們確實知道當精神病患者聽到不存在的聲音時，聽到正常說話的大腦區塊正在放電。你們可以想像，如果某人的視覺皮質正在放電，他就看得到壁紙浮動；如果嗅覺皮質在放電，他就聞得到腐臭；如果味覺皮質在放電，某人的食物就有怪味，好像被下毒。證據顯示，思覺失調者的大腦中投射到皮質的整體感覺神經通路是不同的，這意味著大腦中任何感覺神經通路出了一些小麻煩都可能影響感覺體驗。為什麼會在周邊神經沒有輸入感覺訊號時，不同的感覺皮質卻放電？原因可能很多種：癲癇、腦瘤、迷幻藥引起的局部化學刺激，接線錯誤，神經遞質失調。簡而言之，我們是這樣教醫學院學生的：幻覺是在沒有外部刺激，或更確切地說沒有**相對應**的外部刺激下的感覺體驗。

吳爾芙深受躁鬱症之苦，對我而言，毫無疑問地，她在《戴洛維夫人》（*Mrs Dalloway*）中對賽普提姆斯（Septimus Warren-Smith）的感覺描述就是她自己精神分裂及躁症發作時的體驗。躁鬱症發作時，外在感覺雖可正常傳遞，卻是以極高張放大的感知模式表現。如果此人有精神性的狂躁症，就可能錯誤詮釋外在感覺。書中，賽普提姆斯坐在倫敦攝政公園的樹下，他覺得「葉子活著，樹活著，樹木已透過千百萬計的纖維與他自己身體連接。」段落最後他做了結論，「全部加起來就是一個新宗教的誕生。」我們可以感受到賽普提姆斯過分敏感的超感知，他對視覺和聽覺體驗的碎片化理解，然後他困惑不已地作出解釋：「全部加起來就是一個新宗教的誕生。」他的感覺傳遞沒有問題——樹和樹葉是真的——但他沒有辦法理解這些感覺。吳爾芙的作品是我讀過描寫「妄想性知覺」（delusional perception）最好的作品之一，或說她極會描寫那些自外在感覺產生的怪異想法。最後，賽普提姆斯無法忍受精神病的精神轟炸而自殺了，這也是吳爾芙計畫自殺的死亡預言。

包括精神科醫生在內的許多人都認為不該再將精神分裂視為疾病，理由在於思覺失調的經驗很常見，而且精神分裂症是一種譜系障礙。他們認為，除去病名會帶來去污名化的好處。但對我來說，改變名詞對去污名化毫無幫助。因為污點並不在「精神分裂症」一詞，刪除這個詞才是承認它確實是個污點。自閉症已經去污名化了，但不是因為「自閉症」一詞被取代，而是因為社會受到教育，已經知道了。有自閉症譜系障礙（ＡＳＤ）的患者不再被視為「怪胎」；他們被正視為不同或特殊的人。要理解特殊、非神經性障礙的個人需要智慧和寬容，而這種智慧和寬容將我們所有人提升到更高一級的仁慈和寬大。但有一個非常重要的警告：有譜系障礙特徵與患有此疾病，兩者差異有如天壤之別；有自閉症系譜特徵與患有自閉症不同；有精神病譜系障礙與真正有精神分裂的患者也差異極大；有強迫性格和有強迫症更是不一樣；更別說隨隨便便就說某個難預測、情緒不穩定的人說他有「躁鬱症」！正如我所說的，新觀念的認知過程通常從過度簡化開始，在大腦和行為方面，我們傾向將新資訊先套用在自己身上，因為我們都對了解自身極有興趣。然而，特徵或傾向不是生病，雖然特徵或傾向會侵蝕一個人的生活，但這種自我特色的認知抹滅了那些真正精神病患者會經歷的毀滅性痛苦。聽到聲音不是精神分裂；感覺悲傷不是憂鬱症；高度組織化到僵化的程度也不見得是強迫症；溝通技巧差不等於自閉症；喜怒無常更不是躁鬱症。

奇怪感覺的解釋

虛幻的信念系統與「普通」人相信的神祕奇事不同，這種區分很有問題。就如第三隻眼現象，一種非科學的邊緣文化信仰體系，看起來疑似精神病，甚或有人直接就說**那是**精神病。值得注意的是，某些電影更渲染唱和，為有精神病徵狀的人提供解釋框架。現在來我們單位的精神分裂症確診年輕人參考的居然是燒腦的心理驚悚片，特別像是《駭客任務》（*The Matrix*）、《全面啟動》（*Inception*）或《記憶拼圖》（*Memento*），這些電影為他們活在奇怪流動的感覺經驗提供了一個解釋依據。電影《全面啟動》對我的病人喬瑟夫有深遠的影響，電影裡的主角柯柏（Dom Cobb）會趁著別人做夢時偷取他人思想，到最後已練成可在另一個人睡覺時將自己的思想植入對方的大腦。《全面啟動》給了喬瑟夫啟發，讓他覺得他的怪異想法是被植入腦中的，狀況就如柯柏所說：「一旦植入就無法抗拒。」還有電影將背景設定在反烏托邦的未來，勾畫出一種時空錯亂的異世界，讓思覺失調的人覺得自己正處於某種「賽博龐克」（cyberpunk）[3]的時空錯置中，就像身在此系列創作元祖雷利・史考特（Ridley Scott）的經典科幻電影《銀翼殺手》（*Blade Runner*）中。

我們每個人都是神經固定連線與增生連線的混合，這系統從胚胎長神經通路起就開始發展，並隨著我們感受世界的體驗增加而成長。透過體驗，感官資訊變得更有識別性，而記憶變得更精細。這是知覺和知覺恆常性的基礎，在其中我們自動過濾世界，而我們每個人都有屬於自己獨特的過濾器，也就是我們的記憶。在導演版的《銀翼殺手》中，主角戴克對複製人的人性感到困惑，他想知道「為什麼複製人會收集照片。也許他們就像瑞秋一樣，他們需要回憶。」

3 譯註：一種科幻作品類型，將未來世界設定為受高科技主宰，而人類苟活的世界，主角頹廢與社會脫節，進而反動。此類型作品包括電影（如《駭客任務》）、動漫（如《攻殼機動隊》）、小說（如《神經喚術士》）、電玩（如《電馭叛客》）等。

4 海馬迴的故事

很久很久以前，在遙遠的地方，有一位公主……古老民間故事總讓我們覺得暖心舒服，這份安逸出自如文化般無處不在的熟悉感。我們認為我們想都不用想就能理解故事裡「時間－地點－人」的設定，那是因為我們早在故事寫下前就已經吸收了它。試想你可能會去看的電影，劇情是否會在電影開始幾分鐘內給出時間、地點、人物等明確定位？如果沒有，你會一直看下去，直到你覺得無聊而放棄；但只要給你一個角色、一個地點或時間，可能就讓你屏息輕嘆投入劇情。即使這些設定很直觀，但要怪、就怪我們打從人生一開始就已經習慣了。

這就是我們在教醫學院學生和護士如何檢查病患精神狀態的第一件事：檢查「時間、地點和人的定向能力」。這意味著病患是否能察覺一天中的大致時間，現在是一週中的哪一天，幾年幾月，以及身在何處，自己是誰。如果患者沒有這「三向度的定向能力」，我們就知道他們的大腦功能必定出現暫時或永久的嚴重問題。事實上，我們真是依靠「時間－地點－人」的坐標讓神經連結上學習的。我們靠這些坐標學習的故事就是海馬迴的故事，也就是記憶的故事。

試想沒有故事坐標的世界，而沒有用「時間－地點－人」這三個定位點來處理感受的人會發生什麼？貝克特是窮絕之王，空空如也，沒有過去，沒有記憶，沒有身分。貝克特筆下的許多角色都失憶了，似乎在停滯的世界中癱瘓了。《等待果陀》（*Waiting for Godot*）中有兩個倒楣的流浪漢愛斯特拉岡（**Estragon**）和弗拉季米爾（**Vladimir**），他們沒有現在也沒有未來，一直在等待某位「救世主」，但他可能根本不存在，觀眾也知道他永遠不會來。這兩個流浪漢就像硬幣的兩面，無法分開，也無法從彼此身上獲得任何安慰，沒有自我人格的雙人組，在沒有時間和地點的世界中痛苦孤獨著。他們「存在」於「時間－地點－人物」這類安逸的故事設定之外。他們無法記住過去（甚至是前一天），無法建立現在或預測未來，只能在一個盲目虛妄、無晝夜節律的空間遊蕩，看似等死或等待救贖。愛斯特拉岡斷言：這裡「不乏虛空」（**no lack of void**），一語總括他們無法定向的情形。貝克特的寫作主軸一向是沒有上帝、充滿人性殘酷與不確定性的世界，但他巧妙地將人類體驗解析了我們活在其中的「時間－地點－人」設定。他移除我們熟悉的設定座標，讓我們感受活在沒有記憶定向的世界是怎樣的感覺。在上一章中，我們研究了感官記憶；現在讓我們認識感官訊息如何細化為「時間－地點－人」的海馬迴記憶設定。

在我剛入行接受精神醫學訓練時，曾親眼目睹某人在失去海馬迴記憶能力後過的是什麼樣的日子。這件事發生在我擔任精神科住院醫生的第一年，當時是一九八〇年代末期，我在都柏林市區內的聖帕崔克醫院（St Patrick's Hospital）工作。聖帕崔克醫院是一七四六年由新教牧師喬納森．斯威夫特（Jonathan Swift）創立，他最有名的事蹟是寫出《格列佛遊記》（*Gulliver's Travels*），在那個時代的他是個沒什麼好名聲的諷刺作家。如果是在愛爾蘭，斯威夫特最為人熟知的是寫了殘忍且過分的諷刺小說《一個小小的提議》（*A Modest Proposal*），書中他對當時受英國統治過著窮苦日子的愛爾蘭人提供終結困苦的解方，他冷酷地提議：把愛爾蘭孩童養成天使一般再賣給英國有錢人當食物。他寫下自己的墓誌銘，對著死後埋在墓中的自己說：「只有在墓中，填膺義憤再也無法撕裂此人的心。」另一件讓活著的斯威夫特「義憤填膺」進而痛苦不堪的事情，就是當時社會忽視與虐待精神病患。斯威夫特在倫敦時，曾當過貝斯勒精神病院的院長，之後這所精神病院就變成我任職的貝斯勒皇家醫院，我在這裡治療伊迪絲，也將它以人道治療精神病患的開明觀點從貝斯勒帶到都柏林。順帶一提，斯威夫特和提出莫利紐茲問題的莫利紐茲是同一時代的人，他們住在同一地方；兩人在都柏林的住處往返只要走短短一小段路，且兩人彼此仰慕。他們都被啟蒙運動的關鍵理念所驅動，莫利紐茲提出人類世界的知識是由人體器官大腦負責處理，而斯威夫特則認為精神錯亂是人類心智生了病，需要人道關懷照顧。當年我在聖帕崔克醫院實習時，那裡已與斯威夫特創始時宣揚的平等慈善原則幾乎沒有任何共同之處，它已變成一家私立醫院。

MM的案例

MM從別家醫院轉來做記憶喪失和性格改變的檢查。在我眼裡，她就是普通中年婦女，四十多歲的家庭主婦，有兩個才十多歲的孩子。我在醫院大廳詢問台對面的會診室詢問她的病情，我記得在那個房間，MM隔著桌子坐在我的對面，臉上帶著焦慮和不信任，皺著眉頭看著我這個陌生的年輕醫生。我和她商量好，把她母親也請進來一起詢問，因為MM的母親可以說明MM的過去。

她母親告訴我，MM從幾個月前開始表現得越來越奇怪反常。除了記憶幾乎完全喪失外，她母親還注意到MM在情感上變得疏離，甚至連自己的孩子也不太搭理。有時候MM認不出家人和孩子，但也不是一直認不出。她平常的性格是溫暖的，是成功的母親和女兒。但發病後，MM的父母開始接手接送小孩去學校的任務，因為她已經認不出去學校的路了。外祖父母也必須安撫小孩的情緒，小孩為了母親喜怒無常的反應又難過又困惑，MM的丈夫也無法應付妻子充滿敵意的行為。MM做的任何行動、發生的各種狀況似乎和之前沒有任何關係，一切都是第一次，即使這件事幾分鐘之前才做過。

我特別記得MM母親對我說，她女兒總是迷路：只要她一離開房間，就算只離開一下馬上回來，對她來說也好像是第一次進這個房間，她必須重新熟悉這地方。為了測試這一點，我讓MM停下來環顧會診室，然後陪她和她母親到外面醫院大廳，把房間的門關上。然後，我再讓她停下來好好看看大廳，帶著她們轉身回到房間。會診室對她來說，又像是從未來過的地方，她認不出來。她有「定向障礙」（disorientation）的狀況，情況已嚴重到不能讓她一人待著的地步。她隨時都處於驚恐的狀態，一切事物對她來說像是都沒見過，每件事都讓她害怕。儘管MM的記憶忘得七零八落，但仍然能夠完成複雜的運動，例如烹飪和寫作。當我和她交談時，她不知道她的問題在哪裡，即使她感到困惑和恐懼。她看得到東西，也能辨別那是什麼東西；她聽得到字、了解語言也能做適當的回應。她能嘗到味道，也聞得到氣味。在她的眾多困境中，她真正了解的問題是她完全失去對位置的記憶——她一直處在難以抵擋的迷失感中。

MM讓我印象深刻的是，她完全失神，心不在焉，唯一存在的是她這個人坐在桌子對面的椅子上。她有一種疏離且不信任的「情感表達」（英文寫作「affect」，這個字是臨床醫生用來描述某人情緒狀態給他的印象。）。我知道她不知道我是誰，問診對談也進行得很奇怪，因為就算談了一段時間，我們之間的關係也沒有任何升溫和變化。我在看診當天就非常確定MM不會再回診了，她的情況已經超過用藥治療的範圍。對於她，我覺得我只是旁觀者，看著她的大腦發生天崩地裂的大災難。

MM的短期記憶幾近完全喪失。我以前從未見過這樣的人，之後也沒有——一個完全沒有短期記憶的人，但他的精神功能正常，並具有完整的感覺意識。這真的很難想像。我們熟悉失智症，但失智症患者的記憶功能與其他大腦功能一起惡化，就像不能理解話語也就無法有條理地說話。通常失憶者會同時失去做事的能力，如不會做飯、不會開車等。但MM有極好的視覺、聽覺和觸覺，她也與莫利紐茲問題中的盲人不同，莫利紐茲提到的盲人無法理解圖像差異，而MM能夠理解圖像甚至其他所有感覺，但她失去的是理解另一層記憶的能力——有關時間、地點和人物的記憶——我將這種記憶稱為「事件記憶」。事件記憶涉及感覺資訊的匯整，將我們對動態生活環境的各種感覺資訊統合在一起，也就是**發生了什麼事**的記憶。MM無法記住發生在她周圍或發生在她身上的事，因此，她失去了形成「自傳式記憶」（biographical memory）的能力。

你或許想知道為什麼MM會被送進精神病院，因為她的大腦功能除了記憶，似乎完好無損。她被轉到我的門診檢查是否有「歇斯底里性失憶症」（hysterical amnesia）。「歇斯底里性失憶症」現在稱為「解離性失憶症」（dissociative amnesia），但無論過去名詞或現在用語，精神科醫生學到的定義都是：這是一種解離狀態，在此狀態下，記憶突然停止運作而其他心理功能保持完整。這使患者的記憶力局部喪失，但大腦功能正常。理論上，創傷是解離的誘發因素：也就是說，某人受到嚴重創傷以致無法將事件歸入記憶，從而導致一般記憶功能「阻塞」。據推測，記憶受損是為了保護這些人不要在回憶此事時，再次受到無法承受的情緒體驗。而此類失憶症的治療方式是揭露創傷，並引導患者經歷創傷，從而恢復記憶功能的流動。在三十六年的臨床看診中，我沒見過歇斯底里／解離性失憶症的病例，它通常被視為過時的疾病名稱，歷史上對這種心理狀態曾提出基本解釋，但也是這些解釋讓我們對精神病學有某些揮之不去的誤解。

歇斯底里性失憶症

歇斯底里症是十九世紀末和二十世紀初經常對女性做出的診斷。佛洛伊德在《歇斯底里症研究》（*Studien Über Hysterie*, 1895）記錄了他著名病人安娜O的案例，這個故事從各個層次看都意義豐富，值得重新審視，因為它包含佛洛伊德理論中很多錯誤教條。安娜O是化名，真實的她是堅強、聰明的女權主義者，她之所以會變成佛洛伊德的病人，是因為她先去找佛洛伊德的前輩好友、神經學家約瑟夫·布洛伊爾（Josef Breuer）治療了一段時間。她出現一些奇怪的症狀：似乎失去知覺，不斷重複說著某個字或重複做某些動作，還有幻視和幻聽。布洛伊爾注意到，當她談論這些症狀時，她的症狀似乎發生變化——我們現在稱這種現象為不一致的敘述或歇斯底里的敘述——他繼續嘗試所謂的「談話療法」，此療法也就是後來佛洛伊德精神分析的基礎。

佛洛伊德認為安娜O的狀況以及他大多數患者的狀況都是由某種形式的壓抑記憶所引起，通常這些記憶都與性相關。他的治療法——精神分析——是促進患者自由聯想，以一種「非指導式」（non-directive）的方式交談。理論上，自由聯想會引發個人自我表白，最後終將揭示創傷。佛洛伊德在書面病歷中聲稱安娜O經過所謂的談話治療後康復，但事實完全相反，她繼續住院多次。自從安娜O的案例紀錄公布以來，一直出現很多懷疑論。因為以她的異常狀態聽起來較像患有「顳葉癲癇」（temporal lobe epilepsy），引發原因可能是結核性腦膜炎（腦膜受到結核菌感染），也可能是安眠藥或嗎啡成癮或戒斷造成的。現在流傳一份安娜O病症反推原因清單，但在當時並未得到認可。布洛伊爾雖然沒有否認佛洛伊德對安娜O做的結論，卻與佛洛伊德漸行漸遠。

布洛伊爾和佛洛伊德的分歧在於他看到佛洛伊德對談話治療的見解日益狹隘，並將精神官能症的原因過度歸咎於嬰兒和兒童的性欲，這樣的分歧反映了自精神病學開始發展起就有的情形。所幸，現在普遍使用的談話療法與佛洛伊德非指導性自由聯想式的療法幾乎沒有任何共同之處。現在的治療會以目標為導向，並容許情緒上的「涵容」（containment）[1]，治療原理也不根據佛洛伊德理論，最常見的是某種形式的「認

1 譯註：「情緒涵容」的作法由精神分析師 Wilfred Bion 提出，是指在心理治療時，諮商師可容納、思考、轉化諮詢者的情緒，以理解的態度轉化到諮詢者身上。

知行為治療」（cognitive-behavior therapy）。值得注意的是，像陰莖嫉妒是女性精神官能症根源的奇怪想法，當年就是這樣教給我這樣的精神科實習醫生，我一點都沒有諷刺之意：那只不過在三十年前[2]！現在對我們來說，女兒讓父親產生性誘惑的想法真是令人噁心，而且還有人認為這想法為當時兒童性虐待的猖獗提供了**真實的**理由。（我們將在之後篇章更詳細討論這一點。）針對布洛伊爾對安娜O的原始實驗看來，我們可說如今的精神治療更接近布洛伊爾的解決方案，而不是佛洛伊德無指導式的自由聯想與無時間限制的精神分析。

很多歷史上有名的歇斯底里案例都有個共同特色，強調治療師與患者在治療上的緊密關係，一個有情緒上的依賴，另一個是專業的投入。安娜O每天都會與布洛伊爾會面兩小時，每次相見都帶著激烈的感情，這樣的情形歷經數月。之後安娜O有一次住院，另一位醫生愛上了她。一些患者和一些精神科醫生喜歡歇斯底里的愛情通俗劇，無論這齣劇是所謂的「心因性失憶症」（psychogenic amnesia），還是更戲劇化的「多重人格障礙」（multiple personality disorder，在DSM5中稱為「解離性人格障礙」〔dissociative personality disorder〕[3]）。近年來我有個病人，她在年輕員工之間引起了極大的騷動，因為她「解離」成三個不同的人格，分別有不同的名字、不同的性別和不同的特徵。年輕的工作人員對她非常有興趣，大家都睜大眼，等著看下一次會出現哪個角色。我下了指示，患者發生這種情況時必須立刻送到私人房間在那裡觀察，而且只有當她再次成為她自己時才能跟她講這件事並有所回應。之後她的解離性小劇場漸漸消失。她來找我們心理學家，不是讓大家對她的多重人格探奇，而是試圖解決她真實且重要的問題。大家連這些個案都有醫學之外的偷窺欲，對歇斯底里的興趣更可見一斑[4]。

現在已沒有人把歇斯底里視為一種病，但倘若把歇斯底里當成一種神經功能障礙，通常包含感覺障礙、運動障礙或記憶力減退等狀況，如此在臨床治療上仍會接受這種神經功能障礙有「心理」或「非器質性」的原因。這個領域的臨床專業名詞和相關文獻是毫無幫助的抽象地雷區以及穿梭於神經學和精神病學中的術語，但深藏在這

---

2 作者註：佛洛伊德的理論，就像他那年代其他的重大思想家一樣，並沒有擺脫當時的性向歧視、性別歧視和種族歧視。佛洛伊德假設女性對男性性行為有普遍壓抑的嫉妒，這反映了當時盛行的厭女觀點。然而，佛洛伊德對兒童性化的觀點確實超出了那個時代普遍共有的信念。

3 作者註：《精神障礙診斷和統計手冊》第五版（*Diagnostic and Statistical Manual of Mental Disorders, 5th edition*，簡稱DSM5）是國際公認的精神障礙診斷指南。診斷是哪一種精神病必須基於症狀檢查表而不是主觀印象，這有助於促進美國和世界判斷一致。而人格障礙分為三類：A類（古怪、異常）、B類（反社會、歇斯底里性、邊緣性）和C類（焦慮、恐懼）。

4 作者註：請參考 http://www.richardwebster.net/freudandhysteria.html，這個網站會讓你對歇斯底里的歷史有簡明且全面的概念。總而言之，歇斯底里症是一個通稱，泛稱任何無法診斷的神經性疾病和精神病。關於歇斯底里症，最吸引人且最著名的研究報告是艾略特・斯萊特（Eliot Slater）的研究，他調查了八十五名在一九五〇年代初至中期被診斷出來有歇斯底里症的中年患者，並進行長達九年的追蹤調查。結果，十二名患者死亡，十四名完全失能，十二名部分失能。這些患者多半生的是神經系統疾病，卻被誤診為歇斯底里症。斯萊特寫道：「『歇斯底里』的診斷是無知的偽裝，是臨床錯誤的肥沃根源。」

一切背後的潛台詞都在暗示某些人類經驗出自「心理」，某些出自「器官」。但在人類以器官運作的真實人生中，大腦功能和大腦物質並無法各自獨立，因為大腦的每個體驗感受，無論是正常的或異常的，都基於物質以及這個物質的運作。大多數人，甚至是從業人員，都認為精神病學屬於無形的「心智」領域，而神經病學則屬於「器官」的大腦陣營[5]。直到一九九〇年代的「大腦十年」（Decade of the Brain）[6]，神經科學正以大腦功能的新見解悄悄地超越心智－大腦二元論，無須再爭論大腦與心智的糾葛。臨床醫學落後尖端神經科學是可以理解的，全腦功能不可分割的概念還沒有完全滲透到所有醫學領域。

讓我們回到因為歇斯底里性失憶症入院檢查的MM。我無法誘導她說出過去的任何創傷，但在我面前的她看來真的病得很重，整個人既害怕又困惑。在當時，神經影像學還處於起步階段，在臨床上是非常稀少的資源。接下來的幾週MM去做了腦部掃描，結果發現她的大腦中心有一顆很大的腫瘤，她被轉移到腫瘤科繼續治療。掃描報告對相關細節說得極少，只有記載MM左右兩側的海馬迴都看不見了。動手術也開不進腦瘤的位置，不久後她就去世了。MM是一種典型，很多患者都像她一樣，她們入院檢查自己出了什麼毛病，在還沒有完備的神經影像工具前，有時就被診斷為歇斯底里症，歷史文獻中充斥著這類案例。一名婦女於一九五〇年代入住倫敦的莫茲利醫院，由當時地位最高、聲名最卓著的精神病學家和神經學家做診斷，她被診斷出患有歇斯底里症，兩年後死於腦瘤，這是一個臭名昭彰的例子。我再也沒有見過ＭＭ，但她早已如行屍走肉、空殼一具，是不知母親的女兒，沒有丈夫的妻子，失去孩子的媽媽；最糟糕的是，她是失去自我的人，如此悲慘的感覺竟在我心中縈繞不去。當ＭＭ的事件記憶完全喪失，她也就失去了她的人格。

ＭＭ教會我，如果沒有海馬迴，我們每個人都會像愛斯特拉岡和弗拉季米爾一樣永遠徘徊在虛空，失去方向，沒有過去的記憶，也無法思考未來。最重要的是，與貝克特的悲喜劇不同，ＭＭ非常痛苦。她還教會我，如果不先創造現在，你就無法創造過去。而海馬迴創造現在，因為它把從皮質送來的感覺資訊全部統整成一個現在的故

---

5 作者註：歇斯底里症中有一個常用術語「轉化症」（conversion disorder），這是源自佛洛伊德的觀點，認為情緒困擾或衝突可以「轉化」為神經性的症狀，例如失憶或癱瘓。到今天，在《精神疾病診斷統計手冊第五版》中還存在著「轉化症」這個病，並繼續應用在臨床治療上。有時，轉化症稱為「功能性神經障礙」。這個術語用了「功能障礙」一詞，其實假設大腦中發生的事（例如思考）和參與該功能的大腦物質是分開的。早在二十世紀初，人們就知道結構和功能不能分開，就算在分子階層也是如此。一九五〇年，科學家安芬森（Christian Anfinsen）在人類身上證明了這一點，他展示了一個變化：當蛋白質的結構轉化，蛋白質化學上的功能也就不同；結構改變意味著功能改變。由於此發現，他獲得了一九七二年的諾貝爾化學獎，「結構表示功能」也成為神經科學在內的所有科學的基本原理。例如，我們將大腦神經成像的結構詮釋為大腦的功能指南，而模糊的白色連接通道解釋為軸突形成不良，因此連接性較差。甚至大腦區塊的大小也被認為很重要，區塊較小意味著功能較差。就如，如果患者沒有經過腦部掃描而看到大腦萎縮，醫生無法診斷患者得了失智症。還有在微觀層面，較少的受體意味著相配的神經遞質功能較差。儘管這些知識已經存在，神經學和功能性的劃分仍然存在。

6 譯註：美國老布希總統於一九九〇年宣布，之後十年將是以國家力量揭露大腦科學的「大腦十年」。

事。在後面章節中，我們將研究海馬迴如何產生「時間－地點－人」的訊息——也就事件記憶的基礎。我們需要從頭開始了解海馬迴是如何處理原始感覺訊息的。這點MM無法做到。而海馬迴又是如何創造出更整合的東西——創造出一種對現在進行式的感知——這就是MM缺乏的。

海馬迴

了解海馬迴的解剖結構對於了解感覺訊息的流動非常重要，感覺訊息自外界、通過感覺器官來到大腦外層的皮質，再到大腦中心的海馬迴中樞。海馬迴緊貼皮質的底部邊緣；請想像一個封閉的蘑菇，縱向切成兩半，然後觀察切割面。蘑菇色的菌蓋是皮質，海馬迴是蘑菇蓋與蘑菇柄相接處深棕色的捲曲部分（見圖4）。我們大腦兩側各有一個海馬迴，大腦具有鏡像結構——雖然左右海馬迴的記憶功能不同，但它們有同樣的作用機制。海馬迴這個字「hippocampus」源於拉丁語，意思是「海馬」，指的是它的形狀。它的頭很大，下巴內收，身體慢慢變細形成尾巴——從大腦前面往後看，它的頭在前面、後面才是尾巴。

感覺皮質有匯聚到海馬迴的神經元，分布在各個皮質區的感覺記憶透過這些神經元與海馬迴相連，就像蘑菇蓋子上有皺摺連到捲曲部分（見圖5）。一旦皮質傳來的信號到達海馬迴，會先在海馬迴的細胞層進行處理，然後在細胞間建立新的連接。這些

圖 4　海馬迴

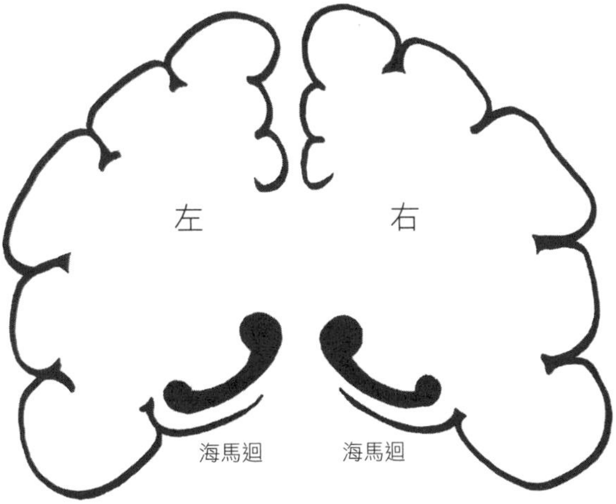

大腦的垂直切面，可以看到海馬迴在大腦外皮質捲曲的邊緣處。

圖 5　感覺記憶的傳遞路徑

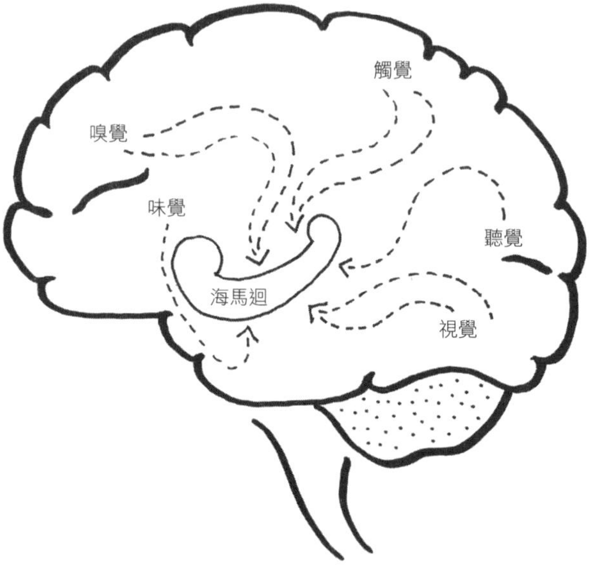

將大腦從中間縱切一刀，露出大腦的垂直橫切面。
感覺訊息利用神經元通道從感覺皮質送到海馬迴。

信號讓海馬迴的神經元連接在一起，而新接上的海馬迴神經元基本上是感覺皮質神經信號的「記憶代碼」。

在更進一步研究海馬迴的編碼過程前，我想先講個故事，說說神經學是如何從一名叫亨利．莫萊森的人那裡學到許多海馬迴功能的知識。

HM

我們之所以知道海馬迴是人類記憶功能的核心，很大程度要歸功於亨利．莫萊森（Henry Molaison，醫學界慣稱HM）的一生，他是記憶神經學中最著名的案例，他的故事記錄在一九五七年的一篇論文中，現在這篇論文成為劃時代的里程碑。HM的臨床側寫與MM非常相似，儘管海馬迴損傷的原因不同。他在七歲時從腳踏車上摔下來，傷到了海馬迴。撕裂的腦組織就像身體的其他組織一樣在癒合過程中生出了疤痕，之後HM就開始有癲癇了。癲癇通常是由海馬迴中的疤痕組織引起的：信號被疤痕組織阻斷，電能被堵住積累，導致電子信號在大腦迴路中不受控制地到處竄。大腦是由不同迴路組成的巨型網絡，海馬迴是網絡中樞，如果這裡的電流不受控管，整個大腦就會失火。單純一處失火可導致大腦所有部分同時失火，結果沒有事情能正常運作。在這種情況下，這個倒楣的人會失去知覺而跌倒，發生「強直－陣攣性發作」（tonic-clonic seizures），身體肌肉不受控制地收縮和放鬆。如果癲癇不加以控制，久而久之將更進一步造成神經組織損傷。

到最後，醫生用最強的抗癲癇藥都沒有辦法控制大腦放電了，只好切除了HM左右兩邊的海馬迴。一九五七年，HM的手術可說是前無古人的治療方法，兩個海馬迴都被切除後，HM的癲癇的確獲得很大改善。但正如你已經知道的，這次手術出現了無可預料的悲劇結果，HM之後的人生嚴重喪失記憶。這件事情在他動手術之前沒有人知道，也因為看到同時切除兩個海馬迴的後果，現在的神經外科醫生只敢切除一個海馬迴。手術後，HM無法記住任何事件。每一天都是新的，每一天都是與其他日子毫無關係的一天，每個地方都沒去過，身邊的人全不認識。打從他做完手術的那一天起，就連自己住的房子都不認識，這樣的日子到五十年後他去世時都一樣。任何與過去有關的事都無關，無論這過去是兩分鐘前還是二十年前。沒有過去也沒有未來，只有無盡與萬事脫節的現在——一個斷奏的「現在」。HM與MM一樣，態度警覺、語言流暢且有完整的運動功能，但只要交談一兩句話，之前說的就想不起來了。

在HM切除兩側海馬迴後，作風嚴謹細緻的神經心理學家布蘭達．米爾納（Brenda Milner）對他進行了非常詳細的研究，時間持續到二〇〇八年HM以高齡八十二歲去世。米爾納的主要任務是找出為什麼HM的某些記憶功能是完整可運作的，像是識字、說話等複雜的感覺運動任務，HM都沒問題，但是他只要過了當下，就無法將**事件**變成記憶。米爾納發現我們在日常工作使用的大部分記憶都儲存在皮質，可能不會動用到海馬迴的記憶庫。這解釋了為什麼HM可以看到、聽到、觸摸、走路、騎自行車、交談——他的皮質完好無損；但HM沒有辦法整合「是誰？在哪裡？什麼時候？」等資訊，以致無法讓事件變成記憶。HM的視覺皮質已學會了用視覺來理解世界，因此這些訊息能安全地儲存起來。同樣地，聲音和氣味、運動和語言技能都可以正常運作。HM缺乏的是過去的背景脈絡，以及任何可能成為未來的背景脈絡。存儲在皮質中的記憶與在海馬迴中處理的事件記憶兩者有差，其中差別可在一些天生海馬迴功能嚴重受損的嬰幼兒罕見病例看到。這些孩子可以學習事實和數字、語言，甚至學習程度都達平均水準，但他們無法產生自傳式記憶或事件記憶。

一起激發的細胞連在一起

海馬迴的神經元如何產生記憶是大量文獻的研究題材，也是記憶研究中最核心的關鍵問題。記憶的神經科學奠定在唐納德・赫布（Donald Hebb，1904-85）開天闢地的研究基業上，他為世界提供了一句響亮標語，總結記憶神經的生理過程：**「一起激發的細胞接在一起」**（cells that fire together wire together）。赫布是加拿大心理學家，他和彭菲爾德極具創意的研究團隊一起工作，彭菲爾德就是畫出「體感小人」的那一位。一九四九年，赫布把自己的理論寫成《行為的組織》（*The Organization of Behavior*）一書，描述神經元如何產生記憶以及這些記憶如何持續幫助組織大腦功能。

他假設一束一束正處於激發狀態的神經元會相接，變成連在一起的「細胞集群」（cell assembly）。細胞因神經信號的電子化學能量激發而形成樹突（dendrites），樹突和樹突連在一起，讓細胞連接成一組依序激發的信號單位。此後，如果這個集結起來的細胞集群若有任何神經元受到刺激，所有神經元都會被激發。這個細胞集群代表一個記憶。簡言之，作為信號單位的細胞集群依序激發而構成的神經編碼，就代表一個記憶。

赫布假設，細胞集群內相連的神經元會藉著神經元間樹突的物理性生長而固化，如此就能創造較長久的記憶，沒有被固化的也有可能消失。赫布假設的這套樹突生長模式：神經元被激發、依序增加與相鄰神經元的連接，樹突纖維因此生長；現已公認是記憶的細胞基礎。樹突在這個過程中非常重要，因為它們將神經信號從一個神經元傳遞到另一個神經元。樹突長得越大意味著神經元間連接性的增加。樹突以很美的方式生長，稱為「分枝」（arborizing，字根來自拉丁文 *arbor*，意思是「樹」），因為樹突纖維就像樹一樣。神經元最多可長出一萬五千個樹突，你可能還記得，人腦有六百八十億個神經元；可以想見，樹突分枝和新突觸形成的連接數量是天文數字。這不是魔術，事實似乎就是如此，連接的可能性可以無限計。

要形成記憶，即便只是短期記憶，其關鍵程序是細胞**一起激發**的時間必須夠長夠久才能**連在一起**。一起激發會形成瞬時記憶，連在一起形成更久的記憶。強化細胞集群的編碼運作就是**鞏固記憶**（consolidation）。訊息在人清醒的狀態下不斷進入大腦，但其中大部分並沒有固化——它就是消失了，因為這些訊號沒有關連性。在分子水平上，從點燃細胞集群到形成固化連接的記憶，這過程取決於許多因素，而這些因素在在受到傳入信號強度的影響。如果信號強度到達關鍵閾值，神經元就會產生樹突蛋白，記憶就會變得更加持久。如果信號很弱，細胞集群的激發狀態慢慢退去，就不會有連接。細胞需要能量來長樹突，而能量來自神經元的電子活動——激發越多，連線越多。

赫布精確地說明了大腦中的能量如何轉化為物質，這是經由電子－化學能量轉換，從神經元激發到產生構成樹突蛋白質的過程。赫布和所有偉大發現者一樣，鉅細靡遺地觀察了他的評估對象並忠實記錄觀察結果，儘管他無法證明這些得自觀察的論點。但我最喜歡赫布的一點是，他相信理論建立的目的不是為了與另一個理論對立，而應該用來激發思考和導引後續研究。人們有時不得不藉著記錄理論框架的大量心理學文獻來了解理論和反理論背後的脈絡，外行人通常難以分辨某些形似卻實不同的並列理論。有些理論**是**相似的，因為新的理論是從舊有理論中產生的。赫布並沒有將他的理論與當時主流框架對立，只是把這些知識用來進一步理解他的觀察。

海馬迴可塑性和記憶組織

海馬迴神經元數量有限，當我們正處與外界感覺交涉的當下、正在強化或不強化記憶集群時，我們的海馬迴神經元會一直處於集結、離散或重組的狀態。海馬迴神經元在功能設計上必須特別適合讓突觸持續生長和重新組建。生理系統改變或重建的能力稱為「可塑性」（plasticity），海馬迴本質上就具有可塑性，當某些強烈記憶形成時，實際上是可以看到它「長」成一組單位的。學習可讓海馬迴成長，最明顯的例子是著名的倫敦計程車司機研究，研究發現，計程車司機經過兩年的密集學習，熟悉行車路線後，他們右側的海馬迴明顯更大。每當我搭上倫敦的計程車，這項研究就如「黏住的」記憶必定出現在我的腦海。另一方面，記憶力衰退是正常衰老的一部分，我們可以在MRI上觀察到因為大腦衰老而變小的海馬迴。

我們現在知道憂鬱症患者的左側海馬迴體積較小，如果憂鬱症反覆發作或持續時間較長，縮小程度會更大。由此可知，對於不同類型的記憶似乎存在「單側效應」（laterality effect，對於某項特定功能，大腦的一側比另一側參與更多）：在計程車司機研究中，漸漸發生變化的是右側海馬迴，而憂鬱症患者通常縮小的是左側海馬迴。這是因為右側海馬迴對位置記憶更重要，而左側海馬迴則對自傳式記憶較重要。因此，憂鬱症患者的記憶功能較差也就不足為奇了，而且在鬱症發作期間，患者的自傳式記憶通常不完整，有時甚至會完全忘記。我的研究小組最近發表一項研究指出，左側海馬迴有一塊細胞集群是負責「編碼」的特定區域，若有憂鬱症，此區域會縮小[7]。在這項研究中，我們發現首次發作憂鬱症的人海馬迴沒有變化，而長期患有憂鬱症的人海馬迴會發生變化。但令人高興的是，只要憂鬱症患者接受治療，記憶功能就會得到改善。

皮質記憶

是否所有的記憶都在海馬迴中？不，正如我們知道的，由於海馬迴中的神經元數量有限，記憶需要被回收以產生新的記憶。那麼海馬迴記憶都到哪兒去了呢？簡單來說，海馬迴和皮質間不斷對話，藉著對話，大部分的記憶最終都存到皮質中了。與海馬迴的神經元相比，皮質中的神經元較難改變或重組——它們的可塑性較低。皮質中的記憶地圖由細胞集群交織出的多重組合構成，相對來說不易改變，也就不易損壞。記憶有兩種系統，一種快速且具有可塑性；另一種較慢、有較高的穩定性，這意味著我們可以在相對穩定的知識系統內繼續學習和適應變化。但這並不表示皮質記憶是靜態的，狀況差遠了，皮質的「網路」不斷與具有可塑性的海馬迴相互作用，人的一生

7 作者註：在患有憂鬱症／焦慮症的小鼠模型中可看到海馬迴記憶形成有分子缺陷，目前這項研究成果正在審核中。二〇一九年，韓國團隊發表一項研究報告，作者以小鼠做了了不起的實驗，他們改變小鼠的「記憶」基因，讓這些小鼠得到憂鬱症。記憶基因參與突觸的形成，當你在小鼠身上造成缺陷，海馬迴的生長就受損。這個研究團隊不但造出海馬迴縮小的憂鬱症小鼠，他們也藉著供給小鼠缺乏的蛋白質「修補」基因。結果讓突觸形成功能修復，且憂鬱症／焦慮症的行為也被治癒。

中皆是如此。

事件記憶和自傳式記憶的儲存採「神經元動力模式」（neuronal dynamic），發生地點在海馬迴和大腦前方皮質區之間，特別是稱為「前額葉皮質」（prefrontal cortex）的區域。前額葉區位於眼睛上方，有實驗對某人掃描，同時間讓他有意識地回想個人記憶，此時這一區便會亮起。情況似乎是海馬迴參與了事件記憶的置入，可能也參與對過去事件的回憶[8]。雖然HM無法記住他手術之後的生活，但他可以記住從他童年時期一直到海馬迴被切除前三年的事。這是我們第一次了解到，雖然自傳式記憶是在海馬迴中產生，但並不是永遠留在那裡。而讓人疑惑的HM手術前三年的記憶空白，就是轉存需要的時間，自傳式記憶從相對較不穩定的海馬迴細胞集群轉到更穩固的前額葉皮質可能就需要三年。我們現在知道，當記憶逐漸久遠，較久的記憶會從海馬迴擴散到皮質，而轉換所需的時間從數月到數年都有可能。神經學家現在可以觀察到，如果較近期發生的事件被喚起，大腦亮起的地方主要是海馬迴；而前額葉區域參與更久遠事件的回憶。HM有完整的前額葉皮質，如果自傳式記憶已經編入「更高」層次的大腦，HM是可以觸及它們的。「更高」這個詞現已成為慣用語，特指那些具有調節自傳式記憶等複雜功能的大腦區域，就如前額葉皮質。「海馬迴–前額葉迴路」是處理人一生歷史最主要的神經元高速公路。前額葉皮質網絡是說故事的人，蒐遍大腦各部位，尋找「製作用記憶」當成故事材料。

我們已經看到包括視覺、聽覺、嗅覺、味覺、觸覺等感覺記憶是如何在皮質特定區域被組織的。視覺皮質隨著孩子成長而發展並同時記憶圖像，不過另有一種視覺皮質在成年時才發展的情形，就是像維吉爾這種新得視力的成年人暴露在影像世界時，但這類狀況極少見。視覺皮質保留了圖像記憶，可當成一個獨立於海馬迴之外的系統，進行淺層運作。這與HM和MM的經驗一致，他們沒有海馬迴，但擁有完整的感官知識。但這是一種過於簡化的運作，同時失去了感官記憶因體驗帶來的驚奇感。還記得約翰・伯格在做了白內障手術恢復視力後經歷的「視覺復興」嗎？他看到一張白紙，突然就回到他母親的廚房。在伯格的投影中，視覺皮質正刺激深層的自傳式記憶。視覺藝術挑戰自動化的感官詮釋，也就是所謂的知覺恆常性，而將我們帶入伯格打破知覺的世界。

最初的，也許仍然是最好的。要窺視自傳式記憶在海馬迴的回憶運作，最好的實驗方法是在患者進行癲癇手術時，以清醒開顱方式刺激患者的海馬迴細胞。英國腦神經學家奧立佛・薩克斯（Oliver Sachs）在他的知名著作《錯把太太當帽子的人》（*The Man Who Mistook His Wife For a Hat*），描述患者潘斐德（Wilder Penfield）被刺激海馬

8 作者註：自傳式記憶或事件記憶「儲存」在前額葉皮質中。目前尚不清楚海馬迴是否參與所有事件記憶的回憶，但目前已知的是，記憶越生動，參與的皮質區域就越多——例如，如果回憶在影像上特別生動，那麼視覺皮質極有可能也向前額葉皮質發送信號；如果記憶的部分可聽到聲音或感覺情緒，則聽覺或情緒皮質也有可能參與。

迴時那種原初的震驚。刺激會

喚起強烈生動的幻覺，一時間那些曾經歷過的、活跳跳的、完全真實的曲調、人物、場景真切地出現，儘管手術室裡沒有任何魔幻氣氛。但這些出現的癲癇性幻覺絕不是幻想：它們是記憶，是最精確、最生動的記憶，還伴隨當初感受時體現過的情緒。

進入皮質

平日記憶「進入皮質」的眾多程序似乎發生在睡覺時。德國心理學家赫爾曼．艾賓豪斯（Hermann Ebbinghaus，1850-1909）在一八八五年寫出關於記憶的開創性著作《論記憶》（*Uber das Gedachtnis*），首次描述了睡眠對記憶的影響。艾賓豪斯自我檢測自己的記憶模式，發現自己較容易記住睡前出現的新資訊，而不是白天出現的新資訊。這個論點在他之後出現的各種睡眠記憶研究更能清楚確定，顯然剝奪睡眠就損害了記憶。睡眠對記憶功能有正面影響的原因之一，似乎是人在睡眠時大腦發生了電流活動。當人處於睡眠的快速眼動期（rapid eye movement，簡稱 REM），在頭皮上可測到類似海馬迴細胞集群的放電活動。新記憶每日皆從海馬迴形成，這些在睡時快速波動的腦電循環代表著皮質正被負載新記憶的電流電擊。現在已經可以在小鼠睡覺時，看到小鼠的「離線」記憶從海馬迴固化到皮質。白天皮質電擊海馬迴，睡眠時海馬迴電擊皮質。夢境發生在快速動眼期，而且可能是帶著預言性質的，這是因為睡覺時來自海馬迴的現在事件正趨向皮質，這些事可能會再次觸發過去已經在皮質安置好的相關記憶，放出了一些浮光掠影，勾起了那些讓人煩躁不安、之前曾發生過的類似情境——之前有、現在有，所以很可能再次發生。

貝克特有一本小說《無名之人》（*The Unnamable*，1949），書中敘事者沒有身分——只有聲音，一種無形的聲音，一連串的字，這已達滅絕的危機：「……你必須說，只要有任何的字還在，就說，直到他們找到我，直到他們說起我，……也許他們會把我帶到我自己故事的起點。」每個人的身分都是一個故事，如果沒有故事，就真的沒有自我；更確切地說，就沒有持續的自我意識——一旦如此，這個人就是沒有名字的人。[9]《無名之人》就像《等待果陀》中的弗拉季米爾和愛斯特拉岡，用一種發自肺腑的不安，隱約透露出那種沒有過去、沒有未來的存在，一種永無休止的脫節、迷

9 作者註：《無名之人》的台詞是一連串不連貫的句子，用單字營造出某種存在主義的恐懼感，因為這個說話者對他們自己來說似乎並不存在。沒有敘事者，他只存在於文字外，並且在努力想找到某種活著的證明，想找到與世界相聯繫的感覺。這似乎是一種創傷帶來的精神狀態，一種支離破碎的感覺，不為敘述者所知，也沒有被世界承認。這種脫離現世的感覺與精神病沒什麼不同。貝克特另一齣短劇《不是我》（Not I）大部分取材自《無名之人》。七〇年代著名舞台劇演員比莉．懷卓（Billie Whitelaw）接受貝克特嚴格的單獨指導，完成了她動人且著名的《不是我》演出，現在這段演出很容易在網路上找到。

失、無自我的當下存在——一個斷點的「現在」。貝克特筆下的人物是喪失自我的恐怖戲劇角色，他們讓我能夠想像 MM 經歷了什麼：隔絕海馬迴後的終極存在危機。

《無名之人》中有句經常被人引用的經典台詞為此下了結論：「你必須走下去。我走不下去了。我會走下去。」這句話總是觸動人心，它深刻表達了所有人都可能面臨的處境：當你忍不住時，仍必須忍下去。既來此世，擁有身分，甚至保有語言中無形的聲音，這一切迫使人們走下去。海馬迴將接收你所有出自感覺皮質的任何訊號，透過皮質轉化為你個人的人生故事。

5 第六感：隱藏的皮質

除草時的氣味會讓很多人想起童年的夏日時光，總有很多愉快的夏日印象交融在一起。像是家庭聚會時，兄弟姊妹、堂兄表妹在草坪上奔跑的記憶。有一股馬鈴薯黏土變成粉塵的味道……那是波靈頓大街上小雜貨店的味道；有股大樹剛鋸下來，飄著木屑、流著溫熱樹脂的味道……那是某個星期六早上我和父親一起逛五金行；一股濃重的奶酸味……那是星期五我在卡蘭鎮格林街的合作社買鄉村奶油。在這些記憶中，我們經常可以看到當時的自己。普魯斯特在描述記憶時充滿即時性和純粹感，特別是當他想起瑪德蓮小蛋糕的滋味和氣味，這段描述十分有名，也許太常被提起了，但作為經典，值得我再次引用：

> 遙遠的過往無一倖存，人已逝，物也破碎散失，只剩滋味與味道，更脆弱但更長久；更飄忽，卻更堅持、更忠實，停在那兒好長一段時間，就像靈魂，記著、等著、盼望著，在所剩的殘餘中，毫無畏懼地攜帶著，極小、幾乎摸不到一點一滴實質，卻附帶著回憶的龐大結構[1]。

普魯斯特描述了我們一生都可能有過的經驗，在某個時候嘗到或聞到一些東西，就立即**感受**到與這個滋味或氣味有關而且帶著情緒的記憶。

詮釋嗅覺和味覺的工作都發生在皮質重疊區域，但氣味是情緒記憶更直接的觸發因素。氣味會引發富含情感的生動記憶，包裹著只有你自己知道的神祕故事，這稱為「普魯斯特效應」（Proustian effect）。我們都經歷過屬於自己的普魯斯特時刻，文學上也捕捉到好多的普魯斯特記憶。愛爾蘭小說家約翰・班維爾（John Banville）[2]曾寫過一段經驗：「魯冰花之於我，就像瑪德蓮蛋糕之於普魯斯特。」當他捕捉到魯冰花的味道時，「時間倒流了，我又變回那個孩子。」他聽到「海的聲音」；感覺到「晒傷皮膚上沾了鹽的刺痛感」；嘗到「香蕉三明治」的滋味；聞到「碾碎雜草、海藻、糞桶屎尿和牛的混雜氣味……」[3]。嗅覺是我們感官中最神祕、最有靈性、最細膩、包含最多本質情緒的感覺，但它不是**非物質的**。在本章中，我們將穿越這個物質靈魂，用氣味觀察情緒（也就是我稱為第六感的東西）是如何被織入感覺及自傳性記憶。它涉及的問題包括「內感受」（interoceptive sensation）、身體感覺[4]和「腦島」對感覺的詮釋；腦島是一個藏起來的情緒皮質，就如詩人葉慈令人難忘的詩句，它是「心中破爛舊貨的回收處」（the rag and bone shop of the heart）[5]。

我在劍橋阿登布魯克醫院擔任主任醫師第一年，有一段無法忘記的「普魯斯特內臟感覺」（visceral sense）經歷，讓我來好好說一說。

劍橋圓葉當歸事件

一九九五年一個溫暖晴朗的夏日，那時我正懷著第一胎沒幾個月。我們買了一棟屋齡已有三百年的房子，花園很大，從廚房門口一眼望去甚至看不到後面邊界。那年夏天，如果你沿著乾枯的草地走過大橡樹、穿過果園，在看到標誌著後面邊界的小河之前，你會進入一片灌木叢，空氣彌漫著濃厚的泥土堆肥味，還混雜著河水蒸騰的潮氣。炙熱的空氣如退縮的小河般凝滯，困住了河面上盤旋如雲的小蟲。不知從哪來的蟋蟀聲，也許是蚱蜢吧。單調催眠的聲音延展成醇厚的延長音，連聲音都像被困住了。我發現自己的情緒就像天氣，隨著大自然浮浮沈沈。那個夏天我經常待在後門旁用石磚圍起的香草花園，大部分香草都是前屋主種的，幾個月來每個週末我就在這裡修修剪剪，幫常春藤、薄荷和馬鞭草除除雜草，砍掉已經木質化硬掉的薰衣草和百里香，我也學著把花園裡的香草用在烹飪上。

---

1 作者註：引自普魯斯特《追尋逝去時光：卷一，在斯萬家那邊》（*In Search of Lost Time*, 1, *Swann's Way*，另作《追憶似水年華》）, trans, C. K. Scott Moncrieff and T. Kilmartin (Vintage Books, 1996).

2 譯註：約翰・班維爾 (John Banville)，愛爾蘭作家，《大海》（*The Sea*）一書獲得二〇〇五年英國布克獎。

3 John Banville, 'Lupins and Moth- Laden Nights in Rosslare,' in *Possessed of a Past* (London, 2012), p. 403

4 譯註：內感受（interoception），指對身體內部腔膜或臟器的感受，例如對體內的燥熱，臟器痛、飢渴、性興奮、心跳、腸胃系統的悶漲。而身體感受指的是身體感覺受器接受到的感覺，如下背痛。

5 作者註：出自葉慈（W. B. Yeats）的詩〈馬戲團動物的大逃亡〉（The Circus Animals' desertion）。

就在這美好夏日的某一天，我摘了一束香草替沙拉增味。雖然我每天早上都害喜孕吐，但到了晚上就一切安好，除了那天晚上，噁心感又來了。隔天早上，我比平時更想吐，讓我不得不在看下一個病人前，躺在辦公室如鋼絲般的地毯上閉目養神片刻。我不知道是什麼讓我想吐，我覺得一定是蔬菜沙拉中的某樣東西，打定主意在孩子生下前再也不吃蔬菜了。幾天後，當我在香草園忙來忙去時，一彎下腰，不經意聞到一種植物的氣味，又是一陣噁心襲來。我環顧四周想找氣味來源，然後看到一株綠色植物，長得又高又肥美，開了一簇簇黃花，我立即認定它是罪魁禍首，害我噁心了一個禮拜。它是圓葉當歸，一種生長在歐洲各地修道院的古老植物，後來廣用於烹飪和草藥治療。但令人費解的是，它讓我噁心想吐。

我對這個氣味非常確定，我離開花園去找我的丈夫伊瓦爾，跟他說這件事。他也頗感興味，有趣的是他並沒有質疑我為什麼確定是這個植物讓我想吐，我也不明白。圓葉當歸並無害，我一定是誤認了這株植物，或者記錯了文獻資料上的內容。我又去翻查草藥書，卻發現在一個不起眼的段落中記載著懷孕期間不應食用當歸。在古代，圓葉當歸被當成墮胎藥，傳統上，服下大劑量就是用來流產的。謝天謝地，我最多只吃了幾片葉子。我開始懷疑是否我認識的其他食物也對我懷中的胎兒有潛在毒性，這不是我能回答的問題，但我可以解釋我的大腦如何知道圓葉當歸是罪魁禍首。

雖然我對劍橋圓葉當歸事件的體驗不是分開來的，但這個感受的確可分成幾個程序。一開始我對圓葉當歸的氣味和滋味進行了初步的感覺紀錄；接著我對這個感覺形成記憶——若非如此，我就不會再次認出這個味道；幾天後當我又聞到它時，記憶再次活躍，隨之而來的是一股因它而起的噁心感。令人難以置信的是，這一切都發生在我看到圓葉當歸之前。這一連串的經歷表示，噁心／厭惡的感覺在我看到當歸前就已經產生了，彷彿我對圓葉當歸的嗅覺記憶只是暫停了，只等我再聞到或再嘗到時才會重新點燃，以警告我它有毒。記住的氣味產生了一種感覺，我甚至不知道我認得當歸的氣味。我們的大腦真是聰明。

氣味可能會引起一系列的感覺。就像那些童年「消失的愛意」[6]；嬰兒頭皮味——愛；情人脖子的味道——性興奮；汗水的腐臭味——恐懼；魚腐爛的味道，或者，對我來說則是圓葉當歸——噁心。氣味讓你回到過去，並在轉瞬間警告未來。氣味如何立刻做到這一點的？我們需要從嗅覺進入大腦的入口點開始了解——那是上鼻道中的氣味感受器，它可以識別不同的氣味化學物質[7]。氣味化學物質可能存在於食物的味道

---

6 作者註：出自威廉．斯蒂隆（William Styron）的小說《在黑暗中躺下》（*Lie Down in Darkness*，Vintage Books, 2000），pp. 51–2. 斯蒂隆患有嚴重的憂鬱症，也可能是躁鬱症。他對極端情緒的熟悉讓他對情緒感受的描述異常生動：「……不情願地瞥了一眼他躺過的地方，又看了看河流和雪松——忽地，一陣煩躁感：愛意消失了，或者也許只是一種感覺，青春的某個燦爛瞬間總是神祕地綁在看不到、摸不著、彌漫四散的雪松氣味中。」

中，如瑪德蓮蛋糕和香草；也可能是空氣傳播的，如除草的氣味或魯冰花。從分子層次上看，氣味分子在鼻腔有相配的氣味受體，分子與受體接觸後發出電子信號，信號從一條非常短、只有五公分的神經傳到大腦，這條神經稱為「嗅覺神經」。嗅覺神經從鼻子後面水平延伸到大腦中稱為「**杏仁核**」（amygdala）的結構，它是記憶的核心（見圖6）。我把杏仁核稱為大腦的「情緒火星塞」，因為它會觸發情緒反應和感受。杏仁核位於海馬迴的正前方，與海馬迴緊密相連，而且杏仁核的情緒突觸會編織進海馬迴中。正如我們所知，當神經元連接起來就會形成一起激發的細胞集群。「杏仁核－海馬迴連接」構成了情緒記憶的基礎。

杏仁核

杏仁核，所謂的情緒火星塞，就像海馬迴一樣具有可塑性，可以很容易長出突觸連接。杏仁核與海馬迴一樣，與感覺皮質、特別是視覺皮質有直接聯繫，能促進對圖像的情緒反應。嗅覺和另四種感覺的區別在於：鼻子的嗅覺神經元**首先**到達杏仁核——氣味從鼻腔短程衝入杏仁核——然後才到達嗅覺皮質。這就是為什麼當我們聞到氣味時會體驗到一種直接的情感。嗅覺以外的感官體驗，包括視覺、聽覺、味覺、觸覺，它們在潛入杏仁核／海馬迴之前還要透過大腦表面的皮質傳遞。例如，你要先看到一些東西才會感受到相關記憶；你要先聽到一首歌，才會想起那首歌流行

圖 6　氣味從鼻子直衝杏仁核

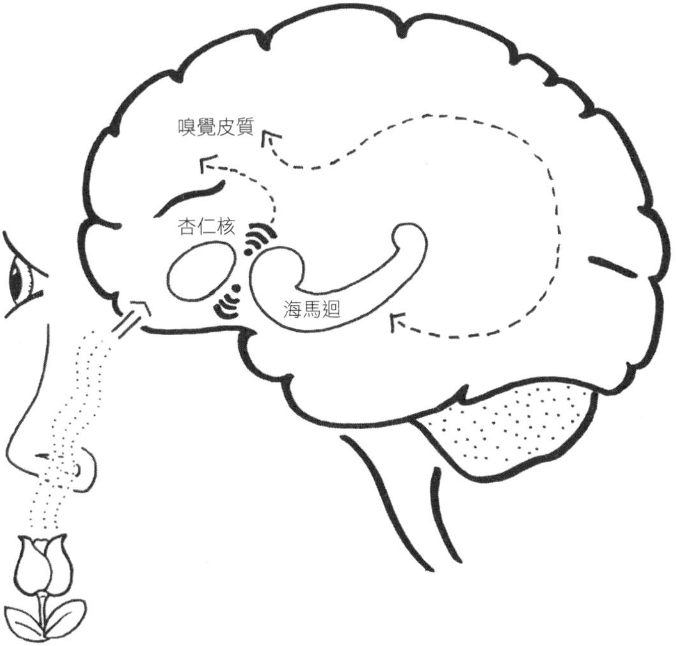

嗅覺神經自上鼻腔的受體攜帶電子化學信號由兩條途徑通往大腦。途徑（1）快速走到杏仁核，在那裡釋放與氣味相關的情緒。途徑（2）花較長時間走到嗅覺皮質，在那裡識別氣味。嗅覺皮質和味覺皮質重疊，這就是味覺和嗅覺通常很難區分的原因所在，或更確切地說，為什麼氣味有部分根植於滋味。

的夏天。就因為嗅覺直通杏仁核，嗅覺神經元可以在意識辨認前先觸發感覺。正如普魯斯特所描述的，氣味**以一種感覺狀態被人記住**。令人驚奇的是，通過強烈的內省（introspection）觀察，普魯斯特能在這些現象出現科學解釋之前，準確指出這種主觀的現象學體驗。

以我的例子，圓葉當歸分子在鼻腔通道中觸發了一個信號直通杏仁核，引發噁心感的記憶。同時，圓葉當歸被陽光照射的形象在我的視覺皮質上閃閃發亮。已記住的噁心感、氣味的識別、對當歸的視覺識別和對沙拉的記憶全都匯集在一起，神經元交錯中浮現出圓葉當歸會讓我想吐的認知。

杏仁核與情緒

區區一個杏仁核，這麼小的一個腦部結構，是如何創造情緒體驗的？醫學院教我們杏仁核是大腦的「情緒中心」，但對我來說，這似乎不太可能，而且與我個人的認知不太相符。從那時起，我建構了一個了解人體情緒系統的記憶框架，但我現在知道杏仁核不會製造情緒，它只是神經中樞，是這個神經中樞的神經元在人體製造情緒。在研究情緒如何在身體裡製造出來前，讓我們先了解一下為什麼我們會把杏仁核認知為情緒的製造者。

最常見的動物情緒研究是恐懼研究，這是一種可以反覆驗證、行之有效的衡量情緒方法。因為當動物受到驚嚇時的反應不但可以目測，也可以衡量，例如它們會逃跑或僵硬不動。**情緒**引起**動作**，動作就可以被測量。最有名的杏仁核研究是由海因里希・克魯爾（Heinrich Klüver）和保羅・布西（Paul Bucy）在一九三〇與四〇年代進行的實驗。兩位科學家的名字也因為「克魯爾－布西症候群」（Klüver-Bucy syndrome）而被學習腦科學的學生熟知，那是指猴子在除去左右杏仁核後出現的症狀。布西是神經外科醫生，他把雄性猴子大腦兩側的海馬迴和杏仁核都切掉了（這是在動物權興起的時代前）。而克魯爾身為實驗心理學家，觀察到猴子在前述手術之後喪失了恐懼行為。猴子不再有恐懼感受，所以牠對同群具領導地位、較強大的雄性猴王不再順從，也不會從自己的過錯中學到恐懼，以致不可避免地一直被打，最後受傷太嚴重，在猴群社會中被孤立，最終注定死亡。在沒有恐懼的世界，猴子自找死路。

如果你是猴子，你的雙側杏仁核沒有被布西的手術刀切掉，杏仁核仍然健康完好。此時如你遇到猴王，你的心臟會跳得又快又猛，瞳孔擴張，肌肉緊繃，呼吸加快，血壓升高，壓力荷爾蒙皮質醇不斷分泌。這些生理反應構成了恐懼情緒。會出現

7 作者註：琳達・巴克（Linda Buck）和理查・阿克塞爾（Richard Axel）證明在人類體內數量約有三百五十個氣味受體，而每種氣味受體只能識別一種氣味，兩人因此項研究獲得二〇〇四年的諾貝爾醫學生理學獎。嗅覺記憶對於哺乳動物更為重要，特別是在動物演化史上比人類演化年齡較小的。與人類相比，老鼠偵測嗅覺的大腦區塊體積十分巨大。牠們透過氣味記憶，對氣味進行識別和反應，小鼠有大約有一千個氣味受體。

恐懼情緒是因為杏仁核活躍且反應靈敏，不像猴群中那些不幸的同伴，杏仁核缺損，於是缺乏恐懼。對雌性猴子的恐懼研究較少，但有趣的是，報告指出，沒有杏仁核的雌性猴子在母性行為上有障礙，經常會虐待或忽視後代。這個實驗說明，恐懼及母性焦慮（這是我推測的）都是藉著杏仁核調控的，恐懼不僅是個體生存所必需的，也是群體生存所必需。

有一種罕見疾病叫「皮膚黏膜類脂沉積症」（Urback-Wiethe disease），患者的杏仁核會逐漸受損，但周圍的大腦不受影響，以致患者無法辨識什麼是表示恐懼的面部表情，對恐懼的感受力也降低。杏仁核功能不全，意味著這個人有事件記憶，但沒有正常的情緒內容，當事情被記起來時，應該隨記憶出現的情緒並不會出現。另一方面，杏仁核完整但海馬迴受損的人可以感受到恐懼，但他形成的事件記憶卻沒有一致性，如再次遇到同樣讓人恐懼的刺激，他也無法躲避。在皮膚黏膜類脂沉積症的病人身上可看到杏仁核功能不全的戲劇化後果，文獻記載了一位這種病患「SM」的生活。根據研究報告，SM具有正常的事件記憶，但她沒有恐懼感，即使在有生命危險的情況下，她也不會從過去經驗中學習避開危險。她接觸陌生人時沒有任何恐懼感，會想貼著他們站得很近。由於她無法感受環境中讓人恐懼的事物線索，也無法抑制行為，所以已經歷不少次危及生命的事，而這些經驗無法讓她在未來避禍。她似乎無法感受到恐懼，也無法從恐懼中學習。有趣的是，有些事情會讓人感覺害怕，她卻把這些感覺描述為好奇，例如，當她看到狼蛛時，就覺得很好奇很想摸。

當某人感到恐懼，就如面對假設的情境威脅時，在核磁造影下他的杏仁核會亮起。例如，害怕蜘蛛的人與不怕蜘蛛的人做比較，有蜘蛛恐懼症的人在看到蜘蛛圖片時，杏仁核會出現強烈反應。當這些有蜘蛛恐懼症的人在看狼蛛照片，如果此時能窺視他們的大腦，我們會看到視覺皮質標誌狼蛛的區塊與杏仁核間有神經連接亮起來。如果這條神經通路存在，它既會是過去記憶也會是當前經驗，因為它源自過去經驗卻正在創造新的情緒。所以，下一個重要議題是，杏仁核如何產生情緒，就如恐懼？

就本質上看，從杏仁核輸出的神經通往身體，在身體中製造感覺。最早提出情緒產生於身體這個理論的人是我的英雄——你可能還記得在第一章出現的威廉・詹姆斯，此論述出現在他一八九四年的論文〈情緒的物理基礎〉（The physical basis of emotion）[8]。威廉和他更出名的弟弟亨利以及較不出名的妹妹愛麗絲都是人類情緒的

8 作者註：大約在同一時間有另一位理論學家卡爾・蘭格（Carl Lange）對情緒提出類似的解釋，請參考蘭格在一八八五年寫的《論情緒：心理－生理學研究》（*On Emotions: A Psycho-Physiological Study*，1885）。然而蘭格的理論並不那麼複雜，他提出，情緒就是身體的實際變化，也就是主要感覺；而詹姆斯的想法是：大腦從主要感覺中產生了次要感覺。因為這兩個理論有相似處，兩者都認為情緒是身體感覺，所以它們被合併，並稱為「詹姆斯－蘭格情緒理論」（James-Lange theory of emotion）。多年來，詹姆斯的情緒理論逐漸被簡化為蘭格不那麼複雜的定義：情緒是生理變化，大部分是內在的。正如我們現在所看到的，詹姆斯直覺地認為身體感覺只是人類複雜情緒狀態的一部分，而身體狀態會被大腦／記憶反應調整。

圖 7　杏仁核就像情緒火星塞

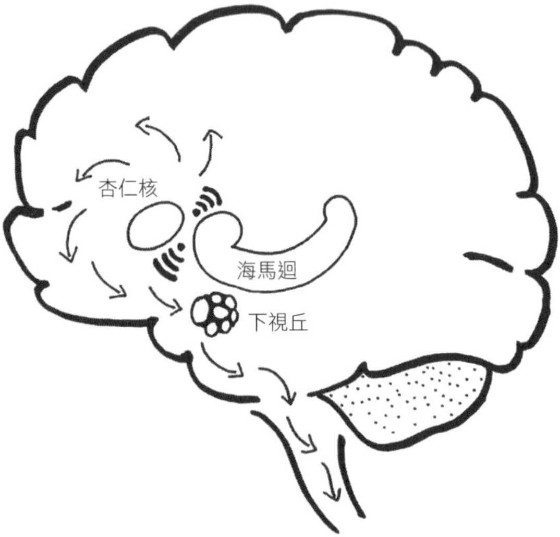

上圖呈現杏仁核如何與下視丘形成迴路，觸發體內的自主神經系統，產生內在情緒。

偉大詮釋者，亨利．詹姆斯是文學大師，威廉是心理學家，而愛麗絲寫日記，她生動描述了情緒崩潰及憂鬱病發。威廉．詹姆斯提出這樣的想法：情感是由身體內部感覺活化引起的。現在我們知道詹姆斯是正確的。杏仁核從大腦指揮這種內臟活動，因此我將杏仁核稱為情緒火星塞。火星塞點燃了製造情緒的「自主神經系統」（autonomic nervous system，簡稱ANS），支配所有身體內部器官：心臟、消化道、肺和血管，以及皮膚、一些腺體和小肌肉。自主神經系統調節的功能包括面部潮紅、面部發白，瞳孔擴張和收縮、呼吸率、心律、產生眼淚和性興奮。「自主」是「自動」的同義詞：自主神經系統的功能通常被認為是自動的，而且大多數我們無法控制。心臟不跳了，或腸道收縮，或血管擴張，那是因為我們由著它們變成這樣——這些事情是自動的。然而，透過冥想調整自主神經系統是可能的，這是「正念」（mindfulness）的基礎[9]。

自主神經系統就像一個懸絲木偶，一個傀儡，被大腦輸出的訊號吊線拉動。

9 作者註：我們對自主神經系統或對內臟反應沒有太多控制權，但有人可以通過各種心理技巧和密集的冥想練習，學會調整甚至控制自主神經系統或內臟反應。在丹尼爾．高曼（Daniel Goleman）所寫的《破壞性情緒管理》（*Destructive Emotions*）一書中，作者講述了對奧瑟做的一項神經科學實驗，奧瑟是三十多年的佛教徒，與西藏一些最偉大的佛教宗師交好，因為高曼邀請達賴喇嘛合作這個研究方案，所以奧瑟同意在他做冥想練習時接受核磁共振監測。若在定中，奧瑟不會因為受到驚嚇而增加血壓和心跳率，反而自主神經系統卻做了反向的反應——血壓和心率都下降。但是，除非我們真的練得非常勤快、非常努力，自主神經系統和本能反應是無法受控制的。

下視丘

更精確的說，自主神經系統這個木偶的操控者是下視丘（hypothalamus，又稱下丘腦），它是神經元密集聚集的小區塊，左右兩側的神經元集群僅被一條腦液隔開，這條分隔線正好位在鼻樑內的大腦中心。下視丘非常靠近杏仁核，通往杏仁核的神經屬於固定連線。在解剖學上，多個大腦迴路匯聚在下視丘，其中最重要的迴路是杏仁核／海馬迴連線，這些迴路輸入的總和會決定自主神經系統輸出的狀態。我們團隊中有一位專長神經影像學的精神病學家達倫・羅迪（Darren Roddy），他就把下視丘看成輸出訊息的集散地，所有從「記憶－情緒大腦」輸出的資訊會先到下視丘才進入身體，再引起自主神經系統和內分泌系統的變化。多個身體內感受系統都藉著下視丘進行調節——它不僅是自主神經系統的控制中心，也控制著皮質醇；自主神經系統產生感覺與情緒，而皮質醇則是體內的壓力調控系統。我的學術生涯多在研究皮質醇壓力系統，思考大腦可以有多少種方式刺激下視丘改變我們的感覺。下視丘是通往身體內感受的最後出口，這樣的流動不僅是從大腦到身體以改變內感受，它還往另個方向走，由內感受改變大腦。皮質醇和壓力是後面章節的主題，現在只要注意，情緒和壓力的控制者是一樣的，都是下視丘。

從杏仁核火星塞出發的這條路，我們已通過了大腦出口，穿過下視丘，下面就要走到自主神經系統來探討身體的內感受。

感覺狀態的彩虹

情緒的強度可以藉著觀察自主神經系統的活化程度來測量。視覺刺激比聽覺刺激可能引起更大的自主神經反應。這可以在大腦解剖學中看到，相較與其他感覺皮質，視覺皮質輸入到杏仁核的神經集群更大。有件事情值得玩味，只要想到十八世紀感覺主義的創始元老，包括洛克和莫利紐茲，他們很少談其他感覺，就是把焦點放在視力和視覺知識／記憶。也許莫利紐茲、洛克及其他啟蒙運動前的哲學家都有直覺，一下就能判定「視覺－感情迴路」具有較高的關聯性，以致選擇用視覺當例子來說明感覺和記憶間的聯繫。此外視覺刺激若結合聽覺刺激，會比單一刺激激發出更大的自主神經反應。

我們大多數人在說謊時都會感到不舒服——這種不適感是因為自主神經系統正在活化[10]。我們對電影裡的測謊機總有個刻板印象，認為測謊機的指針游移不定是因為受測者在說謊，其實測謊機就是在測量自主神經系統的活化程度，特別是受測者有沒有

10 作者註：自主神經系統活化會增加交感神經系統的反應，所以出汗增加。皮膚潮濕會讓皮膚傳導電流的能力降低。這是測謊時做「皮膚電活動」（ＥＤＡ）測試的生理基礎。皮膚電活動測試的電流變化可以反映被測者試圖掩飾的感覺，我們大多數人在說謊時都會有一種短暫的負面情緒，一種輕微的觸動，除非一個人沒有感情。人可以有意識地掩飾面部表情顯露的感情，但自動調節的自主神經會增加交感神經活化，其中一個狀態是出汗，潮濕會降低皮膚電活動的電導。自主神經系統的激發狀態也可用心率變異性、呼吸頻率、有時候也可用溫度來測量。但是那些性格相對冷漠的人，例如精神病態，他們自主神經系統可能沒有變化，因此若測試他們的皮膚電活動也不會有變化。

流汗，因為流汗是活化程度最可靠的測量指標。自主神經的情緒系統可以產生一系列相反的感覺狀態：心跳速度加快或減慢——表示緊張或放鬆；血壓升高或降低——表示緊張或昏厥；皮膚小血管擴張或收縮——臉潮紅或發白；腸道不動或過度活動——腸道脹氣或腸子咕嚕咕嚕叫。由於身體有兩個自主神經系統——**交感神經系統**和**副交感神經系統**，兩者都由下視丘的自主神經系統總部控制，因此可能會發生一系列相反的情緒狀態。一般來說，交感神經系統活躍會讓受神經支配的組織器官活動增加，例如心悸、肌肉緊繃、出汗、呼吸急促或血壓升高，這通常稱為「戰鬥或逃跑」系統。另一方面，副交感神經系統的活化會減慢心跳、降低血壓、減少腸道蠕動，減少流向皮膚的血流量，它通常稱為「休息和消化」系統。

副交感神經或交感神經系統可以串連活化，讓身體系統一起激發產生情緒。人類最強烈的情感多半都是混雜的。在記錄人類激情的大量資料中，讓我們看看其中一個最強大、最詳盡的情緒感受。法國作家勒薩日（Alain-Rene Lesage）在一七一五到三五年間寫下小說《吉爾．布拉斯》（*L'Histoire de Gil Blas de Santillane*）[11]，其中人物唐．阿方索初見塞拉芬萌生愛意的描述，可說是浪漫的經典。

> 天很黑，大雨滂沱。我穿過幾條通道，突然來到一間賓客休息廳。門沒關。我走進去，頓時感受到這裡如宮殿般華麗……我注意到大廳一側有一扇門沒關好，露出條

縫。我把門推開一半，以便看到廳房的樣貌，最後一個房間亮著燈……然後我看到一張床，因為天氣熱，床帳被拉開了部分，我的注意力被一個睡著的年輕女人吸引……我湊近一點……立刻感到被震懾了……我站在那裡，看著她，狂喜而暈眩，此時她醒了。[12]

這種交集的興奮、**一見鍾情**的喜悅自古皆然。就算跨文化、歷時間，人類情緒都是亙古不變的，這說明感覺狀態的生物機制具有普遍性。唐．阿方索看到塞拉芬，他的注意力立刻受到吸引，他被強烈的情感所**震懾**，因**狂喜**而**暈眩**……交感神經和副交感神經因為一見鍾情同時運作。

一八一二年，才華洋溢卻看似冷靜的激情觀察者，法國作家司湯達爾（Stendhal）寫下精采好書《愛情論》（*De l'amour*），其中引用了《吉爾．布拉斯》書中一段話作為「愛情誕生」的例子。以下這段節錄來自書中名言，充分說明愛的羅曼蒂克。「沒有什麼比激情更有趣的了，關於激情的一切是如此無法預測，而身處激情的人也是它的受

11 譯註：阿蘭．勒內．勒薩日，十八世紀法國諷刺劇作家，代表作《吉爾．布拉斯》以十六世紀西班牙為背景，借古諷今，藉著主角布拉斯力爭上游，從天真到墮落再覺悟的過程，描述當時腐敗的官僚社會。

12 作者註：請參考 https://www.exclassics.com/gilblas/gilblas.pdf (p. 199)。

害者。」[13]正如司湯達爾觀察到的，我們可能是一見鍾情的幸福受害者，也可能是單相思的不幸受害者。我們會變成受害者，是因為我們沒有要它發生，但它卻發生了。像一見傾心這樣壓倒性的情緒是如何產生的？為了對這個問題的答案至少有些許了解，我們必須借助記憶。早在十七世紀，法國哲學家笛卡兒就開始研究個人記憶如何影響浪漫情愫，他自我觀察，發現他對鬥雞眼的女人特別有好感，仔細想想竟然是他還是個孩子時愛上過一個鬥雞眼女生，所以鬥雞眼女人的印象總會觸動他的情緒反應。他認知到，我們常在不知不覺中被情緒記憶拉著走。畢竟，的確有許多人嫁了「父親」或娶了「母親」。某部分來說，記憶使我們不知不覺成為激情的受害者。

然而，一見鍾情的力道固然勢不可擋，仍只是一種相對簡單的感覺，是混合了各種內感受的爆炸，明顯且可立即辨認。但各種「發自內心」的情緒範圍很廣，狀況多樣，有時更模糊不清——你可能覺得心很沉重，又或者輕飄飄地；也許歡喜得要爆炸，又或許覺得心碎；彷彿被東西撞上，或時間瞬間暫停；更可能是一些有的沒的在心裡忽上忽下，一時間根本分不清楚那是什麼。或者還有些時候，我們只是感覺「好亂」，煩躁不堪，被一種不能理解的感覺壓制。我們的身體也許正告訴我們一些事，但那是什麼？當威廉．詹姆斯把情緒定義為我們對身體興起的生理感覺做出**詮釋**時，其實他知道，人類感情不只是身體的感覺。他認為情緒「不是對某個存在對象或想法直接興起的主要感情，而是一種間接興起的次要感情。[14]」我來解釋一下：主要感覺是指身體感覺，也就是自主神經系統興起的反應；次要感覺是對身體感覺的詮釋，是詮釋為恐懼、愛、厭惡等校正過的情緒。例如，當你馬上要參加一個非常重要的工作面試，此時的你心跳加速、胃部抽搐，你知道自己很緊張或很興奮，但你不會詮釋為墜入愛河。心跳加速和抽搐的感覺是主要感覺，因應即將到來的面試，理解為緊張和焦慮則是詹姆斯所說的次要感覺。對面試的期待不由自主地產生生理變化，而次要感覺就是對這些生理變化的詮釋。

現在我們來到破解激情的真正核心——重點不只在於形成感情，重要的是我們如何解釋它，甚至有時無法解釋。

正如在第二章中提到的，所有來自身體內部的內感受——心臟、腸道、肺、性器官、血管——都投射到隱身在大腦表面下一塊稱為「腦島」的皮質中。我們需要身體——也就是自主神經系統——來產生感覺，我們更需要腦島來解釋感覺。

隱藏的皮質，腦島：回收再釋出的地方

「腦島」（insula）這個名字來自拉丁文中的「島」，因為它很像一個皮質島插在大

13 作者註：參 Stendhal, *De l'amour (Love)*, trans. Gilbert and Suzanne Sale (Penguin Books, 1975), p. 219.
14 作者註：William James, *Principles of Psychology* (1890; reprinted Dover Publications, 2014).

腦深處。試著用解剖學的角度找一找自己的腦島：你現在大概一手拿著這本書正在閱讀，所以請用另一隻空著的手，一個指尖放在耳朵和頭皮交界，其他四隻手指向上向後彎出一點角度，抓著頭的半側。然後我要你開始想像，將手指推進大腦腦組織，彷彿捏住一個洩氣的足球一般，大腦皮質表面會被你捏出一些皺摺凹陷，陷進去的地方就是腦島（見圖8）。

查看腦島功能的方法是觀察腦島失常的患者。在圓葉當歸故事後，我要引用一篇由加州團隊研究「厭惡情緒」的報告，他們的主題是：腦島退化者的噁心感或厭惡感。腦島萎縮並不罕見，例如阿茲海默症患者的腦島就可能萎縮。研究者表示，阿茲海默症患者會喪失噁心感，這與在神經成像中看到的腦島體積縮小量有關。這似乎很具體，因為在噁心感和腦島大小間存在比例的關係——腦島越小，受試者覺得噁心的能力就越小。另外，患有神經性厭食症的人並不清楚自己的內部感覺，這可從他們無法體會飢餓感或飽足感中看出。儘管厭食症患者的腦島體積並無異常，但腦島區的活動會隨著內部感覺的活動變化而減少。相反地，現已發現那些經歷過崩塌式壓力及負面情緒的憂鬱症患者在看到厭惡的面部表情時，腦島活化得更多。

彭菲爾德在一九五五年發表了一篇論文，描述清醒開顱的癲癇患者在被刺激腦島後出現的反應。他指出，刺激患者腦島時，患者會出現腸道感覺。幾年前，當我治療某位化名為「史黛拉」的患者時，彭菲爾德的研究成為我面臨的臨床議題。

圖 8　腦島（又稱島葉）

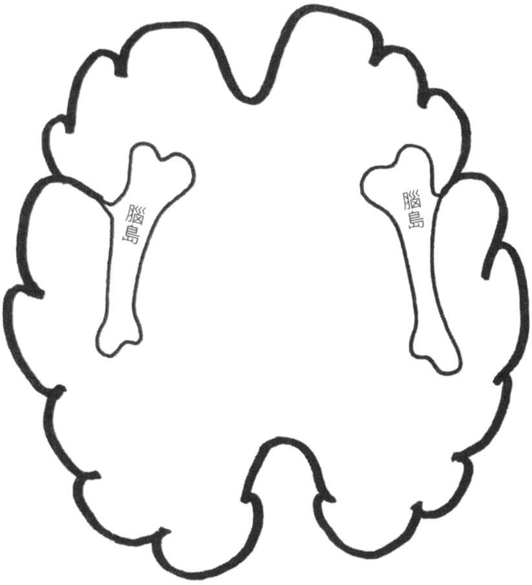

從大約耳朵最高處橫切大腦，露出隱藏的腦島皮質。

史黛拉

多年來史黛拉在給多位醫學專家檢查過她腹部「奇怪」的感覺後，由她的家庭醫生轉到我的診間。她去看過各科門診，包括一般家醫科、腸胃科、神經科和婦科。他們都跟史黛拉說，她的肚子沒有問題，不管是腸道結構或腸道的運動機制都沒有異常——她的腸道沒有腫瘤，沒有周圍神經病變（神經性疾病）或婦科毛病。但她抱怨她的腹部有一種非常特別且非常不悅的感覺——像是一股電流從腹部直通到胸部，她稱為「電流的滋滋聲」。

我們第一次見面時，史黛拉告訴我滋滋聲已經存在許多年，而且越來越嚴重。她現在正處於病急亂投醫的階段，包括來看精神科醫生，只求能擺脫這感覺。她無法理解精神科醫生能做什麼？但她的家庭醫生建議她來。電流滋滋聲已經存在這麼多年，久到已經讓她開始相信是有人在搞鬼，可能是外界的人或東西入侵了她的身體。我問史黛拉有關滋滋聲的細節，無論我怎麼問，她都會回到她丈夫的抽菸習慣。她討厭丈夫在家裡抽菸，這似乎很合理，因為史黛拉不抽菸，但她丈夫抽菸與她的電流滋滋聲有什麼關係？她告訴我，因為菸灰缸，她特別氣那些菸灰缸。我問，是因為丈夫沒有把菸灰缸清乾淨嗎？她開始仔細描述她丈夫是怎麼在房子裡亂放菸灰缸，一根根菸屁股又是怎樣插在菸灰缸裡。我努力理解她的意思。最後，正如我想的那樣，她認為她的丈夫用菸蒂傳遞信息，插在菸灰缸裡的菸屁股組成圖案，成為某種傳播訊息的編碼。

菸蒂密碼在人群中散布，特別是她丈夫的朋友，他們會來家裡喝威士忌、玩牌，也抽菸。他們密謀傷害她，但她不知道他們為什麼要這樣，也不知道他們會怎麼下手。當然還有其他證據，包括家具的位置會改變；打開的雜誌下次再看到卻是闔上的；放在冰箱架子上的牛奶被移到另一個架子上，她似乎在曲解和過度詮釋某些事。史黛拉的丈夫告訴我們，史黛拉用這種疑神疑鬼的態度講菸灰缸的事已經講了十五年了。

史黛拉患有長期的精神障礙，最後因為她覺得腹部有電流滋滋聲而被診斷出來。她的情形我們稱為「身體幻覺」（somatic hallucination），這是一種可能在大腦生成的身體感覺。身體幻覺雖然在精神病中並不常見，卻是思覺失調症的關鍵徵狀之一。只要是感覺，不管是來自外感受器（視、嗅、味、聽、觸）或內感受器（內臟）都可以在大腦內部產生。

我費盡唇舌向史黛拉解釋，電流滋滋聲不是因為她肚子裡面有什麼東西，原因可能是她的大腦亂放電或接錯線造成的。我還告訴她，我們也許可以用抗精神病藥物來控制滋滋聲。史黛拉覺得這一切都有點怪，但她已經到了什麼都願意嘗試的地步了，所以開始服用抗精神病藥物。在接下來的幾週，滋滋聲逐漸消失，幾個月後史黛拉再也沒有聽到滋滋的電流聲了。她也慢慢不再覺得她的丈夫串通朋友來害她，菸灰缸裡也沒有出現要害她的訊號，他們也不會改變東西的位置，讓她知道他們正在監視她。慢慢地，她不再在意菸灰缸，如果我提醒她之前的偏見，她只是聳聳肩。以前有這個情形，現在已經沒有了。史黛拉覺得沒有必要因為新事件重新調整她的記憶。她只想吃藥，留在自己熟悉的、簡單的世界，不再被肚子奇怪的感覺折磨。她開始找回似乎早已逝去的舊自我，再次與家人和鄰居交流，做家務並照料被她忽視的花園。

針對史黛拉怪異的身體幻覺，我翻查精神病學的文獻尋找參考資料，卻始終找不到相關的。一段時間後，我讀到一篇二〇〇九年發表的論文，撰稿人是蒙特婁聖母院及聖賈斯汀醫院的神經外科醫生阮登科（Dang Khoa Nguyen，越南名音譯）及其帶領的團隊。他們研究手術患者的感覺，做法是當患者做神經外科手術前，意識仍清楚時，他們刺激患者的腦島，觀察患者的感覺。在很多案例紀錄中，他們注意到當他們刺激特定的腦島斑塊時，有個患者說他有一種特殊的、「腹部滋滋放電」的感覺。我進一步調查，發現彭菲爾德在一九五五年發表的精采論文中也描述過類似情形：當患者要進行手術前，他刺激他們的腦島，某些患者感到奇怪的「滋滋的電流感」。我猛然意識到，彭菲爾德與阮登科的描述相距數十年，兩者皆與史黛拉奇異的內臟感覺相似。根據以上神經外科的實驗顯示，從大腦內部刺激腦島，可引起腸道發生滋滋放電的感覺。看到彭菲爾德和阮登科手動或故意激化腦島皮質的狀態，與史黛拉被某種皮質病態激化的狀態，對我來說兩者很可能刺激到同一部位。

因此，在實務上，腦島是內臟感覺的感覺皮質，當我們有情緒時，它會被點亮。二〇〇四年，研究者雷·多蘭（Ray Dolan）與夥伴曾於倫敦發表過一篇研究，發現在正常情緒狀態下，若人一直主觀地監測自己心跳，腦島會亮起。他們觀察受試者的大腦活動，並詢問這些受試者自己心跳的感覺，發現個人內感受的程度與腦島的大小及腦的活動相對應。一九八〇年代後期，神經學家安東尼奧·達馬西奧（Antonio Damasio）提出，即使是複雜的人類感覺狀態也可在腦島上找到對應區。達馬西奧的理論是，身體的內部感覺可以組織成無數種組合，提供「一系列的感覺狀態」。達馬西奧在他的書《意識究竟從何而來》（*Self Comes to Mind*）[15]中把他做的神經影像實驗形容得饒有詩意，他的研究小組以實驗證明不同情緒狀態與不同的腦島活化區有關，他稱為「特定情緒之於特定的神經模式」。如果是正向的情緒，活化的區域主要是左腦島：例如母愛和浪漫愛情，或聽到好聽的音樂和愉快的聲音，自己微笑或看到別人微笑，甚至是因為購物期待感帶來的正向情緒，這些都與左腦島有關，而這也成為「購物療法」（retail therapy）的神經學基礎。情緒對應區解釋了人類可以感受的情緒區間，包

15 作者註：Antonio Damasio, *Self Comes to Mind* (Vintage, 2010)。台灣出版為《意識究竟從何而來》。

括唐·阿方索的一見鍾情，與普魯斯特因瑪德蓮小蛋糕刺激出的神祕情緒幽靈。

生命的記憶和腦島

大腦不同區域有多條神經通路連接腦島，如果腦島的某部分被大腦另一個區域的神經元激發，就會產生情緒感受。從記憶形成的大腦神經通路會引發感覺，狀況就像彭菲爾德和阮登科用手術器械刺激腦島產生感覺的情形一樣。前額葉的自傳式記憶網絡區有神經通路通往腦島，這意味著自傳式記憶輸入能刺激感情狀態（見圖9）。在這種情況下，情緒是由自傳式記憶刺激出來的，杏仁核不必參與；刺激腦島的是來自大腦內部前額葉皮質的記憶神經元。

我們對腦島了解得越多，就越能了解情緒和過去的自傳式記憶是如何自然編織在一塊的，也越能了解社會可以影響人的情緒健康。我對一項研究特別感興趣，它的主題在研究那些被社會排斥者的大腦活動；說起來，這些人和許多被精神疾病折磨的患者沒有什麼不同。研究者發現，因被社會排斥而痛苦的對應位置就出現在身體疼痛的對應位置附近。被社會排斥的確會「痛」……是誰說「沒有社會這種東西的」[16]？是誰說「政治不是個人之事」[17]？

人生難免會遇到失落和困難，危機中的情緒似乎都與杏仁核相關——強烈的、壓倒性的、當然是自發的，甚至是無法控制的，就像精神分裂者的暴力攻擊或唐·阿方

圖 9　作為情緒皮質的腦島

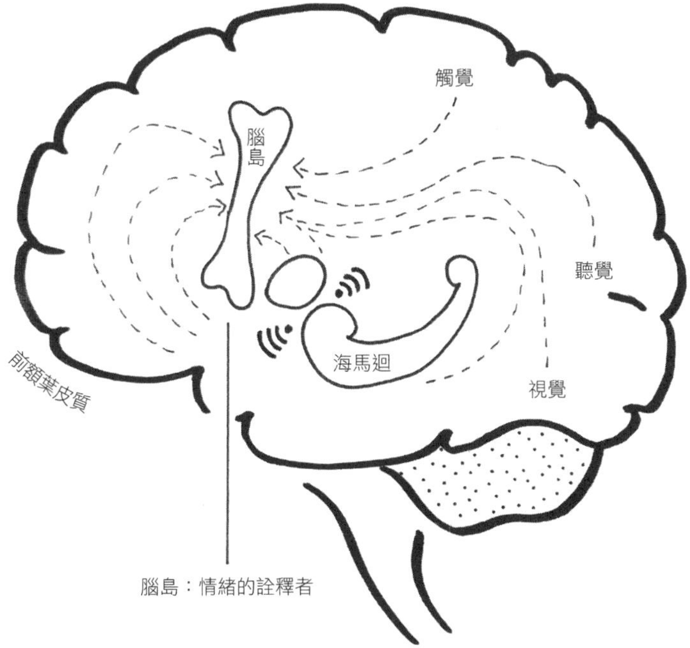

上圖顯示從大腦內部匯聚到腦島的主要路徑。腦島是一種感覺皮質，可以記錄身體內部的情緒狀態，但也可以從大腦內部刺激，讓記憶通路引發情緒。

索的一見鍾情。當自傳式記憶隨著時間推移而轉存至皮質，這樣的情緒也似乎有所調整，這可能反映了從高度興奮的杏仁核驅動轉變為更能深思熟慮的前額葉腦島驅動。這是我單方面的臆測，但它可以解釋立即的和更謹慎的感情。從杏仁核驅動的原始情緒狀態轉到回憶的情緒狀態，這種轉變更像是由「前額葉－腦島」迴路所推動，這種的情緒感受的變化是普遍性的，大家都一樣的。就像我們親愛的人死了，最初的情緒感受非常強烈，有時候甚至無法控制，非常痛苦難過。悲傷侵入並占據主導地位——杏仁核著火了，所有的感官輸入都烙上失去的灼熱印記。所有人、每件事都在提醒這個悲傷的人他失去了親人，正如愛爾蘭作家派屈克．卡范納（Patrick Kavanagh）在他父親去世後所寫的：「我看到的每個老人都讓我想起我的父親。」[18]然後時間慢慢過去，記憶傳到皮質，變成前額葉自傳式記憶網絡中的一個狀態，一種更柔和的腦島感情。隨著悲傷慢慢轉移到前額葉－腦島情緒，記憶也慢慢與杏仁核這支錘子分離，漸漸地，失去至親者體會到的感受會變成對逝者的憐惜，不再是痛了。

「一種超越言詞的憐惜，藏在愛的心頭。」

——葉慈，〈愛的憐惜〉

生活與學習，就是一場關乎感覺、記憶、情緒三者永不停歇的舞蹈。來自外部世界的感覺被編織到感覺皮質地圖上，事件被另外編織到「杏仁核－腦島」構成的情緒迴路中。最終，什麼是沒有情感的記憶？是一齣沒有任何人類意義、永遠演不完的劇目。什麼是沒有記憶的情緒？是從一個欲望到下一個欲望的浮光掠影。沒有情感，我們的心不會破碎，不會悲傷，但我們也不會擁有與人在一起的豐富記憶——他們是我們心動且願意共度一生的人，即使只是暫時的；也不會擁有某種看到多年未見表兄弟所喚起的回憶。

現在回想起圓葉當歸的事，感受已與當年不同。多年前的我經歷了由杏仁核驅動的微弱噁心感，現在掛在這記憶上的則是一種擴散的、腦島式的情緒，這是累積記憶結合出的朦朧感。我記得馨香的熱氣，一種慵懶的期待，對即將到來的事物「預想式」的天真，而彌漫這一切的是對珍貴時刻的憂鬱懷舊。潛藏在消失情愫背後的神經元魔法仍是某種感受非物質和靈性的東西。

---

16 譯註：出自英國前首相佘契爾夫人強調小政府時的名言：「沒有社會這種東西，有的是身為獨立個體的男人和女人，有的是家庭。」

17 譯註：一九六〇年代英國婦女解放運動口號：「the personal is political」（個人就是政治）。

18 作者註：出自 Patrick Kavannagh, 'Memory of My Father'。

6 地方感

我們在第四章研究了海馬迴中具有可塑性的樹突細胞，它們永不停歇地重建神經，製造細胞集群，然後徹夜將記憶編織入更穩定的皮質網絡，就像侏儒妖（Rumpelstiltskin）[1]在磨坊主女兒睡覺時把稻草織成金子。到了第五章，我們看到杏仁核與海馬迴跳起了樹突增生之舞，把感覺分枝到海馬迴的記憶，然後再進入更安靜的前額葉－腦島迴路。請了解並牢記感覺與記憶之間的神經元糾結，接下來我想回到記憶構成的坐標——時間、地點和人物來探討。在這些坐標中，地點向來占據主導地位。甚至與「position」（位置）有關的詞彙都能在語言演變中看到它對過去記憶或對製作記憶的核心重要性——比如「topic」（話題），這個字來自拉丁文的「*topos*」（地形、處所）；「commonplace」（平凡）、「situation」（環境）源自拉丁文的「*situare*」放置、坐落）。所謂「製作記憶」就是神經科學家說的「把記憶做出來」，或說「思考」。在此過程中「地點」是最重要的，有個簡單例子可說明，如果我們發生了重大事件，我們會有先搞清楚「自己在哪裡」的自然傾向。就像我們會問：事情發生時**你在哪裡**？

九一一攻擊時你在哪裡？當我在寫這些文章時上網搜尋，這個問題有五億次的點擊。我對重大事件發生當下自己在哪裡的最早記憶，是一九六三年約翰・甘迺迪死的時候，我對這件事的印象是，我總想不清楚他死的那天發生了什麼？幸運的是，我從來沒有告訴任何人這個印象，所以我決定把自己當成實驗對象，寫下我的記憶，然後問我媽媽當天的狀況。印象中我是學齡前的孩子，那時坐在後院花園，面前是一排與鄰居相隔的刺鼠花灌木叢。我一個人坐在樹叢後的角落，那裡剛好是從我們這裡跨到鄰居花園樹叢最稀疏的地方，可以看到鐵絲網。我媽媽正從房裡走出來，鄰居貝格利太太沿著花園小徑匆匆忙忙地向我母親走去，她的雙手抱著頭，一副痛苦的樣子。接下來的場景是兩個女人激動地說著話、互相擁抱、互相安慰。

我問我媽，她記不記得她聽到甘迺迪去世時，她人在哪裡？她說她記得我們住在都柏林的果園鎮大街，她是在廚房從收音機聽到消息的，然後跑去後院，社區媽媽自發地聚在那裡分享震驚。我媽媽不記得我有沒有出現在那裡，但她確定我在家，因為我一九六四年以後才開始上學。記憶只是一瞬間，只不過是一刻覺察，帶有奇怪情緒，卻沒有附加事件。我現在可以辨識我當時在後面蹲著的情緒——我看著她們，一

1 譯註：參《格林童話》的〈龍佩爾施迪爾欽〉（Rumpelstiltskin），一般譯作「侏儒妖」。故事敘述被父親及國王加害的磨坊女以自己兒子為獻祭，讓侏儒妖幫自己將整屋稻草織成金子，獲救後反悔，千方百計尋到侏儒妖的名字，殘酷謀殺侏儒妖。

個我不理解但一定有事情發生的大人世界，我有一種被排除在外的感覺。

大概在五十五年前、我六歲時，我們搬離果園鎮大街的房子，我仍然記得那棟房子的裝潢擺設。我們大都真的會記得童年的家，我們在那裡存放著最遙遠的記憶。回到童年的家就像探索童年記憶，思想家加斯東・巴切拉（**Gaston Bachelard**，**1884-1962**）把這種探索稱為「心理地理」（psychogeography）。巴切拉是法國哲學家，也是建築師，他的作品探索何謂家庭住宅的「私密空間」。在他最著名的《空間詩學》（*The Poetics of Space*）一書中，他引導讀者進入他的中心思想，認為人類以記憶創造私密空間，通常這些記憶來自原生家庭的家，在那裡人們通常有安全感，是可以自由創作、自由想像的地方。書中指出，地點是記憶、更可能是想像的核心所在，這樣的概念，他稱為「詩意的所在」。記憶，就如我在下個章節會談到的，它是想像力的基礎。

然而，對於原生家庭的記憶並非總是安全的，還可能成為心中煩惱的隱喻，出現在夢中，寫在文學裡。「昨晚我夢見我又回到曼德利」，這是英國小說家達芙妮・德莫里埃（**Daphne du Maurier**）在小說《蝴蝶夢》（*Rebecca*）的著名開場白。蕾貝卡的記憶實際上是「住」在曼德利的——這就是曼德利莊園必須被火燒掉的原因，只有在燒成灰後，才會有新的德溫特夫人。德莫里哀從一世紀前夏綠蒂・勃朗特（**Charlotte Brontë**）的《簡愛》（*Jane Eyre*）學到烈焰焚屋的隱喻，只有在房子被一把火燒個精光後，痛苦才能從記憶中解放。《簡愛》的中心隱喻是桑菲爾德莊園，羅切斯特第一次婚姻的所有記憶都藏在那裡，都是那個關在莊園閣樓裡「又瘋又壞」的女人陰魂不散，才讓過去記憶不斷上演。只有桑菲爾德被燒成灰燼，簡和羅切斯特才得以從這些記憶中解放，才能自由追求自己的夢想。鬼屋的主題跨越時代和文化，就像所有傳說一樣，是精神病取材的沃土。下面故事訴說安妮塔和她鬧鬼的家，這個故事總是引發我底層記憶與近期記憶的許多聯想，它不但與傳說相呼應，看到那些在女權運動發生前的勞動婦女，更讓人對她們經歷的殘酷現實生活心有戚戚。

安妮塔

安妮塔已經七十多歲了，多年來每週有五天必須來我們的日間看護中心報到。她有精神疾患已經多年，似乎是在她生下第一個孩子後就開始了。當時她有入院治療，在之後的二、三十年間時好時壞。儘管如此，一路走來她還是奮力撫養孩子，但就像一九五〇年代大多數的妻子一樣，照顧孩子是妻子一個人的事。她丈夫有一份穩定的工作，「給家裡一份不錯的養家費」，除此之外就沒有什麼好期待的。丈夫一週總有幾天晚上要在下班後和兄弟朋友來上幾杯；週日是家庭日，有烤肉聚會，有時要去克羅公園參加「蓋爾運動協會」(Gaelic Athletic Association，簡稱ＧＡＡ)的比賽。蓋爾運動協會是影響力很大的全國體育協會，就像英美地方鄉村俱樂部對英國足球或美國棒球的熱情支持一樣，這個協會也讓大家建立對愛爾蘭本土蓋爾足球和板棍球的忠誠度，更別說在愛爾蘭每個教區都參與，只是並不專業。安妮塔的個人歷史就像愛爾蘭的社會史，一個隱形的妻子和母親，沒有人會注意她，直到她沒有辦法做家事為止。我想像著，週日烤肉聚餐後，她把臉轉向牆壁、洗著碗，看似安靜，好像滿足於為家人貢獻，但同時卻在默默忍受精神病無止境的折磨。她是勇敢的倖存者，不僅因為她作為她那個時代的女性，被任意忽略，又患有精神病，還包括後來她在接受治療時才揭露的事——她在童年遭遇的性虐待。

她一直覺得房子鬧鬼，這是她沒有停過的幻覺。晚上她聽到耳語，早上她看到家裡東西的位置被鬼動過；她明明記得在睡覺前關掉了樓下的燈，現在卻亮著。還有一兩次，她覺得有東西在她睡覺時摸她。她在屋子裡被監視，有東西看著她，有東西監聽她說什麼，她知道她必須小心自己的一舉一動。但如果她不在家裡，就不會遇到這些事。她在老人看護中心的風評很好，態度拘謹但不悲苦糾結，給人的印象是個溫和的女人，只是她的良性精神障礙反反覆覆……直到你和她談過話，發現她有糾纏不去的精神病況。為了讓她擺脫家庭的創傷，她的女兒接她去住她家。但沒過多久，她就覺得女兒的家不太對勁，開始疑神疑鬼。安妮塔趕忙搬回自己家中，並拒絕再次搬家，直到一天她在自己家裡突然中風過世。我們看護中心為了參加她的葬禮還關閉了一天。

地點、地點、地點……為什麼地點對記憶如此重要?也許有關地點的記憶是一種時代進化的遺產,因為記住一個位置對生存至關重要,例如記住某個可以成功覓食的地方或某個地方有潛在危險。一九五〇年偉大的法國社會學家莫里斯·阿布瓦希(Maurice Halbwachs)在他劃時代的著作《集體記憶》(*The Collective Memory*)[2]中,陳述了他對地點作為記憶重要核心的觀察。

> 現在讓我們閉上眼睛,回到內心深處,沿著時間進程回到最遠的地方,地方雖遠,我們的思想仍然清楚記得場景和人物。我們從不走出空間的限制。我們發現自己無法處於不確定的空間,只能待在自己熟悉或非常容易定位的區域,因為那裡仍屬於當下的物質環境。我努力抹去那個空間背景,以便維持過去的獨立性,就只剩我當時經歷的感受和我當時接受的想法。就像其他所有事件一樣,感覺和反思也必須重新安置在那些我住過、我經過且依然存在的地方。讓我們努力往回走到更遠的地方。只要我們走到那片自己完全不知的所在,即使充滿困惑,我們已經到達再也記不住更過往的區域。

2 作者註:Maurice Halbwachs, *On Collective Memory*, ed. and trans. Lewis A. Coser (Chicago, 1992).

基於地點在記憶中的核心地位，你應該不會奇怪，海馬迴最重要的細胞是識別位置的細胞吧！這組細胞被恰當地命名為「位置細胞」（place cells）。

位置細胞

二〇一五年八月，我搭乘火車前往科克，去聽神經學家約翰．歐基夫（John O'Keefe）講述他在海馬迴中發現的位置細胞。歐基夫和另兩位科學家梅布里特．莫澤（May-Britt Moser）和愛德華．莫澤（Edvard Moser）因為發現海馬迴中的位置細胞而於二〇一四年獲得諾貝爾生理學暨醫學獎。約翰．歐基夫這名字聽起來就是個美國人，但他在英國居住、工作。他看起來白髮童顏，身材結實，侃侃而談時一雙愛爾蘭人的淡藍色眼睛不停四處張望。他的演講對我來說如同另一道曙光。我記得那天稍晚，我站在科克大學外的公車站，有一種醍醐灌頂的感覺。我以前就知道位置細胞了，但聽了歐基夫說明他的發現歷程後，位置細胞才以一種親身經歷的感覺鮮活了起來。

他的故事要從大鼠海馬迴和位置細胞的實驗開始說起，歐基夫把清醒的大鼠放在密閉空間（也就是實驗場域），讓大鼠到處走動。大鼠在放入前，他已經把微導線插在大鼠海馬迴某個神經元上，想到大鼠海馬迴裡大約有十萬八千個神經元，你就知道這工程有多驚人，而且大鼠居然還活蹦亂跳。這根微導線連上一台可以記錄神經元電活動的機器，如此，歐基夫和他的團隊就可以觀察這個埋在海馬迴裡的記憶細胞。他想知道當大鼠在場域中走動時，這個神經元會有什麼變化？這個場域空間被隔出很多小方格，就像地圖上的網格。當老鼠進入某個特定方格時，偵測機器就會記下一個信號。如果下次這隻大鼠其他什麼地方都不去，直接又來到這塊方格，機器又會記下一個信號，表示它的神經元已經「認識」了這塊特定方格。歐基夫把這些神經元稱為「位置細胞」，它是對應外部空間非常獨特的識別細胞，或說細胞記憶：一個神經元就等於一塊網格空間。請記住，這裡不是皮質，不是視覺皮質或其他結構，這裡是海馬迴，一個記憶機器。

這個在一九七一年做的實驗影響深遠，它鮮活地展現了海馬迴單個記憶細胞與一個明確位置的關係，就算那塊位置再小都算數。現已確定海馬迴的功能和感覺功能不一樣，它是一個被特殊化、專門化的記憶中心。大鼠可以看、可以聽、可以碰觸、可以嗅，全身感覺全由外皮質調節。當大鼠在實驗場域遊走時，這些感覺就在皮質中作用——一面看、一面聞、一面碰觸實驗場域的隔板。此時，海馬迴神經元就在製作地點記憶，透過「外界地點到位置細胞」的細膩程序，建立對這個空間的記憶。之後以同樣手法接續歐基夫做出的研究發現，外界空間相鄰的地點不會激發海馬迴中相鄰的位置細胞。顯然地，位置細胞用不同的激發模式表示不同地點，但這些神經元激發出的放電模式是抽象的，不是地理上的，不具外在空間結構形式，地點位置由神經集群組成的代碼表示。

歐基夫記錄大鼠海馬迴細胞內部運作的方法，在正常情況下無法用在人類身上。只有在接受清醒開顱的癲癇患者上，科學家趁機做了人類海馬迴的細胞內紀錄。二〇〇三年，一項臨床研究在《自然》（*Nature*）雜誌上發表，這項實驗檢查了七名癲癇患者的單個細胞的電反應。接受測試的實驗參與者一開始先熟悉電腦遊戲中某個虛擬城市的空間環境；實驗的第二部分就讓患者導航，指示計程車穿越記憶中的城鎮到達特定位置。海馬迴中的某些細胞對某特定地點重複回應，顯示出對位置的選擇性。想到我們大腦有這些牢牢紮在地點位置上的細胞真是令人欣慰，世界旋轉時位置細胞就是我們的定錨。

海馬迴的研究指出右邊的海馬迴和位置有關。我們之前討論過，有人研究倫敦計程車司機，他們在取得執照前必須記住倫敦城爆量的地理位置[3]。從神經影像上看到，隨著地理知識越來越多，司機海馬迴增長的部分主要是在右側海馬迴。更有趣的是，當要求經驗老道的倫敦計程車司機想像一條可以繞行倫敦的複雜道路時，他們右邊的海馬迴有選擇性的放電。由此可看到，記憶和想像涉及相同的大腦迴路，我們將在後面的章節對此加以說明。

讓我們很快回顧一下我的病人MM，她因海馬迴缺損而失去記憶，雖然在房間可以定向，但只要離開房間就找不到回去的路。她的海馬迴地點記憶已經消失，觀看房間的感官能力卻完好無損。皮質和地點記憶系統無法**協同**工作，人就會迷失。必須具備能將感官訊息輸入海馬迴記憶的系統，才能產生完整的感知。

目前科學家已觀察到感官餵入海馬迴創造位置細胞記憶的過程，這個開創性的實驗是由挪威神經學夫妻檔梅布里特．莫澤和愛德華．莫澤所完成，他們因此與歐基夫共享諾貝爾獎。二〇〇五年，他們發表有關「內嗅皮質」（entorhinal cortex）細胞的發現：內嗅皮質負責整合從不同皮質傳來的感官資訊，然後把信號傳入海馬迴。他們發現內嗅皮質神經元以高頻電流衝擊海馬迴細胞，激發海馬迴細胞產生樹突蛋白，細胞因此連接在一起形成細胞集群，構成有關位置的編碼。內嗅細胞把皮質資訊餵給海馬迴，就像把絲線裝上織布機，到了晚上，侏儒妖上場了，將魔法紡入絲線；海馬迴的細胞集群也施展魔力織成皮質記憶這塊布。自從位置細胞被發現的多年後，它已經從「位置」細胞演變成「空間」細胞，因為物體不是出現在二維的平面位置，而是在三維的空間脈絡。我們將在下一章討論這個問題，也請注意，從現在起，我會把「位置」和「空間」視為同義詞。

感官的皮質之舞跳著跳著，是什麼東西會被選出來放電到海馬迴，又是什麼東西

3 譯註：倫敦計程車司機的執照檢定考號稱地表最難，必須先背熟至少兩萬條路、三萬個地點，旁及所有地點上的各路標與房舍。

會被選出來回放到感官皮質成為存放更久的皮質記憶，或者隨著日子過去，這些東西會被存到前額葉皮質漲得飽飽的倉庫，這些都有無限可能。與生活經驗類似，感覺皮質放電和海馬記憶代碼凌亂地糾纏一團，陷在杏仁核的糾結中，這一套整體運作、協同互聯創造了感受和記憶。

「我們怎能自舞分辨舞者？」[4]——葉慈，〈學童之間〉

杏仁核糾結

也許我們透過記憶，追隨原生家庭的心理地理；或者我們離不開現在的家，因為這裡住著我們的回憶，無論是哪一種，地點、位置主要透過圖像和視覺來導航。正如我們之前探究的，視覺皮質與杏仁核的聯繫比其他感覺大腦區域更緊密，當我們在自傳式記憶裡確定位置時，我們也在刺激情緒記憶。二〇一四年諾貝爾文學獎得主，法國小說家派屈克．蒙迪亞諾（Patrick Modiano）在作品《緩刑》（*Suspended Sentences*）一書中闡述了記憶情緒與地點之間的聯繫。

有時，我們的記憶就像拍立得一樣，在將近三十年的歲月裡，我幾乎從未想起過詹森，我們彼此相交時間很短。他於一九六四年六月離開法國，我在一九九二年四月寫這篇文章。我從未收到他的消息，我不知道他是死是活。對他的記憶一直處於休眠狀態，但在一九九二年的早春時節，記憶突然湧了上來。是不是因為我忽然看到了一張我和女友的照片，背面貼著一張藍色郵票，上面寫著「詹森攝，版權所有」？

我引用的這段文字來自《緩刑》三部曲裡一篇美麗的中篇小說，這是由一張舊照片引發的記憶之旅：每個人都難以捉摸，關係是流動的，但巴黎街道的名稱、咖啡店的名字、一九六四年夏天的經歷形成記憶的絲線，帶領讀者進入充滿年輕詹森氛圍的「記憶通道」。這個夏天是敘事者的初戀，戀上一位女人和照片。作者似乎活在被記憶和感覺過濾過的世界，由地點導航，在這世界旅行。地點固定在巴黎各處，上演如幽靈般的邂逅。這篇中篇小說恰如其分地命名為《殘影》（*Afterimage*）。我喜歡這個故事，因為它捕捉到了一種持久的地方感——人一個個困在時代裡，在那些光榮與不光榮的遭遇裡往復出沒，構成縈繞不去的地方感。人來來去去，留下了回憶——從破窗後看到撕裂的蕾絲窗簾，或看到殘破街道上一度宏偉的房屋。

電影是完美的視覺媒介，可將地點和情緒記憶結合在一起。一九四九年卡洛・李德（Carol Reed）執導的電影《黑獄亡魂》（*The Third Man*）堪稱經典。主角霍里・馬

4 作者註：W. B. Yeats, 'Among School Children'，中文取自楊牧譯詞。

丁斯（Holly Martins）與其說是英雄或反英雄，不如說是對戰爭想法天真的普通美國人，他賴以維生的方法是大量製造「牛仔和印第安人」小說。當馬丁試著拼湊過去事件時，鏡頭透過他的視角，跟著他對亡友的回憶環視維也納的街道。音樂雋永。謎團滿布：我們被城市街道引導，迷失在無法挽回的陰暗過去。維也納街道見證了第二次世界大戰引發的極端人類行為，既是無私堅忍，又是邪惡剝削，腐朽中的城市似乎體現了戰爭的病態記憶。電影中飾演主角王有的演員奧森．威爾斯（Orson Welles）倏地出現，疑惑地掃視街道，然後消失在門口。斜角鏡頭中呈現了骯髒街道上的建築物和門，這裡是幻象上演的地方，情緒記憶由此引出。結局是在街上重播的記憶，將謎團帶到殘酷的結局。

巴黎的《殘影》和維也納的《黑獄亡魂》捲起怎樣的魔法共鳴？蒙迪亞諾和李德進入了讀者或觀者直覺式的情緒記憶系統，他們用的方法與人們回顧自傳式記憶的途徑是一樣的。透過杏仁核－海馬迴迴路，情緒與位置記憶糾纏相連。情緒記憶已被編織到海馬迴和杏仁核間的神經連結裡了，因此眼睛一看到那個地方就激發出情緒。神經科學現在已經發展到可以確定大鼠在杏仁核發生恐懼反應後，在大鼠海馬迴細胞中找到特定的蛋白質。而這些以城市為基礎的藝術作品之所以神奇，就在於它們直覺地發現這件事，並能激發個人大腦中這些敏感的定位點。

在我寫這一章的初稿時，某個埋藏在腦海的地點記憶引起了我的注意，那是一些對某部「短片」的片段記憶，我用它來總結這一章。「短片」，顧名思義就是三到五分鐘的影片。在我年輕時，它通常會被排在電影院主要影片之前先放映。就是這樣的場所，都柏林艾比街的燈塔電影院，我仍然想得起這部電影的模糊影像片段。倉庫裡有一個人，機車引擎蓋開著，他一面修理引擎，一面著聽收音機。收音機裡傳來貓王艾維斯去世的消息，倉庫只有一盞提燈亮著，當男人和他的愛人開始跳舞時，兩人在黑暗倉庫裡那圈溫暖的燈光下舞著，就像林布蘭的畫中人物圍著一圈光暈。我不記得這部片子後面放的主要影片，我也不記得我和誰在一起，短片叫什麼名字，那年是哪一年。我一直想找到這部我想不起來的片子，到最後才找到了它。這部片是《沒關係》（*That's All Right*），名字來自主角隨之起舞的貓王的歌，發行年份在一九八九年，主角是已故愛爾蘭演員米克・拉利（Mick Lally），但我已經不記得了。我只記得地方場所：艾比街、燈塔電影院的裝潢（現在已經改了）……提燈照亮著的穀倉……。場所內有場所，地點裡有地點。這樣的場所就像兩個人分享了一個共通回憶的時刻，這是他們「貓王死時你在哪裡？」的時刻。順便說一句，《沒關係》這部短片，是從美國導演約翰・休斯頓（John Huston）拍完曠世之作《死者》（*The Dead*）剩下來的一點底片、用那一小筆錢製作的。《死者》這部片忠實取材自詹姆斯・喬伊斯《都柏林人》（*Dubliners*）中淒美的同名短篇。這些著名的短篇小說發生場景都在都柏林的街頭，描寫的都是都柏林人的家庭。至於《死者》這個故事，也許是湊巧，也許不是，在葛瑞塔幼年家中住著她隱藏的心碎，這讓我們感到死者如何住在生者的記憶中。

所以，地點引發出情緒記憶，兩者產生的魔法共鳴不斷往前，又不斷回溯……回溯到幼年家裡的最早記憶……深入到藏在海馬迴中的位置細胞，深入到杏仁核／腦島神經元異質的糾纏……深入到只屬於你的心理地理。我們可以走遍一座城市，用「穿過城市大街，那是我曾擁有的輕鬆無憂」[5]記住它，或者看到一個小墓碑而感到恐懼。都柏林的街道、巴黎的大街、維也納的門房車道、伊迪絲的墓碑、劍橋的香草園、童年的家、鬼屋、跳舞的倉庫——就經驗上而言，地點是記憶和感覺的錨。

5 作者註：取自帕特里克．蒙迪亞諾，〈廢墟之花〉（Flowers of Ruin），收錄在《緩刑》。（Patrick Mondiano, 'Flowers of Ruin', from *Suspended Sentences*.）

7 時間和持續感

「昨天！那是什麼意思？昨天？」在貝克特的《終局》（*Endgame*）裡，主角哈姆（Hamm）這樣問了克洛夫（Clov）。劇中，哈姆問了一個有關人類記憶的重大問題——什麼是時間？它意味著什麼？數千年來，物理學家一直專注測量位置、空間和運動，最近又將注意力轉向時間——這確實是他們的大哉問。科學家早就知道，地點和空間可以用物質來衡量，而時間只能用地點的相對關係來衡量。例如，「光年」就是距離的衡量單位，是光在一年中傳播的距離而非時間的度量。時間單位是地球繞行更大宇宙的動量，特別是地球與恆星的運動。一天是地球自轉一圈所需的時間，一年是地球繞太陽一周轉回到同一點所需的時間。

時間更像是動量和事件的進行——就像從恆星發出的光波，或像是地球被太陽的磁力牽引著旋轉向前。「事件物理學」（Event physics）反映了對時間的新認識：時間是地點和運動的內在固有部分。自從布蘭達・米爾納在一九五〇年代解決ＨＭ失憶的謎團以來，「事件」作為記憶基礎的想法就一直存在。失去海馬迴的ＨＭ，對地點和時間都沒有記憶。從那時起，人們了解到地點和時間以事件的形式一起被記住。事件可分為事件記憶和事件物理；時間、地點和動量的概念是理解兩者的基礎。在本章中，我們將探索大腦如何計算時間，它確定記憶中時間的方法就如物理世界一般，是一種由位置與事件轉移構成的動態模式。在前一章，我們藉著位置細胞探索了情緒記憶的心理地理學，現在我們將探索時間如何被栓在海馬迴的地點指南針上。

計時

我們經常問：「時間都到哪兒去了？」諾拉是患有躁鬱症的病患，幾年前當她入院時，她有非常好的理由問這個問題。躁鬱症是鬱症和躁症交替發作的疾病。鬱症伴隨深不見底的悲傷，帶來極度疲憊，認知變慢，發作時記憶力受損，思維混亂。躁症是鬱症的相反極端，情緒極度亢奮，認知跳躍高張不受控制。諾拉對時間的感受顯示了情緒障礙有時會對患者的時間感產生極端影響，也說明計時需要一些基本的大腦功能。

諾拉剛成年就發病了，她在躁症發作時住進醫院。她非常亢奮，一直在全國各地旅行，拜訪她多年不見失聯的舊識。她大聲說著她遠大又偏執的想法，滔滔不絕停不下來。她有多重妄想，敘事邏輯膚淺，經不起質疑。她說起話來總是顛三倒四、時間順序不連貫，如果聽者回應和聽的時間長一點，她會一步步指控他們參與了一些勾當要謀害她，而那些事情根本子虛烏有。數週過去，症狀不斷加劇，諾拉被帶到精神病院強迫接受治療。資深一點的護士都認識她，幾年前她就進進出出醫院很多次了，但顯然之後幾年她一直處於緩解狀態。（「緩解」是指有這個病但沒有發作；如果再發作就是復發。）

如果你了解諾拉的狀況並不是緩解，而是多年來一直處於「關機」狀態，情況就會變得比較清楚。多年來她沒有走出家門，沒有讀過報紙，也沒有看電視，大部分時間都處於半清醒和沒什麼反應的狀態。然後，在沒有任何警示的情況下，就在她入院的前幾週，她在躁症的狀態中「醒來」。諾拉表現得最特別的地方，是她對世界的理解一直停在幾年前她陷入精神冬眠的時候。在她不見的歲月裡，愛爾蘭經歷了景氣繁榮，新建築的開發和公共交通系統不斷翻新更證明經濟發展的速度。城市一條主幹道變成了徒步區，交通流量發生變化，衣服和髮型也不同了。諾拉似乎在多年鬱症期間並沒有留下記憶，但她創造新記憶的能力不受大腦冬眠的影響，一旦她從時間扭曲無法定向的情況下掙扎而出，她就能慢慢地在全新的世界中建立自己。

諾拉在冬眠期間的狀態是「喚醒不足」（under-arousal）或「喚醒低下」（hypo-arousal），神經學家稱這種狀態為「遲鈍狀態」（obtunded state），表示病人在這段時期的覺察力降低。它可能發生在躁鬱症的鬱期，不過鬱期時間拉這麼長也很罕見。但諾拉的情形是從遲鈍的憂鬱狀態直接進入亢奮的狂躁狀態。諾拉的故事有一點很具啟發性：在她失落的幾年裡，她的覺察力遲鈍，顯然沒有留下任何記憶。對於外在世界，她可以追溯新聞回填缺失歲月的空白；但對於這些年她個人的敘事記憶，也就是自身生活經歷，則是一片空無。時間對於諾拉來說並不存在，因為它並沒有記錄下來。

將諾拉的經歷與郝薇香小姐的經歷做個比較吧！郝薇香小姐是狄更斯的小說《遠大前程》（*Great Expectations*，1861）中的虛構人物。她在婚禮當天被未婚夫拋棄，從此關上大宅子的門，穿著婚紗、蓋上面紗，把時鐘停在她被未婚夫拋棄的那一刻。諷刺的是，無論郝薇香小姐如何努力，她都無法讓時間靜止。即使時鐘不走，時間也沒有為她停留……蜘蛛網越結越多，她的禮服破爛了，她的臉和身體變老了，她拒絕離開的時間還在繼續走著。她的記憶形成也在繼續，她並沒有浪漫如昔，也沒有迷惘失憶。但隨著她的海馬迴年年時間繼續，她對事情的認知變得僵化，情緒變壞，阻止了任何可以拯救自己未來的可能。有時我們想停止時鐘，凍結時間裡的那一刻，假裝「事情從未發生過」；對於一切驟變的那一刻，我們希望我們後半輩子都不要想起來。但事情總有發生前和發生後，而時間不能倒流，此時流逝了就不再是此時。無論我們希望與否，事件就是會發生，但事件記憶只有在我們察覺和有意識的情況下才會記錄下來[1]。喚起反應、覺察和意識，是決定我們記憶以及如何把事情記住的關鍵概念。

與普通人的時間經歷相比，諾拉的經歷似乎是個異數。但真是如此嗎？幾年前，我在國外食物中毒，我記得我先是吃了一些貝類，幾個小時後感覺非常難過，然後就不記得了，令我驚訝的是，下一件我記得的事已是一天後的事了。在我丟失的一天中，我唯一記得的是有一刻床對面的牆起起伏伏的，我知道我神智不清了。保持清醒和意識清楚是體驗時間的首要條件，諾拉處於覺察力減弱的狀態，無法像一個正常清醒、有感覺的人那樣體驗周遭世界。沒有對當下的覺知或意識，就無法記錄事件。虛構的郝薇香小姐，有感覺，有意識，只能假裝時間停止了，事實上她很警覺的在製造記憶。

本質上，時間流逝要靠記錄事件來感受的。你如果知道英國物理學家詹姆斯・克拉克・馬克斯威爾（James Clerk Maxwell）在一八七六年是如何描述這種直覺的，你就知道他多聰明，他說：「最原始形式的時間概念可能是我們意識中對順序的識別。」[2]只有當某人處於意識的關鍵閾值時，他才可能體會時間。所以，我們必須先了解什麼是意識，這樣我們才能找到諾拉失去時間的答案。

---

1 作者註：有極少數情況可能出現人醒著，有正常的睡眠-清醒週期，但他對環境沒有反應。就像長期未醒的植物人或一直處於封閉狀態的患者，他們是人類失序狀態的悲劇性例子，在「覺知意識」（awareness）上出了問題。而關於這一點，我們將在下面的章節中探討，看看清醒後下一個意識狀態是什麼。

2 作者註：引自詹姆斯・克拉克・馬克斯威爾在一八七六年的不朽巨作《物質與運動》（*Matter and Motion*）。馬克斯威爾一開始是自然哲學教授，後來在劍橋大學出任物理和數學教授。他是多方涉獵、創意無限的思想家，他認為大腦不能被排除在我們對物理世界的理解之外，以此進行對地點和記憶的觀察。

探索意識

探索意識有些棘手，若有人起心動念想踏入靈性之說的領域，談論意識是進入這些天堂最唬人的方式——當我們無法理解大腦裡的東西時，我們為什麼還持續使用「靈魂」這個字？「意識」這個詞很有問題，因為它無所不包，任何事都可以用意識表示，從清醒到高度興奮；或處於超然可以看到自己的狀態，就像有另一個人正在看你，或把自己想像成另一個人。不僅如此，如你意識到自己的意識及他人的意識，那當我們在談論意識時，我們到底在說什麼？

從文化上說，佛洛伊德和意識／無意識的概念已緊密相關。從佛洛伊德學派的觀點來看，無意識的部分包括無意識的幻想和記憶，也就是人會有不在覺知狀態下的念頭或不在意識狀態下的記憶片段。根據佛洛伊德學派的原則，雖然無意識的記憶和念頭會影響我們對世界的反應，但這種影響超出了意識的範疇。因為無意識的記憶和起自知覺狀態的記憶一樣，會帶來情緒，這些情緒有時會導致不可預測的行為。壓抑記憶的人會被他們無法覺知到的記憶驅動，感覺與行動都受到無意識記憶的影響。這些感覺和行為可能與個人對自我的認知和信念不一致，因此這個人會覺得與自己和世界格格不入。就如對親密性關係的恐懼很可能是因為壓抑了童年時期遭受性虐待的記憶，所以導致拒絕所有形式的親密關係，儘管這個被虐的倖存者和我們所有人一樣，都渴望被愛。正如我在前幾章所說，佛洛伊德的理論起自十九世紀末和二十世紀初對戀童癖的放縱，進而推論出孩子會吸引自己的異性父母[3]。女孩不僅吸引自己的父親，她們也嫉妒父親的陰莖！雖然我傾向於把佛洛伊德的厭女症歸類為一種未經重建的原始杏仁核反應，但佛洛伊德更持久、更重要的遺產是他認為，帶有情緒的記憶並不總是存在於能被我們察覺到的意識層面。

但若進入實用領域的範疇，醫學領域的專家對意識的看法則完全不同，就算意識的定義再多、再深奧，他們對意識仍有堅定的共同認知。在醫界，意識是透過清醒程度來衡量的，臨床上通常稱為「喚醒度」或「警醒度」（arousal）。對「清醒狀態」（wakefulness）其實有一些基礎生理知識需要釐清，讓我們從何謂清醒狀態開始了解意識。我們將意識程度稱為「喚醒程度」或「警醒意識」（arousal consciousness）。很明顯，如果沒有喚醒到清醒狀態，就無法記錄事件。人在一般狀態下可能是清醒或警醒的，也可能處在警醒程度稍低的狀態，例如在睡覺、打瞌睡或昏昏欲睡時。人在

3 作者註：在這裡值得把佛洛伊德對童年性虐待和記憶的複雜立場釐清一下。在一八九七年之前，佛洛伊德一直認為，患者（主要是女性）會因為童年時期受到性虐待而患上精神官能症或歇斯底里症。他發展出一套「誘惑理論」（seduction theory，一說為「誘姦理論」）詳細闡述他的臨床觀察。「誘惑或誘姦」這個詞暗示兒童可能就如成人般同意這行為，但在強烈否定亂倫的時代，這說法無疑暗示父親可能做出性虐自己女兒的事，這遠遠超出了社會觀感，誘惑理論引起醫學界一片憤怒。到了一八九七年佛洛伊德對外宣稱他被誤導了，對女性患有歇斯底里與精神官能症的原因判斷有誤，且開始將女性精神病歸咎於手淫和經血過多；他甚至覺得巫術也在其中扮演某種角色。在放棄誘惑理論後，佛洛伊德開始朝向另一個理論發展，把對女孩性虐當成是幻想。關於佛洛伊德改變想法的資料請參考下列網站：https://www.theatlantic.com/magazine/archive/1984/02/freud-and-the-seduction-theory/376313/。

正常的清醒範圍內，也就是適度的警醒狀態時會更能記住事情。但若不在警醒的正常範圍內，就是喚醒的病理狀態。例如，在撞擊受傷或嚴重失血後，此人可能沒有辦法被喚醒，也就是處於無意識的狀態。昏迷是一種長時間的無意識狀態，可以用簡單的臥床量表來衡量，最常見的是「格拉斯哥昏迷指數」（Glasgow Coma Scale，簡稱GCS）。其中十五分表示正常，三到八分間表示處於昏迷狀態。對患者的常規檢查項目包括他們是否「具備三個定向」——也就是能否說出時間、地點和人物。在喚醒頻譜的另一端，也有人會處於高度喚醒狀態，例如經歷強烈情緒或創傷，或有急性精神病，或施用了古柯鹼等興奮劑迷幻藥。如果處於極端亢奮的喚醒狀態，他也可能無法記下發生什麼事。

大腦結構會參與協調清醒狀態，此機制開始於脊髓和皮質間的腦幹，從腦幹開始，神經迴路分散通往不同大腦區域，尤其連到感覺皮質。似乎存在一個開關機制可以控制從身體到皮質的感官資訊是否流通，如果它被關閉——在意識受損狀態，也就是昏迷時——皮質將處於睡眠、低電壓的喚醒狀態。細胞需要充電激發，才有感覺和記憶過程。如果腦幹的「喚醒」開關故障，皮質神經元就不會清醒，也不會放電激發以產生感覺或形成對世界有感的記憶。若腦幹受到損傷，這個人就是腦死。另外，警覺意識也依賴從腦幹轉到各皮質的多個長鍊神經束的完整性。

我們有時會在精神病學中看到某些患者處於最低度的清醒和覺醒狀態，例如諾拉的關機期。在意識程度降低的時期，患者會出現相應的健忘症。我們首先需要保持清醒，必須有基本的清醒程度才能產生記憶。另一個常見的例子是酒醉，因為酒精作用，人就迷迷糊糊。他們也許吵架鬧事，說話尚稱連貫，但對發生過的事記不起來，腦子一片空白，這就是「酒精性暫時失憶」(alcoholic blackout)。除此之外，我們通常會在病患急性精神病發作時看到病人的病態性喚醒狀態，諾拉在多年半昏迷後進入的躁症狀態就是一個例子。目前我們沒有針對這種高度喚醒病態設立常規的臨床措施，但在躁症狀態下，此人對睡眠的需求大幅減少，僅是斷斷續續的間歇睡眠，就能讓他持續數週處於高度亢奮的狀態，如果躁症嚴重，甚至可達數個月。我們只能逐步增加藥量（抗精神病藥、鎮靜劑或鋰鹽）來控制病情，直到病人達到正常狀態——在這種狀態下，一定要讓病人趕快睡覺，才可能安頓大腦。

冬眠是大自然說明睡眠和清醒是循環的最好例子。我小時候最喜歡聽松鼠在秋天到處奔忙為冬眠收集橡子儲存食糧的故事，最近讀了一篇有關松鼠冬眠的論文，這種愉快的感覺又再度點燃。作者研究了松鼠年度週期在兩種狀態下的海馬迴功能。他們發現，松鼠在冬眠期間的海馬迴活動會發生變化，神經連接性降低，樹突分支數量下降。但從冬天大睡狀態進入春天欲醒時，海馬迴運作發生了逆轉，海馬迴樹突出現熱烈的活動。我是這樣想的，松鼠海馬迴活動從清醒前到清醒後的轉變，就像躁鬱症從鬱症到躁症的轉變。關於這部分，我們留待下一章再討論，到時我們會探索意識下一階段的複雜狀態，也就是意識的代表形式。

時間細胞

現在讓我們來看看在意識警醒的正常狀態下，人們是如何感覺時間和記錄事件的。請想一下你最近幾天做了什麼？按時間順序記下它，想想這幾天或這幾天內的某段時間，內容也許有些跳躍，但即使這樣你也知道有點亂。如果你發現自己不太記得事件的順序，那表示你對時間排序有了記憶。這套邏輯可類推到所有形式的記憶。就好比一個人過了五十五歲後，可能常常記不起來眼鏡、手機和鑰匙放在哪裡——即使這讓人不開心，但知道自己會忘東忘西也是一種記憶形式。當你在想最近幾天的記憶時，其實你是在想這幾天自己發生了什麼事——去不同的地方，見了什麼人，和誰互動、吃飯。人對時間的感受與事件是分不開的，這就是所謂的「時間感」。而時間可能與位置細胞有關嗎？

二十世紀中葉，唐納德．赫布研究出神經元如何結合在一起形成細胞集群，他直覺地認為海馬迴能以某種序列記錄位置細胞集群，而這個序列就反應了我們所謂的「時間」。物理學家馬克斯威爾也有類似的想法，他推測時間以某種方式被整合到位置記憶中，而不是存成單獨的時間系統。二〇一〇年左右有一個大鼠實驗，發現大鼠海馬迴細胞出現的連續細胞放電似乎表示著大鼠經歷事件的時間順序。想要了解此想法的運作模式，關鍵在於事件是按順序記錄的，就像一部老電影的膠捲底片，一格畫面跟著另一格畫面，依照時間序列向前移動。影像就像外在地點／空間一樣具有實質性，正因為地點與影像共存並置，所以才產生了時間感。時間存在於電影中，因為影像也是一格一格過去，創造出一種向前移動的感覺——事件就這樣向前發展下去，因為它們就是以這種方式被記錄的，就是這種影像動量賦予了時間感。

海馬迴中依序放電的細胞稱為「時間細胞」（time cells），它似乎與位置細胞具有類似特性。現在看來，似乎時間細胞和位置細胞的輸入是整合到一組海馬迴的細胞集群系統中。時空記憶由此形成，從基礎層面上看，這就是事件記憶。讓我們暫停一下，回到我在上一章討論地點時提出的問題：貓王死時你在哪裡？九一一攻擊時你在哪裡？這些問題本就包含了**時間**和地點，兩者編織在一起共同經驗。這就是海馬迴神經記憶生產線上時間細胞集群與位置細胞集群處理的內容，然後這組帶著律動的事件投射到前額葉的自傳記憶區。事件以細胞連結組的形式鞏固在自傳記憶區，若被提取也是以一組為單位一起被提取。當我們回憶自傳記憶時，似乎不只與前額葉的自傳記憶有關，包括具有「影片編導」特性的海馬迴也會**一起**運作，不過這還沒有得到明確證實。在我看來，古早的記憶與近期記憶不同，似乎已失去了如電影般的律動，反倒像是過去某個地方的快照，只是這張快照帶有時間的感覺。當事件記憶越來越久，我們更能確定事件發生的地點，而不是發生的時間。你可能有這個經驗：當我們與家人或朋友一起回想某個事件時，你會發現事件時間很難確定。一開始，某人會記起這件事發生在什麼地點，然後下面的對話多半是：「是啊，我記得……」，然後開始想：「那是什麼時候？」然後大家開始集思廣益，接著開始算，比對這件事到底是發生在另一件事的前面或後面。在這個熟悉的集體回憶過程中，我們把事件的發生地點放進時間中，然後找其他事件並列比對。

時間經驗的流動性

人們只能讚嘆這一切的巧妙處，空間時間一起被記錄，正如我們是一起感受空間時間，人類從古至今也是如此描述，就像物理學家自十九世紀以來一直告訴我們的，時間與空間的相對性被**內建**到海馬迴的記錄運作中。從哲學到神經學，人們對時間的認識已被法國神經學家莉蓮．曼寧（Lillian Manning）在她令人思索再三的論文中優雅且精闢地闡釋：「經驗的連續性只有透過記憶才能實現。」曼寧將時間描述為「經驗的連續性」，這是從二十一世紀神經科學家的角度寫的，但它與十九世紀物理學家馬克斯威爾的直覺非常相似，時間是「我們意識中的一個順序」。

曼寧將時間描述為「經驗的連續性」，但裡面暗藏複雜性，只要看過路易斯．卡羅（Lewis Carroll）的《愛麗絲鏡中奇遇》（*Through the Looking-Glass*）就可以簡單看出一二。書中愛麗絲巧遇白皇后，愛麗絲對白皇后的經驗非常震驚，因為她的「記憶是雙向的」，也就是有前進的記憶和回溯的記憶，白皇后回應：「只能回溯的記憶是一種糟糕的記憶。」我們多認為記憶的方向只能向後追溯，因為我們對時間的體驗只有往前邁進的方向；但愚蠢的不是白皇后，而是愛麗絲和讀者。時間似乎朝著一個方向前進，從過去到現在再到未來，但這真的是我們在意識中體驗時間的方式嗎？在你生命的某個時刻，你是否曾有過這樣的感覺：現在這體驗會跟著你一輩子。這種想法可能在你經歷強烈情緒時出現，無論這情緒是快樂的或悲傷的。也許是你的初戀、你的婚禮，或伴隨著孩子出生時出現。你可以感受當下即未來。也許這天就如往常的任何一天，只是那天出現了完美的一刻；一個喚起深深熟悉感的一刻：於願足矣。我記得，有一次，我和朋友及孩子們一起到霍斯附近的小島「愛爾蘭之眼」去玩，天氣很熱，我們在海灘上度過美好一天，我將永遠記得那一刻的美好。也許是我決定拍一張杏仁核－海馬迴時空快照，但更有可能是那一刻選擇了我。

像那樣的時刻，一刻永恆，它涉及現在與未來，因為你在自己的人生旅程中向前行。我把這種體驗稱為「預知記憶」（prescient memory），這是一種由記憶形成的意識，是人在餘生會再三回味的感覺。這個詞來自人工智慧計算模型在做預測時用的術語，但我在記憶體驗的脈絡下使用它。預知記憶發生在當下有強烈感受的時刻，就在那一刻自我意識會特別高漲，一種輕微的過度感知，察覺到自己在此時、此地、在自己的記憶中作為獨立的存在。這種熟悉的人類感覺再次反映了一項原則：我們越清醒、越專注，就越有可能形成持久的記憶。

如果你為人父母，當你看著已成年的孩子，你會非常熟悉這種今夕何夕、過去現在交疊的意識感。我十八歲的兒子離家去高威市讀大學時，我揮手向他說再見，一瞬間我的記憶就如走馬燈般連續出現。他生命中各個重大時刻在我腦海中閃過，連續的影像如飛似的快速播放，像一台老式幻燈機，瀰漫著一股情緒基調，在這片迷濛背景中影像亮起：白色棉布包著剛出生的他回到我們在劍橋的家……回去上班的第一天把他留在托兒所……我們站在霍斯家的前門外，他的背後是一片海……妹妹要去蒙特梭利上學的第一天，他一手牽著妹妹，一手抓著他們的小飯盒……上中學的第一天我們替他拍了一張照片，他站在已經發育的朋友身邊，看起來就像個小男孩……到了他要離開我們的此刻，畫面是他悲傷的臉……所有的時間都到哪兒去了？

我們可以進到另一個階段——有時候，你對時間會有一種主觀感受，你明明就在現在，對當下完全清醒察覺，但時間卻像同時往前進**和**往後退。我記得這種時間雙向移動的感覺，它發生在我和家人一起去溫哥華度假的某天晚上。傍晚時分，我和弟弟在海邊慢跑，後來漫步走到當地一家餐館，走著走著就帶著我們的孩子回到自己的童年。我們的長期記憶與當前記憶融合：過去和現在結合在一起，看著自己的孩子像以前的我們一樣四處跑，有一種通往未來的連續感。那天晚上的時間感覺是往兩個方向走的——一條從現在到過去；一條從現在到未來。當下我們回到了過去，但仍處於預知記憶的意識和現在的經驗狀態下。這就是我們與知交老友相處時的熟悉感，在人生連續體上，此生無憾的快意從過去投射到未來，一片溫暖。

一八九九年，法國哲學家亨利・柏格森寫道：「時間是一種發明，除此無他。」事實是，對一般時間概念的理解並不適合拿來想動態存在的事件。事件發生了，按順序記錄在自傳式記憶中，就因為我們依照某種順序回憶這些事件，所以形成時間感。普魯斯特尋找失去的時間——*À la recherche du temps perdu*——無疑他沉浸在記憶中尋找。很明顯，過去除了存在於記憶之中，並不存在於其他地方。也許「時光機」這套幻想的流行，除了需要摒除所有理性，拒絕一切存在感，更要立基於過去不會不見的想法。

沒有時間、沒有過去、沒有未來，這樣的想法從西元四世紀就存在了。古羅馬哲人聖奧古斯丁（St Augustine of Hippo）為時間下了三重定義：一種時間是「過去的現在」；一種時間是「現在的現在」；一種時間是「未來的現在」[4]。奧古斯丁的話中似乎只有「現在」存在，從現在的位置才能移到過去或未來。他的沉思反映在一千五百年後安道爾・涂爾文（Endel Tulving）的研究中，涂爾文是加拿大神經學家，畢生研究時間和記憶。他的研究影響深遠，主題在探索過去和未來如何在有意識感受的當下

---

4 譯註：出自聖奧古斯丁《懺悔錄》，原句為"The time present of things past is memory; the time present of things present is direct experience; the time present of things future is expectation."，「過去的現在是記憶；現在的現在是直接經驗；未來的現在是期待。」

存在[5]。涂爾文的工作夥伴，美國心理學家丹尼爾．夏克特（Daniel Schacter）利用神經影像學的實驗，在理解時間體驗上取得重大進展。他表示，我們思考過去和規畫未來會使用**相同的**大腦迴路。這是當然，只要想到我們是根據經驗和記憶對未來做出決定時，這就一點也不奇怪。我們只能靠編織到記憶中的經驗來幻想或預測。記憶不僅僅是過去的紀錄，也是想像未來的模板。融合著過去–未來的神經迴路涉及多個整合區域，特別是記憶機器的中樞——海馬迴，還有整合故事的說書人——前額葉皮質。

以上所述，都表示未來連同過去皆定居在記憶迴路中。在阿茲海默症的發展過程中，海馬迴在發病初期就開始受損，以至阿茲海默症最初的症狀就是記憶力減退。隨著疾病發展，病人會失去時間感。在一項實驗中，一組實驗者為患有輕度阿茲海默症的病人，另一組為與實驗組對象年齡相當但認知功能正常的人。實驗看出，阿茲海默症患者在記起過去事件**與**預測未來事件的能力上，兩者皆受損。「進一步證明過去的心理呈現和未來的心理呈現，兩者存在密切關係。」以阿茲海默症來說，儲存在前額葉的過去記憶在病發早期保持相對完整，此時，具有可塑性的海馬迴反而損壞更快。但在疾病後期，當額葉受到更多侵蝕時，疾病會逐漸破壞自傳式記憶。

關於過去和未來時間的流動性還有另一層面值得一提，因為時間流動就是一種主觀上十分迷人又具有普遍性的人類經驗。但是，時間在童年似乎是靜止的，實際上時間並不是經驗性的存在。童年時間都是「現在式」，日子似乎無窮盡，這件事才結束就進入下一件事。與其說孩子適應力好，倒不如說是有點健忘（我們將在本書的第二部探討這一點）。英國詩人迪倫．湯瑪斯（Dylan Thomas）在詩作〈蕨山〉（Fern Hill）中生動地表達了這一點，他以輕快的歌謠描繪出童年飛速的感官流動：「時間讓我青澀也讓我死亡／即使我帶著枷鎖依然像大海一樣歌唱。」隨著年齡的增長，對時間的主觀感覺逐漸加速，當你進入成年期後，你會覺得時光飛逝[6]。

時間真的是意識嗎？

正如我們看到的，地點／位置是基於物質的，可以被感官感知且可以客觀量測，而時間的**唯一**尺度或許只有記憶。我們將過去和未來都建立在記憶迴路中。如果時間只存在於過去的記憶或未來的想像中，那麼現在呢？

從西元四世紀聖奧古斯丁的沉思到二十世紀涂爾文的神經心理學，「現在」一直是時間觀念的共同支點。但所謂的「現在」是真正的「時間」嗎？整個時間概念通常無

5 譯註：涂爾文是確定記憶分類的重要科學家，目前大眾熟知的記憶劃分皆是他定下，包括長期記憶與短期記憶，又在長期記憶中歸納出程序性記憶與敘事性記憶，敘事記憶又分為語意記憶與事件記憶，目前討論的自傳式記憶屬於事件記憶。

6 作者註：如果你想多了解一下這個議題，我強烈推薦杜威．德拉伊斯馬（Douwe Draaisma）的書《懷舊製造所：記憶、時間與老去的抒情三重奏》（*The Nostalgia Factory: Memory, Time and Aging*，漫遊者文化，2016）。書中，杜威探索的議題是：人的年齡越長，會逐漸感覺時間越過越快。

助於理解科學，無論這科學是物理學還是神經科學。若將「現在」的概念從時間轉到意識，在概念上會更加連貫。從事件紀錄的角度來看，現在**就是**意識。但這裡頗有一些蹊蹺，還挺諷刺的，就我自己而言，我認為時間唯一不存在的地方就是屬於意識的那一刻。過去和未來更像是我們想像的「時間」，而現在屬於意識。

我們對時間和記憶的理解就像把物理學和神經學做知識整合，這確實很迷人，但記憶不像主要物理學，反而更像粒子物理學。因為本質上不確定，所以無法確定事件的精確定位，這個概念稱為「非確定論」（**indeterminism**）。正如微小物質在脫離重力後變得更難預測一樣，記憶若從當下意識的相對確定性中消退，也就變得更無確定性。事件繼續發生，樹突繼續重新排列，原始記憶變得不那麼準確。神經活動不會停歇，神經元間電化學傳來傳去，物質交換的律動從不間斷，樹突分支長長消消糾纏不清，閃光從一個神經元傳到下一個神經元直到信號嘶一聲地消停，這過程永無止境。來自外界的感覺與來自身體的內感受持續輸入，提供我們身體六百八十億神經元無窮的生長可能。唯一確定的是，事件會持續重塑細胞集群。我們的大腦，就像宇宙一樣，是一鍋熵。

當代物理學家蕭恩．卡羅爾（**Sean Carroll**）也是作家，將神經學和物理學簡潔地結合，他說：「時間不像地點或物質，不能用物理學來衡量，只能以主觀理解。」卡羅爾寫下《詩性的宇宙》（*The Big Picture*）[7]一書，他把時間視為經驗，而不是一個潛藏在物理世界作為基底的概念。這是卡羅爾對時間的主觀理解，但我在此觀察到一個更基本的要點。不管是了解自己與他人、世界與宇宙，我們都必須透過人類唯一可用的系統——記憶的細胞與網絡組織。產生記憶的神經元，包括海馬迴、杏仁核和皮質等細胞都有四個面，就像金字塔表面是四個三角型，基於這個理由，這些神經元稱為「錐狀細胞」（pyramidal cells）。時空的概念是四維的，包括空間的三個維度加上時間這第四維[8]，所以是巧合嗎？。也許物理上對時空的理解只能基於我們看得到、學得到的物理世界，而這些對物理世界的認知模式，皆出自我們四面錐狀神經元對三維空間與時間的詮釋與記憶，就是整合過的事件。如此，在物理學家優雅簡化的科學中，是

7 作者註：卡羅爾（Sean Carroll）寫下《詩性的宇宙：一位物理學家尋找生命起源、宇宙與意義的旅程》（*The Big Picture: On the Origins of Life, Meaning and the Universe Itself*）一書，作者假設自然世界是一切的基礎。讀起來令人耳目一新，因為作者借用大腦學說探索原本一直由物理學家探索的範疇。量子物理學現在正被納入分子生物學，神經元行為背後應有量子物理學原理，相信我們最終會朝著理解此原理的方向前進。

8 作者註：一開始在海馬迴中發現二維位置細胞，然後發現「頭部定向細胞」（head-orientation cells）將記憶帶到三維層次，然後又發現與空間記憶整合的時間細胞，因此出現了四維時空連續體。

「從今以後，純粹的空間，純粹的時間，都注定會消失，只剩陰影。只有兩者某種情況的結合才能維持獨立的現實。」這是赫爾曼．閔可夫斯基（Hermann Minkowski）在一九〇八年講述相對論時非常著名的演講開場白。比閔可夫斯基更加出名的是他的學生愛因斯坦，他是愛因斯坦的數學老師。閔可夫斯基意識到，來自人類感官的輸入，主觀上似乎在空間上呈現出一個三維度的世界，而這些輸入又可被定位到與那一刻時間不可分割的實體，形成更高的四維現實（也就是時空）。有趣的是，愛因斯坦並不同意閔可夫斯基的觀點，但後來卻將閔可夫斯基的觀點融入自己的理論，說明時間如何被編織入空間。愛因斯坦是時空相對論的搖滾明星，替相對論做出非常重要的論述，但他的工作和所有人類進步都一樣，是基於其他有遠見物理學家的成就。

否他們真正觀察的是我們如何記憶?姑且不論其他,這種臆測將幫助你記得四面椎狀神經元一直勤奮工作,幫你反應出動態人生的四維時空。令人震驚的是,精神科醫生專精與修復的身體器官內含時間細胞與位置細胞,並可體現個人經歷感受,它的運作超越物理世界最複雜的認識,但這些內容通常不被認為是物理的。

讓我們回到開頭,結束我們的討論,哈姆問克洛夫「昨天」是什麼意思。科學家可能會說:昨天是從現在到地球自轉前發生的各種情事;而神經學家可能會說:昨天是自轉期間因為某事引起的樹突分支差異。但也許重要的問題不是昨天或明天意味著什麼,而是現在意味著什麼,因為正是現在決定了過去事件的記憶,決定了我們對未來的幻想和相應之道。時間在經驗上似乎並不真正存在,意識經驗才是我們創造過去、形塑未來事件走向的基本。T. S. 艾略特(Thomas Stearns Eliot)以從不寫快樂的詩聞名,但下面這首出自《四首四重奏》(*Four Quartets*)的詩無疑是快樂的,而且有智慧,它寫的是純粹的現在:

走吧,鳥兒說,因為葉子滿是孩子
與奮地躲著,忍著笑
走吧,走吧,走吧,鳥兒說:人類
無法承受太多現實

時間過去與時間未來
或可發生的與真實發生的
指向一個終點，那裡就是現在。

我喜歡這樣想；艾略特的鳥兒在「現在」的燦爛中鳴叫，告訴我們忘記**可能發生的**以及**未來時間**，就這樣**走吧**、**走吧**、**走吧**，走進現在的興奮中。

8 壓力：回憶與「遺忘」

「每一種心理狀態皆無時無刻在改變，無論它多簡單。」

——亨利・柏格森（1859-1941）

正如在前一章說明的，我們需要意識清醒才能記錄現在、創造記憶。這意味著腦幹開關必須打開，讓海馬迴和皮質神經元處於一定的喚醒水平才會有神經活動。記憶神經元的喚醒水平是記憶任何事情的基礎，但喚醒水平因人而異，因事件而異，每個人本來就不同，但運作機制則是所有人皆同。

喚醒涉及兩個下視丘出口系統，一個是自主神經系統，一個是皮質醇壓力系統。這意味著只要你感覺警醒，神經元就會被喚醒，無論你是否正在記憶事情或是否有記憶能力，這套機制都很容易建立。我著迷於壓力科學，熱愛研究壓力與憂鬱症的關係，這也是我大半輩子研究工作的主軸。在一九八〇年代和九〇年代，人們對壓力研究的興趣有限，像我們這種人相當少。壓力研究在學術上稱為「心理神經內分泌學」（psycho-neuro-endocrinology），這向來是專業研究領域，發展至今已形成應用在大多數疾病的背景知識。若想找壓力的科學文獻，要從「內分泌學」的項下找，因為皮質醇是一種荷爾蒙；另外就是在「精神病學」的範疇中，因為心理疾病多會出現嚴重的大腦壓力，而且可能與憂鬱症的原因緊密相關。目前都把壓力荷爾蒙皮質醇當成生理及心理壓力的測量單位，但這個現在已成為常識的想法在當年並沒有建立。

在這一章我們要探究的是壓力對記憶的影響，了解這主題最好的方法是透過憂鬱症的病況。二〇〇三年，我參加「莫茲利辯論賽」（Maudsley Debate）[1]，非常幸運地，我與英國生物學家路易斯・沃普特（Lewis Wolpert）站在同一方。我們都反對議會[2]提出的辯題：「議會認為抗憂鬱藥會有依賴性」。路易斯較為人知的是他條理清晰的科學著作，而不是他的憂鬱症經歷，但他將他的科學才智用在研究憂鬱症這個議題，寫下《惡性悲傷：解析憂鬱症》（*Malignant Sadness: The Anatomy of Depression*）一書，非常值得一讀。我記得路易斯告訴讀者，他的憂鬱症比他摯愛的妻子死亡更讓他難受。就像大多數得過憂鬱症的人一樣，他發現在憂鬱症的艱難歷程中，最讓人無能為力的是它會攪亂你的記憶和思緒。這通常是人們就醫的原因：憂鬱症患者可能絕望和

1 譯註：莫茲利辯論賽（Maudsley Debate）是英國倫敦國王學院的「精神醫學、心理學、神經科學研究學院」的學術傳統，針對精神疾病及健康服務等議題，每年三次舉辦對外開放的公開辯論。

2 譯註：英國辯論採「議會制」，狀況就如上、下議院議員討論公共政策，由議會（house）丟出「辯題」（motion），由辯士組成上議院的執政黨與反對黨兩隊，與下議院的執政黨與反對黨兩隊，共兩方四隊八人共同辯論辯題。

自我厭惡、疲累到極致卻睡不著，甚至有自殺的衝動，種種折磨他們都可以掙扎著過下去，但當他們發現自己無法集中注意力、記不住東西，沒有辦法做事時，他們就會尋求治療。

就像我現在要告訴你的故事，我的病人莎莉的故事。

莎莉

內科病房的一位同事要我來看看莎莉，她幾天前從急診處入院，因為她的健康狀態突然惡化。她大約一個星期都躺在床上，不吃不喝，對家人不再回應，整個人陷入死寂沉默，然後就昏迷了。我問了莎莉的丈夫，他清楚表示直到莎莉住院前幾天，她都算正常，不過他也提到在前幾週她已經比平時更安靜，也不那麼活躍。莎莉在情感和個人生活上似乎都很穩定，但她有憂鬱症病史，五年前第一次發病。第一次發作期間，她在人際社交上變得非常退縮，整個人非常疲憊，也不溝通，但她完全恢復了。在憂鬱症第一次出現後，她一直在服用抗憂鬱藥，已經吃了幾年了，大概四個月前停藥，之後就成了現在這模樣。

入院後，她的病情進一步惡化，而且惡化速度極快，最後昏迷不醒，甚至對輕微疼痛的刺激，如用針輕刺，都沒有反應。醫療隊進行了多次檢驗和放射線檢查，均未發現異常。奇怪的是，雖然她的生命體徵、血壓、脈搏，甚至體溫的數值都較高且波動異常，但她似乎並沒有生病。她的生理處於喚醒狀態——自主神經系統過度活躍——但她卻在昏迷。自主神經系統處於喚醒狀態通常會讓身體有普遍喚醒的感覺，一定有什麼主要病理在起作用，只是無法確定。她的臨床表現顯示可能患有腦炎，可能腦組織受到感染了，但是在她頭皮上測得的腦電圖（electro-encephalogram，簡稱EEG）顯示，雖然電位低但腦部電活動正常，大腦成像掃描也正常。用脊椎穿刺得到脊髓液，但在脊髓液裡也沒有測到感染跡像或免疫紊亂。總而言之，沒有找到確定的感染源，而她的皮質醇水平非常高，這就是「非特異性發現」（non-specific finding）[3]，因為她的確病得很重。

我們站在床尾看著莎莉，她仰躺著，一動不動，眼睛緊閉，嘴唇微張。她被安置在離護士站最近的病床，因為每十五分鐘就需要量測一次生命體徵。護士站的人說，在過去二十四小時裡，她似乎一動都沒有動過。補充水分要靠靜脈輸液管，她也很多天都沒有吃東西了。我握著她的手和她說話，輕輕壓著她的手，她沒有任何反應。我再用另一隻手握住她的手肘，把她的手臂從床上抬起，然後慢慢把我的手鬆開。但她的手臂就這樣高舉著，停住幾秒鐘沒有動，然後緊繃僵硬地慢慢落在床上。仔細觀察莎莉的臉，我看到一條鹽跡從她的眼睛，沿著鼻子和臉頰間的曲線，一直到她的上

3 譯註：非特異性發現（non-specific finding）或稱非特異性反應，表示在檢查中顯示有問題但找不到特定原因。

唇。找到了，我們找到她生什麼病了：這是「緊張性運動障礙」（catatonia，簡稱「緊張症」或「僵直症」）。

緊張症指的是病人的運動活動發生異常，特別是在動作和言語方面。有特定動作能識別是否得到緊張症，其中之一是病人是否會維持不尋常或不舒服的姿勢。莎莉的手臂懸在尷尬的位置就是一例，若身體保持在奇怪的姿勢稱為「蠟樣彎曲」（waxy flexibility）。緊張症還有另一個臨床症狀「心理枕頭」（psychological pillow），這是一個非常不舒服的姿勢：患者躺下時，頭部的位置沒有枕在枕頭上，而是把頭懸空稍微抬得比枕頭高一點，緊張症產生的肌肉極度緊張和精神上的痛苦是很難想像的。但是莎莉這種突發且極端的緊張症很罕見，一般情形多是病人有情緒障礙，但未經治療或治療不足才會慢慢發展成緊張症。狀況是人類在恐懼中凍結，就如動物的僵死狀態，這是精神科醫師的普遍認知。「害怕到動不了」，這或許是一種機制，用裝死來欺騙捕食者，更可能是人類亙古留存的固定連線深藏在更精細的感覺增生連線中。

緊張症的治療方法是使用高劑量的「苯二氮卓」（benzodiazepines），也就是「煩寧」（Valium）一類的藥物。它會降低喚醒水平，有可能解除緊張狀態。我們用一小袋生理鹽水以靜脈注射打入「煩靜」（diazepam），一小時後莎莉就醒了，那天晚上稍晚她喝了茶和吃土司。之後可以開立口服藥給她了，我們開了抗憂鬱藥。二十四小時之內，她恢復了活動力，只是動得非常慢，過了幾天她就出院了。當莎莉從創傷中復原，我與她進行更詳細的訪談。她對於入院前的那幾天或住院的大部分時間都沒有印象，只記得在失憶症發作前的幾個星期，她一直頭暈，感覺天旋地轉。而在這之前，她最後記得的是她心情低落和焦慮。

嚴重憂鬱症患者會有不同程度的失憶症，失憶程度通常與憂鬱症的嚴重程度成正比。這種失憶症的範圍從自傳記憶記得不清不楚到完全沒記憶都有可能，而且在那些憂鬱症不斷復發的人身上看到自傳性記憶普遍不佳。患者對記下每天基本會發生的生活小事也出現明顯的記憶困難，即使看電影要他們記住情節或記得報紙上讀到的東西也變得不太可能。如果你也熟悉這種經驗，那就暗示了你一直以來壓力太大，大到沒有辦法思考，一直忘記事情。治療憂鬱症的藥物不會造成失憶，就算有時會聽到這個說法，但實際上記憶是經過藥物治療後才恢復的。如果某人被醫生告知壞消息，說他得到壓力引起的失憶症，這樣的病人多半是記不住醫生的病情說明與治療計畫的。請注意，情緒激動時是記不得事情的，這是擺脫壞消息的基本原則。

失憶的概念要如何放入我們已知的記憶知識框架裡呢？我們已經學會在高喚醒水平就有更好的記憶形成，所以難道不是人的喚醒水平越高，理論上就該有更好的記憶嗎？記憶就像很多生理系統一樣，在中等喚醒水平時才表現得最好，無論是低喚醒水平，或高喚醒水平，記憶功能都是受損的。以最寬鬆的經驗標準來看，皮質醇若處於低水平，喚醒水平也變得較低，記憶形成也就較差；但若皮質醇處於高水平的狀態，也會導致喚醒水平太高，以致阻礙記憶的形成。因此，在皮質醇水平低處或高處，學習效率都較低，只有喚醒水平處於中等時，才有學習的可能。對於這個概念我們直覺上是知道的，當注意力處於心不在焉，或是在另一端，變得過度喚醒和焦慮，我們是沒法學東西的。

在上一章，諾拉失去了對世界的記憶，時間長達數年，因為她的喚醒水平太低，幾乎什麼都沒記錄在腦子裡。另一方面我們看到莎莉的故事，喚醒水平太高也會導致失憶。莎莉的自主神經系統一直處於超速狀態，她的皮質醇水平太高太高。所以把自己鎖在身體裡，我想她的感受可能是——害怕到癱瘓。在過去數十年已確定憂鬱症與高水平的皮質醇有關，這情形在嚴重的憂鬱症患者身上更為明顯。要了解莎莉和諾拉的經歷，我們需要了解皮質醇壓力系統，特別是壓力荷爾蒙皮質醇對神經元活動的影響，也就是我以及和我一起做研究的同事稱之為「大腦壓力」的作用。

下視丘－腦垂腺－腎上腺軸

討論壓力生理學的文獻可以追溯到醫學剛成為一門專科的時候，也就是公元前四世紀，希波克拉底的時代。壓力系統的第一個理論來自這位偉大的古希臘哲人和醫學先驅，他的利他思想流傳至今，仍然是現代醫學的基本原則。這些原則出於他的信念，他認為人體中有個系統一直在運作，維持我們的身體健康，如果讓這個系統活化就能對抗疾病，這就是我們現今所知的壓力系統。希波克拉底的一個重要理念是「健康需要維護」，如果翻譯成現代醫學話語就是健康需要「減輕過度壓力」——這是我們在上個世紀才開始認識的概念。

我們似乎已經失去了希波克拉底的基礎理念，希波克拉底認為要讓身體維持健康運作，一定程度的壓力是必須的，這樣的壓力是好的。但現在一提到「壓力」這個詞幾乎就是等同於「過度壓力」，必然會引發疾病。壓力不僅有益，而且是維持生命所必需，只有在慢性或長期過度暴露在壓力下才對身體有損傷。我在一九九〇年代主持一系列針對「慢性疲勞症候群」（chronic fatigue syndrome）的研究，主要針對某些難以判定病因的身體狀況，特別是那些歸類於「身體和大腦」疲勞，也就是「中樞」疲勞的不明病徵。我們發現這些患者的皮質醇水平低於平均；與憂鬱症的情形正相反，憂鬱症患者的皮質醇水平高於平均。我認為皮質醇更像是一種刺激活性的荷爾蒙，而不是一種壓力荷爾蒙，它讓我們保持活動力與警覺。

兩千多年後，希波克拉底出自直覺推論出的系統，被加拿大內分泌學家漢斯·賽利（Hans Seyle）首次用生理學確定。賽利在一九三〇年代首次描述人體的壓力系統，並將皮質醇界定為人體的主要壓力分子。壓力系統最終由大腦控制，稱為「下視丘－腦垂腺－腎上腺軸」（hypothalamic-pituitary-adrenal axis，簡稱ＨＰＡ軸），參與這個系統運作的包括大腦中樞和控制皮質醇釋放的身體器官。下視丘是自主神經系統的總部，它產生各種情緒狀態，製造「促腎上腺皮質激素釋放激素」（corticotropin-releasing hormone，簡稱CRH）。CRH是一種荷爾蒙，從大腦進入血液系統，運作到最後會引發腎上腺釋放皮質醇[4]。正如我們在前面章節探討的，記憶神經通路能活化自主神經系統，引發情緒感受，而下視丘的輸入網絡是由記憶神經元的樹突分支所構成，透過這種方法，建立在大腦網絡的記憶就可以利用CRH的分泌，活化HPA軸，進而引起皮質醇壓力反應。

大腦控制讓腎上腺釋放皮質醇，一旦皮質醇分泌到血液系統就會被帶到身體各個器官，包括大腦。對於皮質醇如何影響大腦和記憶，其中最重要發現是在一九六八年在海馬迴中發現了皮質醇的受體。已故的美國神經科學家布魯斯．麥克尤恩（Bruce McEwen）先是與其團隊做出具有里程碑意義的研究論文，展示大鼠海馬迴中的皮質醇受體；而後在曼哈頓洛克菲勒大學繼續帶領一組壓力研究小組做研究，在早期令人振奮的年代，那裡是壓力研究的豐富產地[5]。但這一切要等過了很多年之後，研究大腦壓力的科學界才了解這些遺產有多重要。對於這一部分的故事，我們就要回到荷蘭萊頓大學、羅恩．德克洛特（Ron de Kloet）的實驗室了。在十七和十八世紀宗教迫害期間，萊頓大學曾是感覺主義者的知識天堂；而羅恩是荷蘭皇家藝術與科學學院的院士。他的作品向眾人示範了什麼是優秀的科學研究，研究主題要如何盡可能地精簡成單一問題，又該如何緊守中心議題不偏離，再如何透過階段性的實驗尋找答案，直到這個答案看出連貫且不可否認的簡單性。其中最困難的任務是緊守中心議題，而不是離題去追逐好多自己跑出來的有趣分支。

羅恩研究大鼠海馬迴中皮質醇如何在單個神經元中運作。狀況是，神經元必須激發到最低標準才能將電流傳到隔壁的神經元，所以需要讓神經元喚醒到某個關鍵時期，才能達到所需的電化學能量，以形成新突觸所需的蛋白質，製造出建構記憶的細胞集群。羅恩證明皮質醇激發神經元所需要的時間正好是樹突生長需要的時間。這解釋了為什麼皮質醇水平若低於某個關鍵值，記憶就無法進行編碼。神經元就像大腦一樣正在睡覺，或說它在打瞌睡好了……請記住，大腦發生的任何事情最終都是建立在細胞層次上。記憶形成需要皮質醇達到最低關鍵值，這樣的皮質醇我們稱為「良性」壓力。

4 作者註：CRH從大腦底部靠前方的下視丘分泌到微血管，被帶到大腦外部骨頭凹陷處的腦下垂體。CRH刺激腦下垂體釋放「促腎上腺皮質素」（Adrenocorticotropic Hormone，簡稱ACTH），ACTH又進入血液循環，被帶到腎臟上方的腎上腺，促使腎上腺分泌皮質醇。皮質醇又被釋放到血液中，被帶到身體裡不同器官。讓各個器官中單一細胞DNA產生變化，並改變這些細胞蛋白質產生。

5 作者註：布魯斯・麥克尤恩於二〇二〇年一月去世。他是我十分仰慕的前輩，在十年的仰慕後，於二〇一九年，他在一篇與人合寫的生物精神病理學的論文中曾提到我的研究，引用我以核磁共振探討憂鬱症者海馬迴大小的論文，這是我最大的榮耀。他一生奉獻給學術，直到八十二歲死時都在做研究。

倘若相反地，皮質醇水平一直很高，那麼海馬神經元就會像緊張症患者一樣，持續處於過度喚醒的狀態。你或許認為這會形成超級記憶，但事實並非如此，因為神經元必須回到較低水平的電活動，才能重新充電，形成另一個記憶。過度喚醒的神經元卡在過度激發的狀態，無法接受新的刺激，這就是為什麼持續高水平的皮質醇會變成抑制記憶形成的「不良」壓力。自主神經系統的喚醒狀態也是如此，也需要激發神經元：若去甲腎上腺素處於低水平，就無法充分激發神經元；去甲腎上腺素水平若太高，神經元就沒有辦法回到可以重新充電的基本底線，自然無法法充電。

我現在要說的是我另一位患者的故事，他是我在治療莎莉後又過了幾年才碰到的病患。當時正值羅恩發表動物皮質醇研究成果，他發現高水平的皮質醇對海馬迴的激發放電有抑制作用。事情發生在我家人從劍橋回來後，那時我在都柏林的一家醫院擔任精神科醫生，我被請去看一名叫做丹尼爾的年輕人，我非常興奮地發現我可以把羅恩在實驗室的發現轉化為現實生活中的精神病學。

丹尼爾

丹尼爾被內分泌科收治，他的家庭醫生在常規的血液檢查中發現，丹尼爾的血糖一直往上攀升，出現了高血壓。他代謝不穩定，狀況迅速惡化，這種情形在年輕人中非常罕見，因此送進醫院接受檢查。內分泌專家懷疑他可能患有腫瘤，刺激了皮質醇分泌。因為皮質醇作為胰島素的生理拮抗劑，也控制葡萄糖釋入血液循環中。實驗室結果看到他的皮質醇水平非常高，很可能真的有腫瘤。他的家人說明他的發病歷程，說他在最多不過幾週的短短時間內，行為就變得越來越怪，與人越來越疏遠。他的精神狀態迅速惡化，所以來諮詢我的意見。

丹尼爾坐在床邊來回搖晃，兩隻手緊扣，好像握著什麼虛幻的東西。幾分鐘後，我發現幻影是一朵玫瑰。他不斷重複說著：「……聞玫瑰、玫瑰、玫瑰。……聞玫瑰、玫瑰、玫瑰。……」我對他說話，他則一次次地重複我所說句子的最後一個單詞。當我進入他的視線，他的眼睛閃了一次兩次，但他似乎對圍在他床邊的精神科醫生和內分泌專家小組一律漠不關心。他的目光停在我們身後，我讓他站起來，他不斷重複我的要求，很慢很慢地站起來，最後半站半蹲呈現一種尷尬姿勢停下來，完全靜止，眼光盯著不動，就這樣停了好分鐘。

丹尼爾呈現典型的緊張症狀態。除了動作奇怪、姿勢詭異，還會停住不動外，緊張症患者也會重複單詞，或重複對方所說句子的最後一個詞。通常情況下，處於這種極端狀態的人對他人不會有反應，即使和他人視線接觸，也是呆滯的，注意力不集中。與醫生們的預期相反，丹尼爾沒有罹患促進皮質醇分泌的腫瘤，但他的皮質醇水平極高，因為他得的是緊張性憂鬱症。我們用苯二氮卓類藥物和安定情緒的藥物治療他，他在幾天內就好轉，幾週內就回到正常。隨著精神狀態恢復正常，他的皮質醇水平也降低。代謝系統穩定下來，血壓就恢復正常，血糖調節也就恢復健康。丹尼爾對這段時間的記憶是一片空白，從入院到進行治療後幾天什麼都不記得。他的病況證實了我的懷疑；我想著以前看過的其他緊張症病例。緊張症患者雖然沉默或不動，卻處在自主神經高度興奮和皮質醇過度驅動的狀態。

不良壓力與大腦

人們暴露在永不消除的壓力因素下：貧窮、社會經濟剝削、暴力、種族主義。壓力因素不止歇，即使管理壓力的書一直出版，但壓力依舊在……一直如此，會繼續如此。對某些人來說，生活可能艱苦難熬，尤其是那些出生在社經條件惡劣或童年遭受虐待的人。關於早年逆境對身體（包括大腦）有負面影響的研究一直增加，其中不乏研究壓力的文獻。現有證據顯示，逆境對身體的影響可能從胎兒時期就開始，我自己的研究也是這樣的結論。洛克菲勒研究中心在一九八〇年代發表的相關學術報告就發現，被母鼠照顧的幼鼠與不被母鼠照顧的幼鼠相比，被母鼠舔過、梳理過毛的幼鼠在成年遇到極端壓力時反應更平靜，皮質醇壓力輸出較低。研究顯示，早期的事件也很重要，就算非常久遠的事件也會影響之後的壓力反應，更會波及健康。研究表明，如果幼鼠持續暴露在高水平的皮質醇下，海馬迴中的細胞會失去樹突的複雜性，突觸連接也會消失。麥克尤恩將這一過程寫得真漂亮，這是「一種可以被經驗感受改變的動態大腦結構」。人類向來忽視人在童年有「生物銘印」（biological imprinting）這回事，但無論是在異常壓力反應、還是對海馬迴的樹突豐富度，此說法已得到完好的證實。

無論造成慢性大腦壓力的原因是什麼——不管是童年時期的負面遭遇、社會殘酷、經濟不好、遺傳驅動的激烈壓力反應或是嚴重的精神疾病——都會讓海馬迴暴露在慢性皮質醇的毒性中，記憶系統就會受到損害。就像我之前提過的，在憂鬱症患者的神經影像學研究中可以看到海馬迴受到損害。國際研究合作組織ENIGMA[6]匯集全球十五個研究中心的資料，研究了一千七百二十八名憂鬱症患者和七千一百九十九名健康人的神經影像資料，提供迄今最無可爭議的證據，確定憂鬱症患者的海馬迴會受損或明顯縮小。和其他研究單位一樣，我們的研究團隊也發現憂鬱症患者的左側海馬迴特別小，且受傷位置剛好就在形成記憶的皮質。現在已知，如果憂鬱症不治療，就會是一種傷害海馬迴記憶生產線的疾病。

這一切聽起來很讓人沮喪——童年創傷似乎預示著成年時期將有腦部疾病。但所

6 譯註：ENIGMA的全名為Enhancing Neuro- Imaging Genetics through Meta-Analysis，二〇〇九年創立，是全球最大的腦部影像合作計畫，目前匯集全球三十九國各研究中心的大腦掃瞄圖像與基因數據，希望以共享原則、以較大樣本量做出遺傳變異如何改變大腦的可靠結論。

有東西都在，海馬迴雖然脆弱且相對容易壞，但它是可塑的，也就是可以修復的。有越來越多的證據顯示，抗憂鬱藥和談話療法有助於恢復海馬迴的樹突連接長回密集狀態。抗憂鬱藥物可以讓海馬迴、前額葉皮質和杏仁核中的神經元連結能夠「可逆重塑」（reversible remodelling）。樹突萎縮是可逆的！這個發現多讓人高興，讓我們對藥理學和心理學治療大腦的潛在效果充滿希望。

人們常說，他的記性很差、什麼都記不住，跟別人一起做過什麼，有什麼共同經歷，別人記得，他卻忘了。這種個人差異是有的，因為某件對你可能沒有意義的事，對他人卻可能激起情緒共鳴。如果我們不去注意，我們就不會產生記錄事情需要的喚醒。神經學中最常被研究的領域之一就是我們為什麼會關注某些線索而對其他線索不感興趣，神經學家將這種選擇性注意稱為「記憶顯著性」（memory salience）。喚醒與注意力成為某種記憶運作機制，我們可以透過這種機制記住對個人很重要或明顯的訊息，丟棄瑣碎的感官輸入。以神經性的角度來說，我們對能「激發」我們好奇心的事物感到興趣。根據我同事湯瑪斯．弗羅德（Thomas Frodl）所做的研究，我們發現憂鬱症患者在注意力和情緒刺激上有異常接合。

我的朋友大多超過五十五歲了，他們經常問我，「為什麼我會忘記事情？」如果我們能從諾拉、莎莉和丹尼爾那裡學到一些東西，答案是他們可能沒有忘記事情：他們應該是一開始就沒有把記憶登錄進去，因為我們的記憶系統在過高或過低的喚醒水平都不會運作。「為什麼我會忘記事情？」如果這個問題對你來說很熟悉，首先，你大可放心，因為記得自己會忘記就是一種記憶。接下來你需要想清楚，自己有沒有把事情登錄進記憶系統。如果你注意到引人關注的活動，就可以增加一直低下的皮質醇水平，改善登錄資訊。與其他研究小組一樣，我們發現練習會刺激喚醒，改善記憶功能，甚至可能使海馬迴生長。或者，你的海馬迴神經元因為有毒的壓力而被鎖在超速狀態。若是這種情況，放個陽光假期舒緩一下，可能是唯一的治療方法。HPA軸與所有生理系統一樣，有時受環境影響，有時受個人影響，需要在一定範圍條件下，才能有效地讓身體回復平衡。

總結第一部

看到現在，我已經用各種跳脫正軌的方法開出一條路，從感覺主義啟動神經學開始，最後說到神經學與物理學在時間與記憶兩個概念上的匯流。接下來的主題是經驗感受，從哲學家的思辨公案開始，談到他們如何把對知識的認知從神聖詮釋轉移到感知世界的知識銘印。接著談到感覺經驗的神經衝動，感覺體驗來自外感受的世界到內感受的身體，這些神經衝動編織入海馬迴與杏仁核記憶，然後在皮質記憶區鞏固或消失。我們探索了神經輸入如何構成一組一起激發放電的細胞集群，然後這些一組一組成為單元的細胞連接是如何發展我們對世界的理解。然後，我們走到最古老最直觀的結構，也就是故事的時間、地點、人物，藉著這些事件回憶的結構走到海馬迴的深處，觀察這個有機記憶體是如何記錄時間與地點。地點是最堅實的要素，圍繞地點的人生事件就像電影膠卷一樣被記錄下來。記錄事件符合物理原則，事件內含時間維度的三維空間被我們記錄在海馬迴和皮質細胞的四維結構。然後我們討論到喚醒和覺醒對記憶的影響，因為組成樹突需要電化學能量，所以神經元層次需要喚醒；因為記憶顯著性（或說人們會注意的事物）因人而異，也因此產生人各有異的喚醒，這些狀態在在都受到自主神經主導的情緒系統和HPA壓力系統的影響。

神經元不斷滋滋放電，記憶也不斷產出，這就是大腦的日常。感官信號一頭輸入，點燃神經元，它們就像聖誕樹上的夢幻小燈串，這裡那裡閃爍不定，形成自己獨有的「網路」，在皮質中呈現個人的世界。有一點很重要，這裡沒有任何中介涉入感覺河流的去向，因為只有被神經元集群放在記憶網路的信號才會被提取。任一大腦的神經元都有特定的記憶地圖，特定的記憶圖譜會持續下去，並且以越來越固著深化的方式解釋世界。這是否意味著人類的感受只是記憶的產物？是的，我們只能依靠這套網絡，以某種意義來說，這只是一個由基本固定連線和之前經驗構成的網絡，但它卻是一個無限複雜的網路，有六百八十億個神經元，一直處在動態的、永不停止的變化中。從世界經感官輸入的新感受會依循「最佳配對」歸位，但也會形成新的連接，改變細胞集群通道。如此編排、再編排，記憶網格一直分支，也一直被打斷，記憶就這樣被編織、被增強、被解散。是的，人類是自己記憶的構建體，但是這些記憶系統只是製造了神經印象；是在任何我們有意識的時刻，建構在相對穩定的皮層記憶地圖上，是一種可以應對將來世界，永不重複的動態熵平衡。

在這種神經動量中，每個人都依據經歷感受編織出動態的神經通路，並以某種方式變出「他們」的敘事框架。現在讓我們看看這個敘事框架是如何從神經混亂中形成，記憶如何塑造我們。

Part 2

How Memory Makes Us

記憶如何塑造我們

9 自覺：自傳式記憶的開始

「我們的記憶就是我們的連貫性、我們的理性、我們的感覺，甚至是我們的行動。沒有它，我們什麼都不是。」

——西班牙導演路易斯・布紐爾[1]

依稀記得……

相較人類生命中的各段時期，人在嬰兒時期學到的多但回憶卻好少。那時學得的知識多是自動化及隱性的能力，比如語言或走路，但似乎沒有敘事記憶。你真正第一個記憶是什麼？那時的你幾歲：兩歲、三歲還是四歲？我的最初記憶是，坐在一個盒子上，臉朝下看著橘色的針織毛衣，衣服上有半透明的橙色鈕扣。回溯整理一下這個印象哪來的，那是我們第一次搬家，是我快三歲的時候——這是我的第一個記憶，我母親親手織的羊毛衫，它就像一個標誌，註記我一段又一段的童年。這種快照式的印象記憶是首次記憶的典型，回想起來通常有彷彿又到了那裡的簡單感覺。

在橙色鈕扣之前，我的世界是史前時代。無論某人怎麼說他記得，但嬰兒記不起事情是普遍現象。就像之前我們說過的，故事的坐標，包括每個人的人生，都是時間、地點和人物。「人」，直到自我認知自己作為一個人，才會被記住。我把我第一個**自我**認知的時刻註記為橙色鈕扣的記憶。在我看來，某人第一個有意識的記憶，就是此人開始有自我認知或自我意識的時刻。開始記憶之前，必須先看到自己。

在這一部中，我們將審視大腦如何發展自我意識，以及自我意識如何讓某人記住他的人生，然後組成各種故事。讓我們從人格開始，看看人類和一些動物是如何發展自我意識的。

不斷發展的自我意識

我待在家寫作，若看到花園出現知更鳥，總讓我心情變好，知更鳥叫著叫著，啾啾聲讓我知道牠的存在。牠有注意他物的意識，心裡透亮而且很警覺；牠也有記憶，因為牠會回到我的後花園，我真是幸運啊，牠有領地記憶，就像律法賦予權利般挺身捍衛自己的領地。但牠不太可能有任何形式的自我認知。根據推想，我們直覺認為牠沒有較高形式的意識，例如有意識地體驗情緒，或了解自己唱歌其實是一種抵禦潛在入侵者的行動，或看到其他鳥類如何就覺得自己也如此意識。幾乎可以肯定知更鳥對

1 作者註：出自路易斯．布紐爾，《布紐爾自傳》。（Louis Buñuel, *My Last Sigh* (University of Minnesota Press, 2003)。

自己沒有意識，也因此沒有以意識為基礎的自傳式記憶，但牠對其他知更鳥有基本意識，因為牠會阻止其他鳥進入領地。為了生存，知更鳥需要注意的是其他鳥類，而不是牠自己。

了解自我意識這種人類特性的發展，最有效的方法是透過觀察古老物種此一特徵的進化歷程，這一過程稱為「譜系學」（phylogenetics）。經驗法則是，從胚胎生命開始的人類發展之路就是一條演化之路[2]。以譜系角度看，知更鳥的製作記憶仍處於前意識的嬰兒程度。而人類，就像你從譜系學或從知更鳥行為那裡得知的，人類對他人的意識先於對自我的意識。嬰兒大約在六、七個月大時，會開始了解他們的父母是**另一個**人，一個會跟他們分開的人，他們也由此開始體驗首次的分離焦慮。因為嬰兒有了分離的感覺，與父母的分離焦慮才會在這個年齡開始表現出來。但是安撫嬰兒要從胚胎期就開始哄；從他們還是「蛋殼裡的黃與白」[3]開始，從他們與母親還有單一聯繫的時候一直哄到孩子可以單獨一個人。如果讓寶寶獨處太久，或者沒有讓他們得到安慰以減輕焦慮，或者孩子的性格太敏感很難建立信任關係，所謂「不安全依附」（insecure attachment）的人格就會從這時候開始養成，導致孩子終生對他人的情感都採取「不安全依附模式」。

嬰兒大約十八個月大後才對自我有意識。自我意識的初階形式是以視覺認出自我，這可通過一個簡單的測試來證明，稱為「鏡像識別測試」（mirror recognition test），這是現在測試初階自我認知必定採取的方法。這個試驗要求在受試者的鼻子上抹一點紅色，然後將這個測試者（不管是動物或嬰兒）放在鏡子前。鼻子上的紅點只能從鏡中影像看到，如果這個動物或嬰兒伸手去擦掉自己鼻子上的紅點，就表示他們認出鏡中影像是自己投射出來的「**再現**」（representation），而不是自己。當受試者通過測試，才被認為具有自我認知的意識。人類嬰兒有一種感覺，覺得自己處在私自的內觀世界而不是在鏡子中。而另一種狀況，如果受試者把手伸向鏡中的影像去擦掉紅點，他們就會被認為沒有自我認知。也就是說，他們認為鏡像不是反射，而是他們自己。人類嬰兒隨著年齡漸長會依照下列階段逐步學到自我認知：第一階段，他們了解鏡中看到的嬰兒不是另一個嬰兒；第二階段，覺得鏡像在模仿自己所有的動作；第三階段，鏡子的背後沒有其他人；最後，他們發現自己看著自己的反射影像。

如果你養過狗，你就會知道牠們不會超越第一階段。牠們不知道自己映在玻璃門上的影像不是自己。或者會像我們家的狗奈莉，愛交際的牠會用爪子抓我家後門玻

---

2 作者註：我們的一切正體現了我們如何從祖先演化到今日人類的歷程，胎兒發育的過程，即以令人大開眼界的方式揭露了這方面的證據。人類胚胎的發育反映人類祖先的系統發育進化，雖然這說法過於粗糙，但有幾個關鍵點：胚胎發育中某結構在理論上可以發展成幾個不同的物種。例如，某個胚胎結構可以進化成魚的鰓、大型爬蟲動物的下顎或人類的耳朵、鼻子和喉嚨。這一科學領域被稱為「演化發育生物學」（evolutionary developmental biology，簡稱 evo-devo），探索生命從胚胎到成年的遺傳進化過程。

3 作者註：引自葉慈詩作〈學童之間〉。

璃，然後鑽出去找那隻似乎在花園的狗狗玩。奈莉無法在牠的反射中認出自己，反而熱情地跳出去找那隻狗玩。牠驚訝地東張西望，發現沒有另一隻狗，耳朵和尾巴翹得高高地等了一下，才搞不清楚狀況地走開做別的事。儘管奈莉針對他人有高度意識，而且對我們的感受甚至意圖都很敏感，但牠沒有這種形式的自我認知。牠也學不會：因為牠根本沒有這套神經機制。

少數動物確實通過鏡像意識測試，例如猩猩、倭黑猩猩、黑猩猩以及鯨魚、海豚等大型海洋哺乳動物。這些哺乳動物被認為具有較高的自我意識，因為牠們更像人類，我們也對牠們更尊重。最近還發現若把喜鵲放在鏡子前，牠們也會啄掉點在脖子上的紅斑。只要想到喜鵲有多聰明，總是會等你轉移視線後才開始惡作劇，所以當你看到牠們又用喙啄又用爪抓，一心要除去紅斑時，你也就不會太驚訝了。自我認知是自傳式記憶和更高意識的基礎，對喜鵲的新發現告訴我們：自我認知並不是人類獨有的，甚至不是和我們有直接演化關係的人類祖先所獨有的。

與他人分離

卡繆（Albert Camus）在《薛西弗斯神話》（*The Myth of Sisyphus*）中寫了這麼一段：

如果我是樹林中的一棵樹，動物裡的一隻貓，我這一生應該就會有意義了，或者這個問題根本不會出現，因為我就屬於這世界的一部分。我應該就是那個我以全部意識對抗的世界……這構成衝突的基礎，或者這就是造成我的世界與我的心智斷絕的原因，這原因除了是我的意識之外還能是什麼！

就像上個世紀很多存在主義哲學家，卡繆也在努力攫取自我意識的概念。我們既不是**樹林裡的樹**，也不是**動物中的貓**，我們不需要思考就知道**世界和〔我們的〕心智間是絕斷的**。世界就在外面，而你，身為人，待在內感受的私人世界、躲在外感受世界的門後，向外看。你認為自己不僅與世界分隔，並且與他人分開。這聽起來很明顯，你不僅感覺如此，思考過後也是如此，認定你這個個體就只有你自己、沒有其他人，那麼其他人必然是和你分開的，但這點也有值得考究的地方。只有當這種認知不存在時，就像有時出現精神障礙時，人們才能了解自我意識以及隨後出現的分離意識本來就是一種認知過程。我們多數人從經驗自動知道這一點，當你思考、做事、感覺時，你知道是你自己在思考、做事，感覺。你的想法或感覺可能受了很多事的影響，但你知道這些有的沒的都來自自己的腦袋和身體。

但是有一種精神疾病叫做「思覺失調症」（schizophrenia，前稱精神分裂症）」，患者覺得他們的感覺、情緒甚至所作所為都不是出自自己。因為不是出於自身，那就一定出自某個人或某個東西。自我意識是人類經驗的基礎，你可能認為它是必然會有或自動產生的，把「自我的」這個形容詞放在經驗之前似乎顯得多餘，因為所有經驗感受都是出自自我，但思覺失調者自我意識的缺乏給這個現象提供了鮮明的例子。

漢娜是我多年前診斷出有思覺失調的患者，她覺得她的內在感受似乎屬於其他人。我一直記得她的故事，原因顯而易見。

漢娜

漢娜是一名年輕女性，她在入院前幾年就開始舉止怪異，從此遠離朋友、家人，轉向邊緣生活，再走到離群索居。

我剛接手治療她時，她堅決相信，她能感受到某個小孩的痛苦，這個小孩被關在地下室。她的內在感受怪異又難受，有時候身上會痛，有時候有被人掐著脖子的感覺，有時候情緒非常痛苦哀傷。然後，她終於理解到，這些都是屬於一個被關起來的小女孩。她相信她跟這個小女孩有心電感應，所以能感受到這個孩子身體和情感上的痛苦，她多次向警察報案，說明這個女孩的狀況。警察也對這些指控進行了不止一次的調查，但都沒有發現任何證據證實她的說法。直到有一天，她在馬路上看到對街的一位鄰居，立刻覺得他就是那個折磨孩子的戀童癖。

像這樣的突然頓悟，如同第一章提到的伊迪絲，她一看到小墓碑就覺得她的孩子被埋在那裡，這就是精神病的徵狀，稱為「妄想性知覺」（delusional perception），意思是只要患者一看到某人或某物（這個人或物以本來樣貌出現，並沒有偽裝），可能是墓碑，可能是鄰居，只要一看到，他的認知就轉換了，變成妄想……墓碑標誌著嬰兒埋在這裡，鄰居是邪惡的戀童癖。我們回到漢娜的故事：

漢娜把她找到「戀童癖」的事告訴鄰居和警察，她已經到了無法壓抑痛苦的時刻，她的家人和生活圈都沒有辦法和她相處，她被強制送到我們醫院接受治療。入院時，漢娜堅稱她所經歷的一切——聲音、情緒困擾、內心感受——都是孩子的經歷感受，她對沒有人相信她感到憤怒和沮喪。她拒絕服藥，因為這會剝奪她的心電感應，那個孩子就會完全斷絕與外在的聯繫。其實幾年之前，漢娜也因為同樣的妄想被送進醫院治療。就我們的角度來看，以前治療時使用的抗精神病藥是有用的，她的異常感受因此消失。但是當她出院回家後，她就停止服藥了，她認為藥物讓她與孩子溝通的心理能力消失。只有身體裡沒有藥物時，孩子才會如她所想又開始與她溝通。漢娜相信她有「第六感」，但抗精神病藥物會抑制它。

這一次入院才不過幾個小時，我們就為了吃藥問題和她周旋到天長地久，但一點進展都沒有。孩子需要她，戀童癖一定要被找到，吃了藥孩子就會處於危險中。我們決定強迫漢娜服藥且讓她長期住院，這才符合漢娜的最佳利益，她才有更好的機會康復，才能重新融入一個沒有妄想的世界。我們還在病房辦公室討論她的照護計畫，決定先用針劑把抗精神病藥物打進她的身體。這時，一個年輕男護士臉色蒼白地衝進來告訴我們，漢娜上吊了，他們正把漢娜從病床拉簾桿上解下來。漢娜騙工作人員她在浴室，當護士在浴室門外等她時，她已經回病房上吊了，人被解下來時已經死了。我們在她的床上發現一張紙條，上面草草寫著：「現在你該相信我了吧，救救她吧。」

幾個月過去，我不斷在腦海裡重建漢娜的主觀感受。她死了，她只是依據她了解的，試圖拯救孩子。她要如何忘記那些年來那孩子傳來的強大感受——只要醒來，每個時刻都是這個孩子，那是她所有的注意焦點和記憶素材。治療和治癒的可能性等同要她放棄與這女孩的單一通訊，如果她拋棄了這個被囚禁的孩子，她的生命還有價值嗎？她能這樣活下去嗎？她可能認為除了自殺外沒有辦法讓世界相信她。在漢娜第二次被強制入院時，似乎她自己也有一絲疑惑，懷疑自己是不是得了長期嚴重的精神病。如果真是如此，狀況就像我之前病人告訴我的，漢娜會覺得若她精神病康復，之前的她不過是個瘋子。這兩種狀態都可能無法忍受。漢娜再次證明，抗精神病藥物確實能有效控制異常的外感受和內感受，但它並不能抹去這個人自精神病漫長歷程中奠定的世界觀；這些是當時的我沒有意識到的重要性。抗精神病藥可以控制精神病，但不能控制記憶。漢娜告訴我們，個人感受如何成為人了解當前世界的唯一過濾器。

漢娜把她的內感受都認為是另一個人的，一個幻影般的女孩，好像這些感受都屬於這個女孩而不是漢娜本人。在精神病學中，我們將這種感受稱為「他做情緒」(made emotions)或「外來情緒」(alien emotions)。正如我們在上一部談到的，情緒解讀要靠隱藏在腦島的皮質，即身體在腦島有模糊定位的感覺區。對此，多倫多的一組科學家有了新發現，他們對於清醒開顱的癲癇患者做了痛覺測試，發現人類感受痛苦的異常狀態。一般而言，測試大腦情緒／感覺迴路多會用疼痛檢查作為手段，因為以實驗而言，識別及測量痛覺都相對簡單。多倫多研究團隊對要接受神經外科手術的患者進行了單細胞記錄，這些患者有一條大神經通路要被切除一部分，這條神經通路在連通全區的大腦前額葉，稱為「扣帶迴」(cingulate gyrus)：這是一條「一網打盡」的巨大迴路，它連接海馬迴、杏仁核、腦島和皮質，一直通到前額葉皮質，把這一切串連成一個整體。

多倫多團隊對患者的皮膚施加輕微的疼痛刺激，一如預期，發現疼痛激發了患者腦島中的神經元。但令他們驚訝的是，當患者看到針刺在檢查者的手指上時，他們的「疼痛神經元」也會被點燃。神經影像學已經確定，大腦中有一條從腦島開始的疼痛通路[4]，自己經歷的疼痛會投射在腦島，然後這條迴路會走到扣帶迴系統，也就是感受他人痛苦的定位區，然後再轉移到前額葉皮質。疼痛神經元表現自己的疼痛，**也**表現他人的疼痛。因為識別自己情緒的神經系統與識別他人情緒的神經系統是一樣的，稱為「情緒鏡像系統」（emotional mirror system）。我們確實對他人**有感覺**，而且這感覺來自我們對自己的感覺。你想的沒錯，「腦島－扣帶迴鏡像情緒迴路」在有同理心的人身上更活躍；在那些對他人感覺冷淡、反社會、或精神病患的身上就不活躍。我們經常因為精神病患的行為怪罪他們，但是教他們學習他們天生就沒有線路接收的東西難道會更有效？腦島在理解他人感受方面扮演的關鍵角色，此符合腦島的進化發展，隨著情緒意識與感覺他人能力的演化，腦島也從知更鳥、到狗、到人類，尺寸越變越大，複雜性不斷增加。即使在哺乳動物中，腦島解剖結構和組織狀態也存有很大差異。

參與「情緒鏡像系統」的網絡有時稱為「社交大腦」，我並不特別喜歡將大腦功能劃分為「社交大腦」、「情感大腦」、「思維大腦」等等，因為情緒、記憶和認知背後的迴路是相互關聯的，不可能只由某些大腦迴路單獨運作，而是由密集網絡輸出聯合的經驗感受。然而「某某大腦」是一種習慣稱呼，只是用來幫助人們了解，整個大腦神經網絡中的某些關鍵迴路可以用來解釋某個特定腦功能出了什麼問題，以這個病例言，就是情緒的「錯誤歸因」（misattribution，就是誤認）。其中最有力的證據是一種稱為「額顳葉失智症」（frontotemporal dementia）的腦部疾病，這種失智症受到調節自我和社會意識的「腦島－前額葉迴路」影響，自我意識和社交能力急劇下降，但不只如此，病人的「腦島－扣帶迴神經通路」也產生相應的萎縮。

與思覺失調症相比，人們更普遍、也更同情地注意到「自閉症類群障礙」有一種更難以理解的感覺狀態。自閉症的症狀非常廣泛，包括我在內的許多臨床醫生都認為它的定義已經太寬了，寬到那些只有自閉症人格但沒有自閉症障礙的人都算在內。但無論如何，真正自閉症者最關鍵的特徵是他們缺乏「社會情緒意識」（socio-emotional awareness）[5]，難以識別自己的感受，也無法讀出他人的感受和意圖。有科學研究發現自閉症者的大腦扣帶區活動很少，不出所料，人們立刻賦予這條神經迴路在詮釋自己和他人情緒方面具有重要性。但必須強調的是，在自閉症中看到的情緒意識障礙也出現在思覺失調的病人上，而兩者在根本上就完全不同。自閉症患者對社會情緒意識有整體障礙，而思覺失調的患者則是完全混淆自己與他人的內感受。

4 作者註：關於大腦最令人驚奇的事情之一是這條大神經元的存在，它僅存於前腦島、扣帶迴和位於大腦額邊緣的前額葉皮質中。早在一九二九年，在還不知道這條神經元有什麼重要功能之前，神經精神病學家康斯坦丁・馮・艾克諾默（Constantin Von Economo）就首先描述了這個迴路中的神經元。這條神經元的設計特定而原始——又大、又長且連接簡單——現在通常稱為「紡錘體神經元」（spindle neuron），又稱「馮・艾克諾默神經元」（von Economo neurons，簡稱 VENs）。情緒信號來自身體定位連到腦島，這條神經元可讓情緒信號像情緒投影儀一樣以現實時間投射到有整合功能的大腦前額葉。紡錘體神經元使前額葉對情緒狀態時時警覺。在人類經驗中，VENs 有一個重要暗示，它只存在於少數的年輕物種中，就如人類、猿、大象、鯨魚和海豚，這些物種都具有高級形式的自我意識。有 VENs 的動物可通過鏡像識別測試，狀況就與反應進化的嬰兒發展模式一致，VENs 僅在妊娠後期胎兒成長階段生長，這段時間也是胎兒發展自我意識的時期。

5 譯註：社會情緒意識（socio emotions awareness）是指能覺察其他人的情緒、思想、感情的認知，並能基於此認知而採取相應的行為，產生社會互動。

精神病患者感受到的是「他做情緒」的糾纏，這種狀況不該與面對他人完全不變通的情況混為一談。就如漢娜，她把自己思覺失調的感覺錯認為別人的，這說明思覺失調患者的情緒鏡像迴路可能存在問題。大約在二十年前，倫敦大學的神經精神病學家雷蒙．多蘭（Raymond Dolan）就假設思覺失調患者的這條迴路可能有缺陷或疾病。從多蘭提出假設到現在，科學研究不斷驗證他的想法，到現在更出現了具體證據，證實思覺失調患者的腦島到前額葉皮質通路的神經元功能可能有缺陷。研究發現在某些思覺失調患者身上，有特定的基因家族與這條通路的缺損有關。但就如多數神經－精神障礙的機制一樣，此一假設仍屬推測，只是導致思覺失調患者之所以思覺失調的眾多機制之一。思覺失調患者在急性發作時的經驗感受普遍出問題，「他做感覺」（就像漢娜有的感覺）只是模式的其中一部分而已，對他們而言，不僅感覺，甚至思想和行動都可能是被其他人植入的，通通不是出自自己。

愛麗絲鏡中奇遇

《愛麗絲鏡中奇遇》是對「自我－他者」兩系統混淆的精采描述，這是路易斯．卡羅在吃了藥，改變意識後寫的？或是他莫名其妙進入精神病狀態後寫的？或是他針對十九世紀晚期初現狂熱的意識學說所做的精采內省？無論何種，一直以來這都是人們猜測的主題。很難想像卡羅在沒有親身經歷精神病的狀況下就能寫出如此真實的描述。愛麗絲在假想的棋盤上被移來移去，似乎受制於他人的支配，有時要走「兵」的走法，有時要走「騎士」的拐角走法，說話一直被皇后打斷不讓她完整表達自己。她擔心自己在紅國王的夢中可能只是一個虛構人物，等國王醒來，她就不存在了。她的存在是其他人的某種反射，就像漢娜之於被囚禁的孩子一樣。

你覺得愛麗絲會如何？如果騎士抓著她向前跑、向後走、往右拐、往左轉？如果皇后太過分，竊取了愛麗絲的思想換成她自己的，你覺得愛麗絲會不會掐死她？還是因為聽了國王的命令愛麗絲才掐死她？不難看出人在這種狀態下，是多容易變得偏執、對他人生氣。愛麗絲的行動被控制，以她的情形，是被擬人化的棋子控制，而被他人控制後做出的行為稱為「他做行為」（made action）。路易斯．卡羅選擇以照鏡子作為「他做思想」及「他做行為」的隱喻實在是太厲害了，鏡像神經迴路要等「自我－他者分別系統」確定後才會形成，而這本書早在這條神經通路才出現一點眉目前的一百年就寫成了，而人們要了解這發現的影響還要一段時間。到了一九九二年，一項開創性研究讓人們了解他人行為也可能會在自己大腦中展現出來，這是由義大利帕馬市的科學家，賈科莫．里佐拉蒂（Giacomo Rizzolatti）領導的小組所發現。

他們在猴子身上進行實驗，觀察猴子在運動手部肌肉抓握時大腦運動皮質的電極紀錄。運動皮質也在大腦表面，就在感覺皮質的前面，設計也與感覺皮質很相似，也有對應身體各區的運動小人。在運動皮質的特定細胞若放電，就表示配對的手部肌肉做了某運動，這種對應關係為科學家提供了一張猴子手部運動的運動皮質定位圖。在實驗過程中，他們觀察到一些出乎意料的事——當猴子抓住一個物體時，運動皮質中的運動神經元就如預測模式一樣放電了，但是運動皮質前面有一區「前運動皮質」（premotor cortex），那裡的特定神經元也放電了，也就是說，前運動皮質裡管「抓握」的神經元與運動皮質裡和它配對的神經元同時發射。這些神經元的功能是什麼？然後科學家發現，奇怪的是，如果猴子用看的，看到實驗者跟他一樣，用同樣的方式抓握東西，前運動皮質中的抓握神經元也同樣會被激發，但運動皮質中的神經元沒有放電。前運動皮質的神經元似乎**呈現**猴子實際上沒有做的運動，基本就是大腦在想像運動。帕馬小組將這些神經元稱為「鏡像神經元」（mirror neurons），因為它們像鏡子一樣映照出配對神經元的行動，當運動神經元參與了包括抓握動作、猴子想像的抓握動作及其他動作時，鏡像神經元就對照行動。

運動鏡像神經元「呈現」自己和他人的運動功能，也是系統的一部分，在這個系統中，人們可以將自己與他人運動分別開來。如果區分自我與他人的功能發生障礙，人就很難知道是自己在做這件事還是其他人正在對你做這件事。這對當事者來說很可怕，因為受到影響的人會覺得他們的行為不受自己控制，就像愛麗絲覺得她的動作受擬人化的棋子擺布一樣。

鏡像、記憶和預測

鏡像運動神經元與記憶相關的意義還有更深一層。鏡像是經過學習的，如果你對當下接收到刺激有熟悉感，就會翻查記憶。運動鏡像神經元放電的原因不僅是回應自己和他人的實際運動，還會回應預想或想像的運動和感覺。當我看到足球守門員在門柱間倏忽移動，我想他們的鏡像運動神經元一定在放電。他們訓練有素，僅是觀察動作就能預測來者的行動意圖，到底是從前鋒的腳、腿、還是眼的細小動作看出來的？怎麼能預測這球的來向是從左邊還是右邊？是高還是低？或這些只是假動作，騙他往錯誤的方向跑？再說十二碼罰球，射手和守門員較量的其實是彼此的鏡像運動系統，在急劇高壓下觀察，憑空預測動作出現的可能，揣測對方的鏡像預測系統此時此地會做什麼預測。這就是鏡像預測系統令人眼花繚亂之處。現在知道，運動鏡像系統可以讓運動員透過心理彩排，也就是想像動作，來增強運動表現，同樣的預測狀況也適用於情緒鏡像系統。

人成長到青少年，已經**學到**他們有的經驗感受別人也會有，這種知識不是天生的。這是情緒鏡像系統的資訊被帶到前額葉皮質，經整合後變成製作用記憶系統的一部分。多倫多研究團隊觀察到，對手術患者暴露的扣帶迴一次又一次的施予疼痛刺激，扣帶迴中的疼痛神經元會在針還沒刺到皮膚前就先亮起來，它們預測有痛覺所以先作用了，這就是為何我們只想到可能會痛，就會先畏縮，想到別人在痛，心裡也覺得不安。

「他做思想」

穿過鏡子後，愛麗絲也有一種感覺，覺得皇后一直把她的想法偷走，換成皇后自己的。這種情況在思覺失調症中經常發生，稱為「思想抽離」（thought withdrawal），就是竊取愛麗絲的想法；另外還有「思想插入」（thought insertion）就是以皇后的想法取代愛麗絲的想法，自己大腦產生的想法因為上述程序就被錯誤歸因為另一個人或另一個東西的想法。我曾經治療過一個叫做歐文的年輕人，他相信他的思想是由某個人或某個東西植入的，他會把想法歸咎於附近出現的人，但他永遠不確定是誰在害他。那些想法都是很不好的念頭，以性變態為主軸。如果有人看著他，他會有一種感覺，覺得他們能夠讀出這些想法。歐文過去總避免與任何人有目光接觸，因為只要避開視線，他可以保護自己不被別人知道自己有這些奇怪扭曲的念頭。用愛麗絲鏡中世界做比喻，歐文不但覺得國王和皇后可以在他腦子中植入思想，而且如果他和任何人對到眼，所有人、所有奇怪精靈都會知道這些想法。歐文的媽媽告訴我，歐文照鏡子時會變得又激動又困惑，對著鏡中的自己狂叫攻擊。我在他病情好轉時問過他這個問題，他告訴我，他看到的鏡像很可怕，他根本不覺得那個人是他自己。當他看著自己鏡中影像時，他同時出現了幻聽——聽到植入思想大聲嚷嚷一些不堪入耳的髒話。歐文剛得精神病的最初幾年，就活在這種痛苦不堪的「外來思想」（在精神病學中也如此稱呼）混亂中，他也拒絕別人的幫助。直到最後他在公車站襲擊一位陌生人，他才被拘留，然後送到醫院接受治療。他花了很多年才有辦法與他人目光接觸。

特定類型的幻聽是思覺失調症最常見的病徵，比如聽到很大的說話聲，一直在說你的事卻好像你人不在那裡，或者聽到聲音一直對你說話。有一個有趣的想法：精神病患聽到的聲音可能是他們把「內在話語」（inner speech）誤認為從外部來的了。幾年前我對內在話語的概念也有直覺上的困難，因為它不是我體驗世界的重要方法；比起在心裡說話，很多人在體會世界時多半用「感覺」和／或「視覺」而不是「想法」。如果內在話語對你來說是一個新概念，只要在讀這本書時思考你在做什麼就可以了。當你讀到這句話時，你就是在心裡說著話來理解的。據估計，人平均約有二十五％的清醒時間花在說心內話。說話和語言的問題是如此複雜，時間又如此有限，即使只是簡短探索也超出本書的範圍，我無法涉入，只能告訴你內在話語是思維過程的一種再現。所以若有一種理論認為幻聽是將個人內在話語錯認為某個外部來源，也只是再次指向精神病的混亂，無法分清楚何者屬於自我、何者不是。

我故意把自我意識和他人意識整合後的感受分成不同領域，一種是透過情緒鏡像系統對自己和對他人情緒的認知；一種是透過運動鏡像系統對自己與對他人行動的認知，另一種是意識到自己的想法是一種出自自我主觀的體驗。把這些系統經驗統合在一起後，就形成了一種個人意識──「自我意識」──出現在現實世界與記憶中。這與自傳式記憶的相關性在於，只有在嬰兒能感受到自我意識時，自傳式記憶才會開始運作。必須先識別自我，然後才能將自我記錄為實體。思覺失調症患者誤認了經歷感受的起源，而我們從這些患者身上學到的是：表現自我行動、感情、思想的神經運作就和那些用來識別他人行動、感情、思想的神經運作是一樣的，然後這兩種經驗、自我意識與對他人的意識必須經過區別才能與經驗記憶一致。不知何故，有一種內建神經機制可以編碼「自我」經驗──也就是與「其他」經驗不同的經驗，而這種神經機制似乎在思覺失調症中被破壞了。

在所有精神病中，最難為人理解的狀況是，某人相信自己的主觀體驗──也就是自己的感受、自己的思想、自己的行動──都是別人的。就像你知道的，翻開這本書的是你，不是其他力量──你是自我意識的啟動者。你可以看到、聽到這些文字，知道這些文字是作者寫的，你是自我意識的感受者。你不相信有人可以利用內在話語把他們的想法植入你的大腦，或者你能把你的想法放進別人的大腦，或者每個人都可以知道你在想什麼，甚至有辦法把你的想法大聲說出來。也許你對情緒的直覺很靈敏，但你也不會相信那些細微感覺是某人或其他東西植入的。雖然我想親身體驗漢娜和歐文的感受，但試了又試、想了又想，就是無法做到。我已經盡力了，雖不中亦不遠，希望是這樣，起碼已熟悉了失序是怎樣的模式，以及了解失序在觀察者眼中的樣貌。

現在的我已能很快從觀察到的狀況收集資訊，辨別這些經驗是否存在。所有的精神科醫生皆是如此，就像有個病人對我說的，我就像個偵探。

經驗的混亂

對於錯誤歸因與人我界線的混亂，蘇格蘭精神病學家ＲＤ・連恩（Ronald David Laing，慣稱為 RD Laing）[6]說了最好的描述。在他的名著《分裂的自我》（*The Divided Self*）中，他清楚闡述傳統精神病學的語言是如何只聚焦在**症狀**，完全從臨床醫生的客觀角度出發，而不是從精神病患的**經驗**出發。這種把精神病經驗刻板物化的情形在今天的精神病學中仍然很明顯，但我認為我們正逐漸轉向將主觀經驗作為首要的臨床重點。連恩將治療方法從「根據症狀」轉向到「根據經驗」，這是翻天覆地的轉變。他首次描述精神病者的親身經驗：「對於一個有完整自我和身分認同的人來說，通常很難……將自己置身於某個完全無法自我驗證經驗真假的世界。」而「自我驗證經驗真假」的最基本事項就是知道你是你，因此**你**存在。

連恩對精神病經驗的洞見因為他的後續事件而蒙上陰影，因為他對思覺失調者的

6 譯註：早期對精神病的治療極不人道，電擊、割腦、餵藥，各種以治療為名的醫學濫用，到二十世紀中期終至反彈，興起「反精神醫學運動」，ＲＤ・連恩就是此運動的濫觴，他拒絕對病患電擊餵藥，反而花長時間去理解病患，進行溝通，認為精神病不是病，不需精神醫學治療。

想法錯誤，對病人的治療方法過於魯莽。他之所以變得爭議不斷，是因為他反抗傳統精神病學，領導之後稱為「反精神病學運動」（anti-psychiatry movement）的潮流。他認為精神病是個人探索的過程，可以通過改善自我意識來解決問題。思覺失調症是因為過去創傷引起的，這個說法在一九六〇年代和七〇年代非常流行。如果你能好好「處理」精神病的問題，給予理由，那你就可以找到治療精神病的方法。這和佛洛伊德的理念類似，佛洛伊德將一系列的精神障礙，包括憂鬱症、焦慮症和強迫症統稱為「神經症」（neuroses），認為都是由過往創傷引起的，一旦創傷被揭露，精神病就會消失。為了達到此目標，連恩於一九六五年在倫敦市中心成立了一家精神病患者的治療中心，住在那裡的病人可以不用吃抗精神病藥物，沒有規則、沒有個人約束。病人、工作人員和訪客經常一起舉辦派對，訪客通常是當時又潮又夯的反精神病學名人。患者服用迷幻藥，包括LSD或其他，認為有助啟動精神病回歸理智的開悟之旅。在隨之而來的混亂中，也就是連恩稱為「經驗的無政府狀態」階段，兩名患者從屋頂上跳下身亡。自殺事件發生後，治療中心就只能關門。

連恩的實驗療法以悲劇收場，其實完全可以預料。精神病患者真正需要的是強化界線，把他們缺乏的「自我驗證經驗真假」的能力建構起來，而不是把精神病引起的、已經破碎的「自我－他者界限」做更深的解體。值得一提的是，儘管有很多相反的科學和經驗證據，仍有少數精神科醫生和許多自稱能通靈的治療師反對用抗精神病藥物治療思覺失調症。這種對立立場出現在醫學界所有分支，例如腫瘤學；但因為文化偏見及精神病患很難有病識感，以致這種對立在精神病學中更為普遍。我們誰也不能脫離自己的大腦，我們只能嘗試理解傳遞到感覺皮質的感覺訊息，然後送到更高層的大腦進行整合。

事後看來，很明顯，連恩之所以能把斷裂的精神病世界描述得清清楚楚，是因為他清楚觀察的是自己的精神崩解狀態。他經歷過界線融化的時刻，從他的文章看來，可能是透過濫用藥物，尤其在一九六〇年代，反主流文化運動並不反對迷幻藥和酒。無論如何，他在倫敦的實驗就像靈媒治療精神病一樣，只會給那些在精神病中迷失的人帶來更多不必要的痛苦，有時甚至難以忍受。

鏡像與記憶

如果鏡像系統的功能缺席，那些從外界輸入的資訊就不會有連貫性，之後的故事也不會有連貫性。即使那些訊息在現實生活上不具意義，大腦仍會繼續製造樹突連接神經元，因為這就是神經機制的運作方式。大腦不會因為輸入資訊沒有合理的整體意義就停止建構神經，記憶會一直形成，因為細胞集群會在海馬迴中整合在一起，並依照功能，做動態連接傳到皮質去，這就是大腦的生物歷程。通常有慢性精神病的人會因為時間過去而漸漸形成某種敘事來解釋他們的經歷，就像漢娜把她的外來情緒解釋為她跟一個被囚禁小孩有心靈感應。有時候像這樣把所有怪事歸在一起編出一套故事看來好像很合理，但很膚淺，若經過仔細詢問，通常很快露餡。無論是否有精神病，自我主觀體驗依照生物運作嵌入混亂的神經連接網絡中，這就是記憶。基本原則是當下經驗會透過集群連接被放在記憶網絡，此原則對精神病和非精神病都適用。隨著時間過去，精神病患的記憶和這世界的現實樣貌越漸脫節。隨著妄想的網越織越密，就越難將他們帶回正常經驗構成的共同現實。

本章內容說明了自傳式記憶，從嬰兒記不起事情談到自我意識的初現，再談到自我意識如何隨系統發育進化並與嬰兒的神經發育相應。自我認知只是「自我」意識的開始，也是一生不斷自我分離的開始。對自我認知一知半解的幼兒最終會發展出自我意識的複雜系統，也會發展出同質的他人意識，但這是如何進行的？目前仍不清楚，不過它與日益複雜的記憶組織相伴而生。接下來我們將研究這種不斷發展的複雜性。

10 生命之樹：分支和修剪

「存在就是改變，改變就是成熟，成熟就是持續創造自己，永不停止。」

——亨利．柏格森（1859-1941）

人生在世，隨著年齡增長，面對世界的方式都不一樣，這是從出生起就開始的過程。因為當我們面對世界——包括外部世界和個人內心世界——大腦會發展出一套越長越複雜的理解系統。這套記憶系統的組織發展可以從主觀感知的模式變化中看出，這些模式標誌著生命的不同階段。人類記憶具有共同的生命週期模式，週期變化會反應在大腦解剖結構不斷變化的樣態中。大腦系統結構和功能的變化會持續一生，但人們更加重視早期大腦變化，因為這些變化是基礎，而且通常是進入成年生活的可靠軌跡。讓我們從大腦記憶系統裡一個**相對**簡單的發展狀況開始了解，我把這個變化稱為「貝多芬現象」（Beethoven Phenomenon）。

貝多芬現象

貝多芬（1770-1827）在二十多歲時開始失去聽力，但他繼續作曲直到去世。一些公認他最偉大的作品，都是他在耳聾問題最嚴重時期創作的[1]。在幾乎聽不到聲音的情況下，貝多芬是如何創作音樂的？答案在他耳聾的位置，貝多芬死後檢驗，發現他耳聾的部位在聽覺神經——也就是聲音從外界傳到大腦聽覺皮質的感覺神經。貝多芬的聽覺神經出了問題，但他記憶聲音、音符、曲調、音樂的聽覺皮質卻完好無損。

聽音樂時，聽覺皮質會亮起。當我們**想像**音樂時，除了聽覺皮質，前額葉皮質也會亮起，想像的曲調是從前額葉投射到聽覺皮質的聲音記憶。隨著外界聲音逐漸消失，貝多芬開始透過神經再現去聽聲音。聽覺皮質與前額葉一起共舞，它們是虛擬音樂的作曲家。貝多芬提供了一個驚人的例子——將聽覺感官體驗轉化為皮質記憶系統，以及皮質記憶如何作為一種「內在」感官體驗在前額葉皮質中發揮作用。他的創造天才源於某種音符再現，在皮質上出現驚人的複雜形式，並將它們配置成美麗的聲音模式。

貝多芬現象是一種普遍的經驗現象達到高度發展的例子。貝多芬很小就開始接受嚴格的音樂訓練，在他的聽覺皮質中創造出一個神經元組成的音樂迷宮。收集組織感官記憶的程序在兒時起就不斷擴張的皮質網絡中以飛快的速度進行。隨著皮質更有組織化，會發展出抽象「捷徑」，然而當孩子們沉浸在感官世界中，相當程度不受這些抽象捷徑影響，例如孩子們講故事的方式就很明顯缺乏抽象思維——事件跟著事件，卻沒有賦予意義。他們有按時間順序記住的意象，再以相同順序回憶它們。他們輸出的是未經同化吸收的意象，缺乏脈絡和意義，是愉快的純真，也不乏啟發性，因為它讓我們看到我們觀看世界的方法都是學來的。

正因為如此，孩子對世界的感覺總是比成年人更新穎、更直接。詩人迪倫·湯瑪斯在詩作《蕨山》中生動地描繪童年時的感官經驗，這份動人要用他鏗鏘有力的威爾斯嗓音表達才能體會。透過音韻意象，感受到童年時鮮活的感官刺激，一切全是律動。

長長日光奔跑著，好可愛。乾草田
像屋子一樣高。煙囪飄出曲調，它是氣，
它在玩，好可愛。還有水
還有火，綠如草。

每當我讀到這首詩的舞蹈嬉戲，都會回到我自己的蕨山——凱里郡鄉下母親家

1 作者註：我們不太確定貝多芬是否在三、四十歲時聽力已經完全消失，因為這對貝多芬而言是一個非常敏感的問題。他否認聽力受損，但他聽不到別人問問題，也聽不到現場音樂，由此看來，他明顯耳聾。

的農場，小時候的夏天我們都在那裡過。我幾乎可以聞到割下的乾草味，感覺到它的癢，看到我的吉姆叔叔低頭看我，就像一個巨人，巨大的手拿著一個果醬罐，裡面是加了很多糖的冷茶。童年時的感覺一直不斷擴展，在此過程中神經迴路到底發生了什麼？

我們確實知道，大腦結構中存在著肉眼可見的變化，這些變化反映了認知和行為發展的連續階段。比起記憶系統，我們在文化上更熟悉認知和行為的變化，但記憶組織的變化是認知和行為變化的基礎。我們教發育中的嬰兒，要用適合他們大腦發育階段的方式來教。嬰兒沉浸在觸覺、視覺和聽覺學習的感官世界中，從母親的乳頭到自己的腳，所有東西都會放在嘴裡吃一吃，嘗嘗看，透過簡單的感官信息來學——說出東西的名字，這個人是誰、這是什麼顏色、那是什麼聲音。這是大腦感覺系統快速變化的時期，這可以從感覺皮質大腦體積的擴大看出。

加州大學洛杉磯分校（UCLA）和馬里蘭的國家心理健康研究中心做了一項基礎研究，他們追蹤孩童大腦的持續變化。研究人員針對十三名兒童做追蹤調查，從他們四歲起一直到二十一歲，每兩年進行一次腦神經影像掃描，依序畫出他們從孩童期到青年期的皮質層發育圖。雖然孩子間的差異不算小，但可看出共同的發展模式，也就是大腦發展會跟著系統演化順序，從古老生物進展到年代較近的動物。一般情況都是先從感覺皮質和運動皮質開始增加體積，這種增加反映出感覺與運動會從相對簡單的學習快速擴展。

接著，神經元的連接在不同的感覺皮質間變得精巧複雜，多重感官知覺因此發展，整合聲音、視覺、觸覺、味覺和嗅覺。最終，孩子發展到聽到狗叫就把頭轉向聲音方向，期待看到一隻狗。多重皮質區整合發展還有一個很好的例子，就是視覺能感知景深和 3D 影像，那是視覺和方向智能的組織發展。天生沒有視覺的人無法想像 3D，因為他們沒有從視覺世界獲得必要輸入資訊來發展出 3D 感知。個人的神經發育就像視覺藝術史一樣，透視是需要學的。

大腦發育第二個重要過程是「修剪」，神經元之間的樹突連接要經過修剪。之所以稱為「修剪」，是因為它和種果樹異曲同工。果樹要經過修剪才會長出最多水果；神經元也要經過修剪，才會長出最精準的輸出。你可能認為樹突隨著知識的擴展而擴展，但恰恰相反，我們剛生下來時樹突才是比較多的，出生後的第一年還會持續這種樹突過度生長的情形。單就細胞層次來看，小嬰兒的神經元過度連接，它們很容易因為太多的感覺輸入而過載，因為他們的神經元隨意四散發射。所以我們會安撫小孩；我們只教簡單的感官訊息；我們下指令要他們照辦。在這個短暫的擴展期過後，首先會修剪感覺神經元，對應在感官學習上，就是孩子學到了分辨。例如，孩子會逐漸認出樹是一棵樹，而不是另一種植物，然後會知道它是一棵大樹還是一棵小樹。接下來他們可能知道有些樹冬天會落葉，有些樹一年常青。他們可能會知道他們的樹，從葉子、大小、樹枝的生長方式、樹皮、花、果實，或者上述特徵的組合，來確定這是一棵什麼樹。在這一點上，他們已經開發出良好的皮質網絡，可以在樹與樹之間進行識別，更重要的是區分。他們不再需要仔細檢查樹的組成特色；一看到樹，就能認出這是樹。

真實變成再現，再去蕪存菁變成更精確的抽象再現，直到可以自動處理，到皮質中歸檔。為了處理更精細的訊息，這些捷徑是必要的，否則每次要識別一棵樹，都要花不必要的時間來處理一生中學到的所有有關樹的訊息，才能辨別一棵樹。在世界的這個角落，大多數人都能一眼認出一棵冬青樹。冬天時節，你會聽到冬青樹的沙沙聲，預測應該有一隻槲鶇在那裡築巢過冬吧，因為樹上有漿果做食物，刺葉做保護。我直覺認為今年冬天我家冬青樹叢裡的沙沙聲就是槲鶇，因為我看到了一隻比一般鶇鳥還要大的鳥，根據去年冬天我看到我家花園冬青樹的經驗，我學到那應該是一隻槲鶇。這裡包含了多重感官知覺——沙沙聲、冬青樹枝的擺動；這些感官知覺基於先前經驗立刻轉換成覺知。一種樹狀連結在冬青樹的沙沙聲和槲鶇間形成，出現了一種感知，當這些感知經驗連上線，就可以走捷徑直接跳到結論。也許人們正看著在遙遠非洲一棵滿是白花的樹，然後就會像我一樣，預期那應該不是白花，而是就要飛去的白蝴蝶。一棵「蝴蝶」樹的記憶早在幾年前就已經定下了，但我可沒在非洲看過多少開白花的樹。當我們聽到汽車的聲音，我們以為會看見一輛汽車；當我們聽到柴油引擎大聲咆哮時，我們以為會看到一輛卡車；當我們聽到引擎聲隆隆低吼時，我們會期待一台賽車。這些自動感知與預測就是我們在第三章說的：伯格的「觀看的方式」。

嬰兒一面學著認識世界的同時，皮質神經元間的聯繫一面變得不那麼密集。感覺皮質中的修剪程序大約在三歲時達到巔峰，然後在整個童年時期修剪速率持續下降。前額葉大腦發育較晚也較慢，因為它是大腦的主要區域，來自皮質感覺區、杏仁核－腦島和海馬迴的神經輸入全都匯集在此進行整理。在這裡，各方資訊輸入後就「放著」備用。它是特技大師，可以悄無聲息或活蹦亂跳地運作記憶，超越外部感官世界，去想像或預測，去創造或操縱。與其他所有物種相比，人類的前額葉占大腦總體積的比例最大，並隨著人類的發育，依循演化進程——這是譜系學的基礎原理——這一區會在青春期和成年初期有實質發展。

前額葉修剪過程

大腦前額葉的發育可以從前額葉皮質的變化中看出，這一區從童年後期開始改變，從這時候起神經突觸會被修剪成較穩定且易於理解世界的神經模式。修剪可以減少信號的過度傳送，也可以創造區分信號的神經通路，讓系統思維或抽象推理發展。修剪有助於讓大量輸入變得組織化，使發育中的大腦透過習得的知識走捷徑。前額葉修剪過程雖是青少年大腦的神經發展特徵，但最近發現，此過程會持續進行到二十歲至三十歲時期。

第二個主要變化是大腦白質會隨著大腦發育增長。大腦由灰質和白質共同組成：灰質由神經元簇組成，而白質由神經元長出來的軸突組成，這些軸突攜帶信號向下傳到樹突進入下一個神經元。軸突是白色的，這是由一個叫做「髓鞘化」（myelination）的重要程序所造成，在這個過程中「髓磷脂」（myelin）[2]的脂肪螺旋（看起來像超小型的瑞士捲）會纏繞在神經元上。這些脂肪細胞是絕緣體，可加速信號傳輸，比沒有髓鞘化的神經元快上一百倍。當信號沿著軸突往下傳，髓鞘形成的結構會阻止神經元與神經元間亂放電，它也參與了目標信號往定向移動的過程。信號在定向之前是相對散亂的，而能夠定向是因為：第一，一些突觸得到強化而另一些萎縮；其次，改良後的神經絕緣加速了信號傳輸。

神經元經過修剪和絕緣而發展出離散的神經通路，意味著有些神經元間的連接被犧牲了，這是因為要增強某些通路。一般早期發展的模式為：在嬰兒出生前和出生後初期的大腦發育期，神經元以混雜的方式進行分支，以求最大化基礎訊息，然後在幼年時進行修剪，以區分和增強感官輸入。到了童年後期，為了理解世界，需要發展認知和情感方式，前額葉冒出來的樹突就被修剪了。一些神經間的通路因為經常被激發而得到加強，而另一些就衰弱了，從而發展成**相對**固定且可自動詮釋的神經網絡。

每逢接收新資訊，大腦便會過度加工，這個模式終其一生都會執行。任何想踏入新知識領域的人都會熟習這模式，這不僅僅是從網路提取資訊而已。而是在一開始，你對新知識或新主題還未能建立組織及脈絡之前，有一段時間你會感覺迷失在新知識的無垠學海中，出現一種涵蓋全貌的模糊認知。建立知識的過程，向來是先擴張，再去蕪存菁。

神經發展障礙

前額葉迴路中認知大腦的發展，一般是在青春期到成年初期，但也有無法正常發育的情形，這是一種發育障礙。近年來人們對大腦修剪程序出錯導致的發育障礙，例如自閉症與思覺失調症，產生了濃厚的興趣。典型的思覺失調症的經驗和行為通常出現在青春期和成年期初，青少年不會早上一覺起來就罹患思覺失調症，都是經過多年發展的。正如預測的那樣，如果大腦運作沒有組織起來以正常方式運作，製作用記憶就不會被組織。有一些研究人員假設思覺失調症的問題可能是修剪過度，而自閉症的問題可能是修剪太少。劍橋有研究團隊就認為參與修剪和髓鞘化的基因是思覺失調症的風險基因。雖然仍有高度懷疑，但這些研究線索已經演變成「網絡病理學」（network pathology）。它與傳統界定不同，以前認為思覺失調症是多巴胺神經傳遞出了問題，天真地認為此單一途徑會導致思覺失調，關於這點，我們將在後面進行討

2 作者註：髓磷脂由非神經元細胞形成，雖然這些細胞很像神經元，這些細胞也形成神經元的支架。

論。現在來看看我的病人瑞秋。她從童年時期就患有精神病，她的感覺輸入沒有被正常整合。她的世界與他人完全不一致，思想和言語也沒有有意義的連續性，自傳性記憶只有最少程度。

瑞秋

瑞秋從小就有精神病，為了她自己的安全，她從小就住在精神病院。除了嚴重難治的思覺失調症外，她還患有嚴重的癲癇。我的職涯中有一段時間和神經科醫生配合一起在一家綜合醫院工作，就在那個時候，她被轉介給我。她的家人想讓她試用氯氮平（clozapine），這個藥到目前仍然是最好的抗精神病藥物。但只有在其他治療方法都失敗時才能嘗試使用，因為它會引起嚴重的副作用，其中之一就是讓癲癇不穩定。那時她服用抗精神病藥物和抗癲癇藥物的劑量已達世界級的奧運標準，但仍然病得很重，她的家人很絕望。我們決定讓她進入急性神經病病房，一方面她的癲癇和精神病可以有人持續照看，一方面就開始對她進行氯氮平的藥物試驗。

瑞秋是我治療過少數只和自己交談不和他人交談的人。護理人員幫她做日常護理時會和她有一搭沒一搭地說說話，但她坐在床邊椅子或床上，用不同的聲音自己和自己對話。我們每天都與她說話，但從未收到她給我們任何有意義的回應，除了她講話偶爾帶有敵意的語氣和怒氣沖天的表情。我們當然會粗魯地打斷她的幻覺對話。她說話的聲音都不一樣，要看當天她是誰就用誰的聲音，有時是低沉的男聲，有時是女聲。她的對話毫無意義，但偶爾會從她的胡言亂語中窺見她與世界的聯繫。她曾經告訴我們，她是朱利斯的「瘋癲」（Julius "Seizure"）——這是一個雙關語，指的是她的癲癇症，這讓我們不禁微笑，也懷疑儘管她有嚴重的精神病，但這種應對態度是否已成為潛在的先天性格。有時她是法國的瑪麗皇后，有時是其他歐洲皇室成員。有一次她告訴我們，她是Grainne Whale，一條格蘭尼鯨魚，這無疑是從Grainne Uaile來的（Uaile的發音是「威歐」），而格蘭尼．威歐是十六世紀愛爾蘭海盜，是愛爾蘭神話中一位傳奇女性。

我記得那天的狀況，後來我一直回想又加強了印象，那時候我們已經用氯氮平給她治療了幾個星期。我們走進她的房間，她第一次和我有眼神交流，然後說：早安，還靦腆地笑了笑。我記得我完全定住不能動，大家都驚呆了，幾乎不敢相信發生的事。我與她進行簡短交談，問她早餐吃了什麼……覺得舒服嗎？……睡得好嗎？……她喜歡這個病房嗎？她做出適當的回應。當我覺得今天是回復的第一天，她已經做夠了正常回答時，我們離開了房間。

我記得一夥人站在神經病房走廊，大夥面面相覷，沒人說話，但激動的情緒在彼此間流動。在我早期的職涯中，我並不太允許自己情緒激動，但這回不同了。局外人看來，我們的心情應會朝著相反的方向發展——從掙扎處理自己主觀的情緒反應，慢慢變成能以客觀角度對應痛苦。但實際狀況是，我花了大約一年時間來應對工作帶給我的強烈情緒。第一年很累，然後我學會了，就像臨床醫生一樣，繼續努力，盡力就好。但現在，在三十七年的精神病臨床工作後，我發現自己，就在這不可預測的時刻，蒙受一種我從未有過、發自內心的衝擊。當我們看到那些病得極重的病人，他們在這世間受苦，這個世間卻視他們的苦難為敵；我們都該對他們所忍受的人類極限，表示謙卑鞠躬。這就是一拳打中我的地方。

瑞秋繼續好轉，以一種迷人的、孩子般的狀況從精神病中走出來。她回復自我的過程似乎並不複雜，一旦精神病得到解決，那些虛構的身分就不再出現了。她幾乎沒有自傳式記憶，只能含糊談到住院時的經歷。她的事件記憶也極少，但她的詞彙量很好，識字，看起來很聰明，能認出每個人。在她的病況好轉之後，不久她就出院回到她家當地的精神病院治療了。我們沒有機會觀察她的大腦組織，她的大腦從失落童年一片混亂後就給關上了，然後不知怎麼回事，被氯氮平治好後大腦被釋放。她媽媽一直寫信給我，直到我離開那個顧問職位才停止。瑞秋繼續好轉，從我們醫院轉到當地醫院的幾個月後，她就回到家人身邊了。

瑞秋的大腦被精神病的混亂感覺而攪亂，也可能是因為感覺信號整合得雜亂無章而被擾亂。她的記憶網絡無法以有效的方式組織起來，以致無法對外界傳來的神經輸入做連貫處理、或做連貫敘事、或做任何的敘述。瑞秋的記憶組織不正常，這表示她大腦網絡組織化的過程也不正常，但這些過程是自傳式記憶和製作用記憶的基礎。瑞秋並不真的知道自己是誰，要到她能以一種合理的方式記錄經驗後，她才能搞清楚自己的一切。

雖然我們不知道為什麼會如此，但可見得氯氮平對她是有效的，讓她從長期嚴重的思維障礙及幻覺中解放出來。每次被要求解釋抗精神病藥物是怎麼作用的，提問者經常追問：「這與多巴胺有關嗎？」多巴胺可能是大部分人最熟悉的「獎勵型」神經遞質了。在某一刻，流行文化是這麼說的，幾乎所有令人愉快的事物都與多巴胺的釋放有關，它似乎成為人類愉悅的共同神經通路。如果只是因為多巴胺占大腦神經遞質的百分之一，就說多巴胺帶來全方面快樂，這實在過於簡化，也是不可能的。把神經遞質的功能歸納為三言兩語，用以解釋經驗和行為，或許能引人注意，但通常是錯的。

多巴胺迴路確實在獎賞機制中有作用，因為它可能是很多大腦獎賞程序的最終匯流處，但是有無數大腦迴路匯流到多巴胺迴路上，這些迴路全部都可以調節獎賞感受，而且其中任何一個都可能出問題。多巴胺不會讓你「嗨到爆」，那些品嘗了巧克力的快感、女主角的興奮、性高潮、酒精的飄飄然，都不是多巴胺產生的。多巴胺只是神經通路的神經遞質，但是神經通路會讓你把「嗨到爆」的經驗記住。所有抗精神病藥物的共同機轉是減少多巴胺傳遞，這解釋了為什麼幾十年來解釋思覺失調症的主導理論是多巴胺系統過度活躍。我們把抗精神病藥物的治療效果認為與多巴胺的神經傳遞減少有關，這想法目前還純屬臆測，我們只是為了方便記憶而把過程概念化了。在此過程中，傳到前額葉皮質的感官資訊會經過過濾，過濾後的訊息會前往有整合功能的大腦，然後以更連貫的方式組合在一起。

隨著神經科學的擴展，研究者認識到大腦是一個連在一起不可分割的巨型神經元纏結，這讓思覺失調症肇因於多巴胺神經傳遞過度活躍的簡單解釋，轉變為從大腦發育初期就失去組織化的網絡病理學。一九九〇年代，我從英國的羅賓・莫瑞（Robin Murray）教授那裡認識了頗具開創性的神經發展研究，羅賓・莫瑞是世界級的領導者，他將神經發育的想法引入神經精神病學，之後又讓這門學科成為精神病學的主流。典型思覺失調症的行為和經驗通常出現在青春期和成年初期，但青少年不會一覺醒來就得了思覺失調，這需要持續很多年才會形成。在羅賓擔任精神病學研究所所長期間，我有幸在精神病學系當講師。他在夾克胸前口袋放了小筆記本，裡面記錄了我們所有患者的出生日期。他對一九五八年出生的患者特別感興趣，因為那一年流感大爆發。他假設流感病毒或是母親免疫系統的蛋白質可能進入胎兒正發育的大腦，導致神經接錯線——特別是在使用神經遞質多巴胺的前額葉神經迴路中。使用多巴胺的前額葉迴路在成年初期才顯著發展，因此他推斷，大腦會在青春期、多巴胺迴路重組後，精神問題才會真正變得明顯，也才會出現類似思覺失調的病徵。

子宮病毒可能導致某些形式的思覺失調，這一想法在當時被認為太牽強，但此後的研究證實，產前環境是神經布線的基礎環境，思覺失調症可能是大腦布線錯亂導致的神經發育障礙。有一點很重要，造成整合迴路接錯線和亂放電的原因可能很多，包括：母親懷孕時被感染；孩子在早期發育時期或幼兒時期遭虐待或被忽視，以致產生腦損傷；或者兒童期或青春期時有藥物濫用的情形。而免疫系統、炎症和自體免疫[3]也會對神經系統產生影響，這也成為神經科學的主流議題。另外，精神病也不可避免地受到遺傳基因DNA的影響，可能大腦蛋白質在編碼時有缺陷。或者，更有可能的是精神障礙多重原因共同造成，這些原因的個別影響說不定都很小，但累積起來就讓大腦無法在某個關鍵程度發育成連貫網絡。

記憶如何讓我們變得有抽象能力和想像力

有時我們會意識到自己在「區辨學習」（discriminatory learning）[4]上有不同層

3 作者註：自體免疫性疾病的例子就如我們在第二章說的「抗NMDA受體腦炎」；發炎物質，就如細胞因子，可能在憂鬱症中更加常見。

次，例如學習認樹木，有時我們不知道我們用來分辨的知識是正確的、或是似是而非的、或是不正確的直覺。亨利．柏格森認為，基於自主觀察和內省，直覺立基於記憶——他是對的。直覺知識看起來可能是猜的，但不是隨便亂猜——直覺建構於隱藏資訊的自動呈現。你可能覺得自己知道某事，但可能不確定自己是如何知道、或為何知道。我對冬青樹上的沙沙聲直覺反應那可能是一隻槲鶇，這是建立在皮質聯想記憶層上的直覺，當我看到並聽到「冬青樹、沙沙聲」這個組合時，這個記憶就被活化。人們擁有的直覺是當下大腦的資訊輸出，而這些資訊對應的是之前輸入大腦的工作用記憶模式。

推理能力，或說以抽象方式運用資訊的能力，是與前額葉大腦的修剪同步發展。隨著成年初期髓鞘化的進展，對應世界的思考、想像、感覺方式相對牢固，訊息變得更能長期存在並且組織化而成為神經模式。大腦前額葉的髓鞘化帶來了我們依據抽象資訊走捷徑的能力。

到了成年後，推理和預測能力增強，但感官功能就不同了，重要的是，感官體會能力下降了。至於成年中期到晚期，我們對這時期的大腦變化知之甚少，除了海馬迴體積變小和海馬迴效率下降，影響到外感受去往抽象內心世界。這裡有一個重要訊息，在今時今日，這種下降趨勢很少等到老年初期才發生，那是因為治療感覺缺陷的技術進步了，例如白內障摘除手術已相當普及，也出現了更複雜的助聽器。

老年人和深厚的知識

從成年到老年，思維模式和對應世界的方式都改變了，這樣的轉變告訴我們，記憶是一種動態的變化，從年輕時無所不能的感官擴張到老人對世間的直覺、世故和智慧。年紀越來越大，皮質越變越薄。這種轉變到底有什麼好處？若有好處也還沒有受到太多關注，但隨著壽命的延長，狀況也很可能變得不一樣。隨著年齡的增長，感覺不再蜂擁而至直敲大腦大門；因為越來越熟練地進入運作程序，反而不太會注意。成年人甚至習以為常，無法欣賞自然世界中過於熟悉的美麗，無法感受居住了數十年的城市散發的感官活力。是的，有時人們會想，回到童年時代很好，對於世界能回到單純體驗，而非以詮釋去面對。但是身為人，怎可能不從童年相對簡單的世界觀走到年齡成熟更有層次的人生觀。人通常對所謂的「純真」抱持一種感傷的態度——就像文學的浪漫時代完全浸淫在失去純真的理想化中——但成年後，前額葉網絡的完善讓理解能力和預測能力都加強，更帶來自我效能和自我實現全面性的提升。這種智慧如果發展起來，人心就更加穩定，社會也更可能安定。就像在傳說與童話中智者通常是老年人，在現實生活中也一樣。

人到了老年，感覺系統開始衰退，作為一種神經生理程序的記憶如今運作變得效

4 譯註：區辨學習是指個體面對不同刺激做出不同反應的學習過程。

率低下。與年輕人相比，老年人的短期記憶力比較差，但更擅長解決問題和猜想。前額葉抽象功能的增加與記憶能力的下降出現一種權衡替換。這機制可讓這個人從成年初期到成年晚期以不同的方式處理資訊，這兩種方式都是成功的，一種有更好的製作用記憶，一種有更深入的知識，這兩種角度都是對功能社會的補充。

物理學中，對自然界的觀察可以簡化為普遍通行的重力、物質、聲音和運動、熵、事件等定律。要將自然界的熵簡化為方程式和原理，需要超乎想像的聰明才智，但這就是我們每個人每天用來理解生活的基本運作。這裡要提出一點：訊息整合的狀況，是從多年神經輸入和連續的樹突細化之處長出一組細絲狀的網絡，這可能就是深度知識的所在。時至今日，輕鬆易得的訊息可讓人一夜變成專家，相較之下，這些深度知識卻是要透過大量經驗的分層和精煉才能獲得。

如果人活到老年還沒有被疾病擊倒，最後一定也會走到對外界感覺和經驗退化的時候。由於感覺系統衰退，人逐漸與外界隔絕，近似於放棄感覺世界的地步。但值得慶幸的是，感官輔助器具持續進步，可以更有效、更長久地避免人無法感受外界。人變衰弱就不願運動，對世界潮流就更有距離。匈牙利作家桑多．馬瑞（Sandor Marai）在他的小說《餘燼》（*Embers*）[5]中，以細膩的哀愁描述了從感性世界滑落抽象世界的生命最終：

「……，一切逐漸變得真實，我們明白了一切的意義，一切都在一種煩人的無聊中重演。……那就是晚年。……漸漸地，我們了解了這個世界，然後我們就死了。」

我深有同感。多年來我心緒不安，隨著歲月的流逝，潛意識裡總有可怕的預期；我開始了解人生規律，一定會從人生無窮的可能性轉向「知天命」，再進入「某種煩人的無聊」。但是，說不定有一天，不知何故，沒等到可怕的死寂，面對的還是這個七情六欲的花花世界。人會回到感覺世界——不是朝向青春衝刺，只是以豐富而細膩的心，無欲無求，身處這個世界。

我想用一句話為想像力和創造力做個總結。正如愛爾蘭詩人帕特里克．卡瓦納（**Patrick Kavanagh**）的睿智嘉言：「想像力是記憶莖上的花[6]。」回到我們開始的地方，就是「貝多芬現象」。貝多芬驚人的才能展現在他耳聾時創作出史上最美麗的音樂，這是高度發達的聽覺記憶與功能強大的前額葉相互作用的結果。歸根結柢，就算像貝多芬的狀況好了，我們也全都是出於無限複雜感官記憶系統的構造。或許有人**覺得**，人生經驗怎能用網絡來形容——就算那是一個高度複雜化、由無限分支的神經元

5 作者註：桑多．馬瑞（Sandor Marai），《餘燼》（Embers，1942; Viking, 2001), pp. 193–4.

6 作者註：原文為「imagination is the blossom on the stem of memory」，出自 Patrick Kavanagh, *Collected Prose* (MacGibbon & Key, 1967)。

組成的移動網絡，但除此之外應該還有一些超出自我、超出記憶，甚至想像之外的東西。事實上，這種感覺也是由神經網絡產生的，它讓你**感覺**自己不僅是「你的大腦」。這是抽象的極致表現——自我再現，在這個其他人也具有類似連結的世界中，這種意識會讓自我成為完整的存在。在下面的章節中，我們將討論這種更高的意識狀態。

11 自我意識

人對「更高意識」的概念最是著迷，認為有更高意識的體驗是人類獨有的聖杯。我們多半認為記憶與意識不一樣，但是，正如亨利・柏格森所寫的，「沒有記憶就沒有意識」。人活著，若一切順利，意識將與記憶攜手共同發展，而且，隨著記憶系統變得更加複雜整合，意識和意識系統也將變得更複雜。我們之前學過，自我認知是自傳式記憶的開始，所以從生命一開始，自我認知就與自己的記憶綁在一起。然後，意識系統從自我認知發展為複雜的自我再現，通常這就是「更高意識」。最終，人會對自己的意識有意識：這稱為「元意識」（meta-consciousness），從本質上說，元意識就是「看著你自己看著自己」。

科學並不總為複雜又需要統整說明的大腦功能提供最好的解釋詞彙，尤其是要說明更高層次的意識領域。若只是把科學性質套在大腦功能上，說這是記憶、認知、情緒等，一點幫助也沒有。若想了解記憶，就要放在更廣泛的人類經驗脈絡下理解，看看藝術上說了什麼，也許才更有啟發性。事實上，歷史一直朝向理解更高層的意識經驗邁去，在過去一百五十多年的時間裡，科學通過零碎的發現，藝術透過形式表達的變化，但同樣都圍繞著意識這一主題翩翩起舞。生活在十九到二十世紀之間的詹姆斯兄弟是少數能兼顧的例子，他們橫跨記憶和意識領域，在藝術和科學之間進行親密對話。偉大的小說家亨利・詹姆斯是最早將「事件敘事」（event narration）轉向「敘事意識」（narrative consciousness）[1]的人之一，也就是述說故事時，直接從角色的內在體驗作為視角。他才華洋溢的心理學家哥哥威廉・詹姆斯，把「記憶」這個心理學概念從原本平板的知識搬到內心世界意識經驗的立即動態流動。是這個心理學家哥哥，而不是小說家弟弟，創造了「意識流」這個詞，後來這個詞成為二十世紀現代主義文學的關鍵字，最終出現在詹姆斯・喬伊斯（James Joyce）的《尤利西斯》（*Ulysses*），成為主角布魯姆（Leopold Bloom）人生一天的寫照。如果喬伊斯記錄的不是在過去經驗脈絡下理解的當前內省經驗，那麼意識流又是什麼？

十九世紀末的精神科醫生也在當時的末日情懷中航行在意識的新水域小試身手。雖然佛洛伊德在意識概念的推廣上被視為精神病學的巨人，但他的意識概念通常局限在過去的記憶，未能把當下經驗中不斷進行的生命律動納入意識內涵。他的記憶理論如「意識和無意識」或是「被壓抑的記憶」都缺乏當下經驗的即時性，反觀詹姆斯兄弟的作品，或是後來的存在主義文學，才看到標誌著知識份子的興奮。佛洛伊德的意識學說與其說是一種動態形式，不如說是一種結構：他將意識描述為很多層次，最深處是未知的無意識、到潛意識、再到意識，就像一張測深圖，其中較深的藍色陰影表示更深處。然而，意識有即時性，就是出現在從這一刻到下一刻的經驗感受——所謂的時間流，這就是詹姆斯兄弟靈機一動進入探索，而佛洛伊德錯過的地方。

「意識在動」這件事很容易被忽視，因為意識只存在於「當下」是顯而易見的事實。我們在第七章探討了時間的主題，得出的結論是「過去」和「未來」只存在於記憶中，「當下」才有真正的意識。而更高意識是一個正在流動的過程，在這個過程中，感官輸入和記憶網絡組成的系統以即時流動狀態做資訊交換。

意識異常狀態

意識擴展狀態提供了對正常意識狀態的獨特洞察。甚至在詹姆斯兄弟之前，杜斯妥也夫斯基（Fyodor Dostoevsky，1821-81）就寫過有關意識的作品，特別是寫意識異常狀態。對我來說，杜斯妥也夫斯基帶來了一種被放大的意識感，一種匆忙的即時性，一種不舒服的興奮，雖然有豐富感覺但卻像躁症發作。他在《罪與罰》中寫道：「……過度覺知是一種病，一種徹徹底底的病。」當我第一次讀到杜斯妥也夫斯基的作品時，我意識到他對主觀狀態的描述是扭曲的，但我和無數讀者一樣，只是驚嘆，就

1 作者註：我從尼可拉斯・達姆斯（Nicholas Dames）的小說《失憶症的自己：懷舊、遺忘和英國小說》（*Amnesiac Selves: Nos talgia, Forgetting, and British Fictio*）中借用「敘事意識」這個詞。達姆斯是哥倫比亞大學西奧多・卡漢人文學科的教授，寫了大量關於現代心理學的文章，研究領域特別是十九世紀維多利亞小說到現代文學。

像看了恐怖電影一樣。沒有經歷過異常狀態的人，怎能如此真確地描述這種扭曲的意識流？事實上，杜斯妥也夫斯基確實經歷過異常的精神狀態：他患有癲癇，由於大腦某部分隨機放電，因此經常有精神病的感受經驗。他在癲癇發作前，會有一小段時間變得欣喜若狂，意識增強，就在那時候，他感覺他穿越時間。他在他許多小說中都描述了這種狀態，例如《白痴》（*The Idiot*），他寫到梅什金公爵（Myshkin）說：「他活著的感覺和他的意識增加了十倍。」

亞拉夫是我的病人，他在一次躁症發作中經歷了這種「真實徹底的病態」。他有一種杜斯妥也夫斯基般的才能，可以生動地以口說和文字描述他的主觀體驗。

亞拉夫被警察帶到我們醫院時年僅二十一歲。他生命的大部分時間一直都處於憂鬱症的狀態。他在入院前幾週忽然變得狂躁，入院時他告訴我，他「覺得這樣的精神錯亂是憂鬱症的解藥」。那對他來說是一種壓倒性的感受：「……這是我生命中最美好的時光，我想把這件事告訴每個人。我正處在重大的天啟時刻，如果我不把這件事說出去，它就會像沒有發生過一樣。」他接著滔滔不絕地談論發生在他身上的事，他覺得他與別人之間的障礙正在消失，他可以通過心靈感應進行交流，並且「充滿了來自他人的力量」。世界上的一切都「如此迷人，而我在更高層次的『空間』」。他說，「太清醒」很奇怪，腦子裡出現的一切都有特殊的意義。他相信他可以改變他人，解決世界上所有問題……「我可以救很多快要死的人，讓科學家知道為什麼人不能每天都樂觀向上。……」他覺得「很多想法不停在我腦後低語，我試圖跟上節奏。」

他跟著別人趴趴走，想告訴他們他的超感知以及他的「靈感連線」，好讓他們可以分享他的新知識。在到處追著人推銷前，他已經一個禮拜沒有睡覺了。一位醫生在加爾達車站幫他做檢查，叫他到我們這裡來看病。亞拉夫覺得自己的狀況很奇怪，意識增強，充滿狂喜的愉悅，醫生跟他說他病了。他被告知他並沒有「神奇的靈感」，但他卻覺得自己有「太多神奇的靈感」。他確實接受了藥物治療，因為他覺得這些感受正在失控，他需要一些醫療幫助才能入睡，減少刺激。幾個星期後，他慢慢變得不那麼興奮過度，也不再那麼愛說話了。但他仍然專注於他強烈的狂熱體驗，住院期間除了這件事他幾乎不談其他事。

不久，他從住院病房轉到日間醫院定期看診，他告訴我：「為什麼我們看得到顏色而狗看到的只是黑與白？我們看到是因為我們心裡面早就內建好了……一切都是感官輸入。」他接著解釋說，他在精神錯亂時不斷增強的感官輸入是一種失控的禮物，但「清楚成這樣讓他（我）很害怕」。

亞拉夫對躁症的超意識狀態做了精采生動的描述，這就是知覺感受被誇大的例子，稱為「超感知」（hyperperception）。除了來自外部世界的高度神經輸入流（外感受流）之外，還有另一個來自他身體的高度神經輸入流（內感受流）。亞拉夫告訴我，當他處於狂躁狀態時，他對自己的身體「有了新的意識」。除了過度的外感受外，他還體驗到從他的身體內部發出的強烈內感受。簡單回顧一下，內感受首先被帶到腦島做身體的「定位」——也就是腦島要識別是什麼痛和在哪裡痛。神經元從腦島進入前額葉，將人的感覺狀態整合到工作用記憶。「腦島－前額葉驅動器」是葉慈說的「記憶回收站」，裡面有個人獨特的歷史，它可以表達被校正過的細微情緒、無聲的快樂、平生記得最清楚的痛苦，或所有想像、生活。當所有虛榮的外衣和一切的自欺欺人都因年歲漸長而蒸發時，剩下的就是它。原始感覺狀態納入為意識，儘管這種內感受可能會被忽略。在躁症發作中，這個系統會出現不受控制的洶湧活動，成為對自我和他人高度敏感的感覺系統，出現自我與外界間界限融化的經驗，以及一種誇大的連結。這個狂躁階段通常是短暫的，然後會演變成一種狂熱、不舒服的過度活化和過度喚醒。

迷幻藥

亞拉夫的意識「真實徹底的」生病了，在狂喜發生前就病了。幾千年來，人們一直在尋找這種狂喜狀態。這種擴大的連結感——與自己、與他人、與這個物質世界——這是典型使用迷幻藥在嗨的感覺。作家阿道斯・赫胥黎（Aldous Huxley）在一九五三年使用迷幻藥「迷幻仙人掌」（mescaline，仙人掌毒鹼），那個時候迷幻藥還沒有被禁，他隨後寫了一本相關經驗的書，《知覺之門》（*The Doors of Perception*）。到目前為止，也許這本書還是關於迷幻藥如何提高自我意識、感知和與世界聯繫最著名的敘述。這些感知通常稱為宗教、通靈或神祕經驗。這裡我想強調的是，迷幻劑引起的精神擴展意識與躁症發作時不受控制的超意識，兩者還是有基本上的不同，我這裡僅是舉例說明意識增強的狀況，而不是對兩者進行比較[2]。隨著年齡增長，進入高度意識狀態的能力也提高，這點並不奇怪，因為隨著前額葉皮質的發育，呈現各種資訊的能力也在發展增強。

在這種意識高度擴張的階段，人們對身處「元意識的意識」高度關注。元意識的狀況就是看到自己變成另一個有完整意識的人。換句話說，在我們最有意識的時候，我們意識到自己的意識。你現在可能對元意識有一點暈頭轉向——這就像試著從外部觀察自己，或者看著自己看自己。你有沒有不經意地站在兩面鏡子間，看到你的形象被反射成一個逐漸縮小的斑點？如果沒有，請把手持鏡子放在身後，同時看著浴室鏡子，你就可以輕鬆看到這個影像。甚至可以操縱手持鏡子，把自己在浴室鏡子中的倒影反射到越來越小。你的意識其實就像一個無窮大的鏡子系統——從真實自我反射出

2 作者註：目前正在測試迷幻藥做為各種精神疾病治療藥物的可能。有很好的證據表示 K 他命可用在憂鬱症，但它的抗憂鬱作用是否能在患者身上長久有效還有待觀察。我曾經參與過首屆賽洛西賓（psilocybin，這是從迷幻蘑菇提煉出的化合物）治療重度憂鬱症的國際試驗。

你的形象，然後這個形象又被照在對面的鏡子裡，然後又映照在對面的鏡子裡，依此類推。你會看到反覆遞減的畫面持續遞減，無窮無盡。

當我們說自己在照鏡子時，我們不是在看自己——我們在看自己反射的倒影。也許這就是為什麼「reflection」（反射）這個詞用在描述思考我們記憶和思想的過程會是如此貼切，因為我們也在做「reflection」（反思）。除非透過鏡子反射或利用照片畫像的再現，我們是無法從直接看到自己完整的身體全貌：向下看，只能看到肩膀以下。「意識」這個我們試圖概念化的東西，也定義了我們的局限性。我們困在自己的意識裡，困在自己的鏡子裡。只有通過對整體的再現、反射，我們才能完整地看到自己。也就是說，在我們意識的鏡子之外，我們不能既存在又感受自己。這就是為什麼那些患有嚴重精神病或嚴重憂鬱症、躁鬱症的人根本不可能意識到他們生病了。人們需要在自己的大腦之外才能看到內在經驗的中斷。

意識的瞬間，大腦正處在**製作用**記憶網絡的過程中。此時，神經輸入在學習組織經過修剪的網格中放電燃燒，神經元的整合系統（主要是前額葉大腦）不斷處理，終於得到精簡的輸出資訊：思想、結論、直覺、預測、知識、理解。沒有經過整合的網絡，輸入就不會被集結，世界就不會連貫。在製作用記憶中，我們之前談過的大腦所有再現系統——感知、運動、情感——都被整合在一起，在當下這個有意識的時刻，形成自己和世界生動的畫面。

「天人合一」與萬物契合的概念其實在平常日子也能經驗。遨遊大海時，我就能體驗到這種超然意識。我和其他泳客在我們家附近的海灣下水海泳，也沒有冷不冷的問題，愛爾蘭的海水從不溫暖。夏天被水母螫，冬天被冷冽的東浪打，游出時被岸邊的海藻纏住，回來時海草更多。但只要游出去，只剩海和天，別無其他。沒有重力，只有載浮載沉。此時萬物與我合一，我活著，隨無垠晃動而動，感受無垠也是活的。和海天一體，完全自主，將身體投入海與風的律動。冷風刺骨，在我往岸邊游之前，我開始計算這份冷冽要多久會開始拖慢我。冰到極致時出現一種狂喜，感覺自己成為全然的自己，完整，與天地再次連接。這份完全私密又共同超越的時刻在所有海泳者心中心照不宣，就像公開的祕密。

網絡神經科學

已故的美國神經學家傑拉德・艾德曼（Gerald Edelman）將意識和記憶的想法結合在一起，這些想法與最近的科學發現互相呼應，我用他的見解來結束本章。艾德曼是分子生物學家，因發現抗原識別和記憶免疫細胞的方式而於一九七二年獲得諾貝爾生理學醫學獎。在他職涯後期，他研究了過去以及製作用記憶，特別針對大腦如何透過記憶「認識」現在。他認為這種認識發生在有意識的當下，而這種意識是記憶網絡重啟運作的過程——他稱之為「再入」（reentry）。艾德曼直覺認為，任何意識經驗都涉及多個大腦網絡，這些網絡是由經驗鍛造而成且由當下輸入重啟運作。

今天，艾德曼的直覺已經演變成「網絡神經學」（network neuroscience）和「連接組學」（connectomics），這些學問探討大腦是如何連接的。年輕的神經學家如賓州大學的丹妮爾．巴塞特（Danielle Bassett，她也是物理學家）利用物理和數學原理來了解學習和記憶神經網絡的模式。在巴塞特的研究中，她利用功能性磁振造影技術（fMRI）和腦電圖（EEG）等多種技術，將大腦神經的連接和活動與特定的主觀體驗和行為做「配對」。她的「圖像理論」（graph theory）為理解思覺失調患者大腦混亂的模式提供了一種新方法，在思覺失調者混亂的大腦中，前額葉有更多的隨機放電和更少的集中活動。我認為巴塞特做的「經驗在大腦定位」的研究，優雅而精確，非常類似普魯斯特在尋找過去經驗時所做的內省搜索。巴塞特和她的同儕正思索大議題，他們不僅站在神經學巨人的肩膀上，而且站在思索自己的偉大藝術家的肩膀上，而藝術家們已先馳得點。

12 性激素和會唱歌的鳥

在人生的前二十年，大腦不斷修剪連結，反應從外界習得的外感受模式，但從感覺和情緒來的內感受世界也產生巨大變化。在童年的感性爆發之後，來到了青春期因性激素氾濫造成的情緒崩潰。在本章中，我們將探索支撐浪漫渴望、性欲、夥伴關係和生殖的大腦變化，以及涉及情緒學習和情緒調節的記憶系統。隨著性激素對大腦結構的影響，發育中的成年人所關注的焦點和記憶內容也將永遠改變。雄性椋鳥是自然界提供的好例子，可以說明性激素在大腦中的作用以及它如何改變行為。

椋鳥高歌

我希望你和我一樣幸運，在夏天被椋鳥的美妙歌聲圍繞。我曾在深秋聽到一陣壯觀的鳥鳴，往窗外一瞥，但還無法立即分辨，只覺得一定有一大群鳥。然後看到了我家前院的大梧桐樹，樹上葉子幾乎看不到了，整棵樹被一大群約三百多隻的椋鳥覆蓋。牠們站在樹枝上，背後映著紅橙色的落日餘光成為一團剪影，偽裝成黑色的樹葉。

椋鳥交響樂團的起因是椋鳥的大腦在夏天會長出「鳴唱皮質」（song

cortex）。鳴唱皮質的發展是受到陽光的影響，陽光會觸發雄性椋鳥釋放「睪固酮」（testosterone），睪固酮被鎖在椋鳥大腦中的睪固酮受體上，進而促進神經元的發育，最終長出鳴唱皮質。被睪固酮誘發長出的鳴唱皮質受到夏天日照延長而發展，當天氣越來越好，雄性椋鳥也叫得也越來越高亢，藉此吸引雌鳥，為求偶揭開序幕。

當白日縮短，睪固酮濃度因為日光減少也跟著下降，雄性椋鳥的鳴唱皮質萎縮。當鳴唱皮質消逝，椋鳥的歌聲就從風景中隱沒。雌性椋鳥的大腦不會發展出鳴叫皮質，因為雌鳥不分泌睪固酮，因此與來求愛的雄鳥相比，牠的歌聲低調很多。然而，如果給雌鳥注射睪固酮，也會長出精細複雜的鳴唱皮質。巧的是，雌雄兩性都有睪固酮受體，但需要有睪固酮才能活化它們促進神經增長。激素和受體缺一不可，大腦生氣勃勃，各種化學物質漂浮在突觸間隙，但這些特定的化學物質只有和特定的受體相接才有作用。這一點很重要：雖然大腦湧進各種性激素或神經遞質，但只有被鎖定在相配的受體上才會活化。我曾以為椋鳥離開我們去過冬，但離開我們的只有牠們歡鬧的鳴叫，等春天到來，睪固酮受到光的誘導又增加時，歌聲就又回來了。

人的腦也會發生類似的性激素調節機制。觸發青春期的確切條件是複雜的，目前已知包括營養、遺傳，而且如果以女孩來說，就是女孩在童年時期的經歷。在一九八〇年代到九〇年代間有一份取樣數量驚人的研究，美國兒童心理學家傑伊·貝爾斯基（Jay Belsky）指出，女孩青春期若提前，則與父親的缺席有關，而不是母親缺席。

他認為原因出在人類在進化歷程中經歷過生存條件不利的時代，當負責狩獵採集的父親缺席，就需要女性後代更早繁殖和獨立。青春期的開始會受到很多差異條件的影響，比如體重和遺傳等，但無論如何，有一個共同的生理觸發因素——「親吻促動素」（kisspeptin），這是一種下視丘激素，它恰如其分地簡稱為KiSS。下視丘產生大腦激素，然後釋放到體內去引導各個不同腺體釋放激素。還記得HPA軸嗎？下視丘－腦垂腺－腎上腺軸。下視丘激素CRH最後會引發腎上腺釋放皮質醇。而親吻促動素也會啟動下視丘產生一種大腦激素，這種激素會進入體內促使睪丸產生「雄性激素」，主要是睪固酮；或刺激卵巢產生「雌性激素」，主要是「雌激素」（oestrogen）和「黃體素」（progesterone）。然後，男性和女性的性激素會鎖在和它配對的受體上，在青春期期間引起身體和大腦的變化。

重要的是，就大腦功能而言，性激素藉著血液循環被帶回大腦，這裡再次看到大腦指揮身體活動，反之亦然。在內分泌系統中，下視丘產生的激素會讓身體各腺體合成及分泌激素，這些激素回到大腦就會影響大腦活動。這個動態循環就像是下視丘指揮自主神經系統引起身體感覺，神經信號藉這樣的循環回到大腦腦島中的情緒定位區。性激素對大腦有影響，這對了解大腦發展很重要，發育中的大腦到底關注什麼、記憶什麼？我們看看愛麗絲的故事。愛麗絲是我多年前的病人，她到了快三十歲才開始來月經。每個月性激素的潮起潮落反覆對她的成年大腦產生作用，帶給她全新體驗，她的故事對我來說仍是極為獨特的案例，讓我看到女性性激素對初識性激素的大腦會造成怎樣的情緒改變。

愛麗絲

愛麗絲從十幾歲起就患有神經性厭食症，每天的生活圍繞著攝入的卡路里量展開。她只吃基本食材製成的食物，還要用盎司稱重，每天上班前都按照嚴格的程序準備所有食物。她吃飯遵守極度嚴格的紀律，體重一直保持在三十八公斤（或說八十四磅或六塊石頭）。由於她的體重一直偏低，她只來過一次月經，在十三歲出現厭食症之後月經就沒有來了。女性的體重必須達到一定重量才有規律的經期。這可能是一種機制，防止女孩年紀太小就受孕，並在母體營養不良、懷孕無法持續或嬰兒可能死亡的情況下中止妊娠。愛麗絲對健身的精確度也與她對進食的要求一樣：每週要游X長的游泳池Y次，依此類推。生活中幾乎沒有其他事情可以吸引她，儘管相對於她令人印象深刻的能力而言，她的實力並未充分發揮，但她以對飲食和健身嗜好相同的嚴謹態度來完成她的工作。

理想的健康飲食模式是食物攝入量由食欲調節，肚子飽了就不吃。我們合理認為這個目標在現實世界可能無法達成，因為愛麗絲還沒有發展出任何食欲與飽足感的知識，而且她可能遠超過自然飲食攝入機制的調節範圍。我們制定了一個策略，先不要制止她強迫性的飲食習慣，而是利用這個習慣來幫助她適度增加食物攝取。因此，我們不採用標準的「食欲－飽足感」驅動模式，或「吃到目標重量」的療法，我們計畫讓她用她的強迫症模式來調節食物攝入量。例如，做麵包時額外添加一、兩盎司的全麥麵粉。

愛麗絲一絲不茍地堅持她的新計畫，在幾個月內以非常緩慢的速度增加體重。她在稱重時極度焦慮，經常前一天晚上睡不著，需要小劑量的安眠藥來控制她的恐慌情緒。當她達到四十七公斤的目標體重時，她開始覺得怪怪的，很煩躁。她覺得自己好像失控了，她堅持認為這種感覺與她因為體重產生的焦慮感不同。她覺得自己好像被一種無法控制的情緒病毒攻占。她會哭得淚流滿面，異常敏感易怒，經歷了生平以來第一次想自殺的瞬間。然後月經就來了。這是她成年後的第一次月經，雖然已經二十多歲快三十歲了。她的性激素系統啟動了，就像在青春期一樣，當體重達標，就會引發出性激素，但也引發出從未經驗過的感覺。激素誘導讓大腦通路活化，因此產生新的情緒體驗。

愛麗絲被不穩的情緒淹沒，煩躁到幾乎沒有辦法做事。令她震驚的是，所有女生每個月都會經歷這些感覺。我們決定讓她服用抗憂鬱藥，認為可能有助於幫她控制慌亂情緒，並建議她以藥物和心理治療擺脫這種煩躁。她的荷爾蒙覺醒對她的情緒系統有這麼大的影響，我和她都覺得很驚訝。大約一年後，等到她的情緒大腦真的適應了，我們就把她的抗憂鬱藥停了。隨著進入成年人的情緒和性世界，愛麗絲開始社交生活了。第二年她愛上了一個男人，而我搬到別處工作。隔年聖誕節愛麗絲寫信給我，說她嫁給了這個男人並且懷孕了。又過了幾個聖誕節，她又寫信給我，說她又生了一個孩子。彼此人生向前行，我們失去了聯繫。

愛麗絲見證厭食症的世界有多頑強，她以鋼鐵般的紀律戰勝一切，並利用自己的弱點讓自己恢復健康。回到之前主題，愛麗絲身為成年人，她觀察到屬於正常青春期必定出現的情緒不穩。她的故事說明了所有青春期女孩在性激素影響下出現的情緒。一開始，情緒高張會導致一段起伏慌亂的時期，之後才會改善情緒，增加社交技巧，進而可以求偶、建立夥伴關係、進行繁殖。青春期釋放的性激素導致此時期普遍出現衝動和情緒失控的行為，例如交通事故、自殺和藥物濫用，這也占死亡原因的多數。這些情緒變化最終會讓自己和他人產生新的情緒意識。當愛麗絲在一個情緒複雜的新世界中站穩腳跟，她就對自己和他人有更細膩的理解，也改變了自己人生的進程。

性激素引起的情緒變化讓年輕人從根本改變，關注的東西改變了，對它的詮釋改變了，記憶也就改變了。有個例子可說明這情形，回到求偶的椋鳥，觀察雌椋鳥對雄椋鳥尬歌的反應就可以了解，如果雌鳥的雌激素水平低，牠會忽略雄鳥歌聲，也不會費心選擇配偶。它們根本沒有引起牠的注意——牠沒有被喚醒。若雌鳥的雌激素水平很高，就像在交配季節，牠才會注意雄鳥的歌聲，才會選擇伴侶。所以只有當愛麗絲的大腦被雌激素活化時，她才會注意來求愛的男人。身體和大腦的喚醒狀態會改變年輕人的生活。我們聽過的愛情故事，哪一個不是在關係開始後就用下面的句子做結尾——「接下來的事大家都知道了」。

性激素和大腦

性激素會鎖定在大腦特定區域的專門受體上，就像椋鳥有鳴唱皮質一樣。人類的性激素受體大量出現在記憶和情緒中樞——杏仁核、腦島和海馬迴中。就像椋鳥一樣，無論我們出生時的性向或性別，在大腦中都有雌激素和睪固酮受體。大腦中的性激素和性激素受體對於大腦結構的變化以及情緒反應和行為變化都是必要的[1]。這就是為什麼對異性個體施用男性或女性性激素，不僅會改變外部第二性徵，也會改變感覺狀態和行為。有個簡單的例子，對跨性別的男性施用睪固酮通常會讓他們增加性欲，

1 作者註：順便一提，我在九〇年代初寫博士論文的主題就是這個理論：雌激素和黃體素可能以改變大腦神經遞質的功能，進而影響感覺迴路。我們之所以對雌激素和黃體素感興趣，是覺得它們對血清素的功能有影響，而治療憂鬱症的藥物也會增加血清素的功能。我的研究現在已經過時了，但我完成之後好幾年，有人用更複雜的方法研究這個主題。就如哥本哈根有一個研究小組研究了女性大腦中血清素的神經成像功能，用放射性原子標記血清素，然後觀察測量發光血清素的模式。他們的研究表示，雌激素水平的波動會讓杏仁核和海馬迴的情緒迴路產生變化。

而對跨性別的女性施用睪固酮卻通常會讓她們降低性欲。跨性別男性和跨性別女性從出生都有雄性激素受體和雌性激素受體，但這些受體分別要在施用雄性激素或雌性激素後才會被活化。有一種罕見疾病，稱為「雄激素受體不敏感症」（androgen receptor insensitivity），就是出生時帶有一組男性染色體（即染色體為XY，而非XX）並產生睪固酮的人，他的睪固酮受體不會作用。所以，儘管大量的雄激素循環，卻沒有作用。這導致這個人在性方面發展得像女性，因為女性是默認性別。如同身體的狀況，大腦也會發展得像女性大腦一樣。因為人類男性和女性的大腦也和椋鳥的大腦一樣，在性激素的影響下男女發育不同。所以染色體是XY，卻沒有接觸睪固酮的人，他們的大腦就像女性大腦一樣，與男性大腦相比，他們的杏仁核對性圖像的反應較少。

激素對大腦的影響可以在大腦較高的情緒中樞中看到，特別是在腦島。在女性身上發現腦島活動的增加與雌激素的波動同步。在德國做了一項人體功能性磁振造影研究，主題是雌激素如何影響健康女性的情緒迴路，研究結果完美地證明了以上說法。參與實驗的女性雌激素水平高低都有，實驗是讓她們看悲劇電影。研究者表示看悲傷電影時，比起雌激素低的女性，雌激素高的女性腦島和扣帶迴的活動增加較多。性激素藉著以上機制，透過「海馬迴–杏仁核和腦島迴路」改變我們關注的事物、感受和記憶[2]。

前額葉皮質和情緒發展

只要青春期那幾年的不安情緒可以控制，多數年輕人就會進入情緒控制得宜的階段。那是因為前額葉皮質的發展調節了情緒，事實上，前額葉皮質是一個整合區域，能有意識地處理思維和感覺。

只要談到前額葉有處理社會情緒的功能，每個醫學院的學生都要學費尼斯・蓋吉（Phineas Gage）的故事，這是發生在十九世紀中非常著名且不幸的案例。蓋吉是佛蒙特州的鐵路工人，因為一次意外事故，一根鐵棒從他的下方臉頰向上刺穿頭蓋骨衝出。他沒有立即死亡，令人驚訝的是，他在幾分鐘之後就恢復意識，也能清楚說出人物、時間、地點等定向。之後他活動能力如常，但他的性格發生了根本改變。在出事之前，他是平凡溫和的人；但事故發生後，他變得冷酷、粗魯、不合群、喜怒無常。這是社交情緒控制中樞位於大腦額葉的明確證據，而蓋吉的社交情緒控制中樞被切斷了。嚴重的額葉損傷可以導致一個人性格改變，使他在社交上變得粗魯、放肆、對他人冷漠、無同理心。[3]

---

2 作者註：高度情緒化時期的背後原因可能都是雌激素，它對情緒迴路會造成影響，就像在雌激素水平波動期間，如青春期、懷孕時期、分娩過後或更年期。這種影響反映在女性的情緒障礙中，特別是女性性激素波動時期特別有情緒障礙。

3 作者註：在蓋奇案例中，鮮為人知的是他的社交技巧經過時間慢慢就改善了。

我曾經看過一個想自殺的年輕人，他用箭射穿自己的頭。箭穿過他的眼睛，從他的天靈蓋射出。我們都覺得很困惑，因為自殺未遂後他否認情緒沮喪，而且他對自己的處境漠不關心。我記得他告訴我們他什麼都不在乎，連殺了自己都無所謂。他自殺不是因為情緒上痛苦，而是因為他對生活沒有興趣。年輕人可能會表現出「無聊」的情緒，但這通常是他們無法享受生活才會如此。但這個年輕人有一點不一樣，是一種病態的厭倦。我從未見過有人心情絲毫不沮喪，卻用這麼激烈的方法自殺，我後來也沒再見過這種情況。正因如此，他的案子我一直記得。我經常懷疑射穿的箭是否改變了他的額葉功能，就像蓋奇那樣，讓他變得冷漠無同理心，額葉受傷時經常會如此。但他在自殺未遂前是否沮喪呢？他的情況是否因腦損傷又改變了呢？他是否也切斷了前額葉皮質的某些連接，換句話說，自己給自己做了腦葉切除術[4]？腦傷好轉後，他出院到他居住地的精神病院進行觀察和治療，很遺憾我沒有跟進後續的情況。

約瑟夫．勒杜（Joseph LeDoux）是紐約的神經學家，他在下班後組了一個名為「杏仁核」（The Amygdaloids）的搖滾樂團，可見他對研究有多熱情。他對前額葉的情緒發展提供了一些有趣的見解。他的研究發現，從前額葉皮質到杏仁核再到腦島，這一條連線對於情緒控制的發育極其重要。在成年初期，前額葉有一部分的發育是在加強前額葉和情緒網絡間的連接。勒杜提出了一個重要觀點：「與常識相反，『不受控制的情緒狀態』會消除，此功能與遺忘不一樣，而是代表了新的學習。」向下長到杏仁核的前額葉迴路會讓杏仁核輸出受到「**抑制**」（inhibition），杏仁核的情緒體驗就不會像一錘敲在頭上那麼強烈，反而出現更多權衡後的感覺，這種抑制就是新的學習。這可以從「前額葉－海馬迴－杏仁核」連成系統的大腦活動增加明顯看到。自我和他人意識的記憶系統一直在成長發展，使發育中的成年人能比較透徹地看待事情，而不是衝動地做出反應。有一個字從精神病學、神經病學慢慢演變成日常用語，大家會用「frontal」（額的，前部的）這個字來形容情緒失控的人。然而這個術語的使用是違反直覺的，因為前額葉的英文為 prefrontal，無論如何對我來說，當某人稱為很「frontal」時，其實是他的 frontal 受損了，或者應該說 hypo-frontal（額葉功能低下的）才對，就是 frontal 功能不足。

性別認同或性取向是會變的，一個人的從屬關係也會變換……在即將進入成年期的生理劇變期間，一切的掌握取決於基因、環境穩定性、環境適合度、童年遭遇以及這所有因素之間的相互作用。我們是基因和發育的古怪混合，成就出我們獨一無二的複雜性，我們更有智慧地注意到方方面面，以及這些不同狀態帶給每個人的不同影響，避免以偏概全或偏重一方。基因有時勝過環境，反之亦然：一切都是因緣聚合；

4 作者註：「腦葉切除術」（lobotomy）也稱為「腦白質切除術」（leucotomy），這是一種神經外科手術，會把前額葉皮質的連接切斷。一九五〇年代，在發現精神藥物之前，這是治療嚴重精神疾病很常見的一種手術，但目前已不再使用。

我們可能在愛與包容的成熟環境中長成情緒平衡的經驗傳承者，或者在混雜的環境中長成情緒化不受控的受害者。某人可能父母很善良但是很情緒化，如此不幸地繼承了這樣的遺傳基因，在青春期未成熟的大腦中發作，引發他的精神病或情緒障礙。還有許多青少年必須面對對他們來說很奇怪的社會組織系統，他們必須安撫青春期內感受的不安。最可悲的是有些人必須忘記外界虐待他時所產生的反應，重新形成基本記憶，才能變成健康成熟的人。

在邊緣型人格障礙（borderline personality disorder，簡稱ＢＰＤ）的臨床診斷中，最明顯的狀態是病人童年受到虐待，導致成人時情緒平衡被破壞。虐待和忽視以及所有的人生經歷都會改變大腦結構和記憶通路。早期生活中的不當對待會導致成年後精神疾病的發生——憂鬱、焦慮、藥物濫用、精神病、自殺死亡——其中邊緣型人格障礙與兒童期的虐待和忽視最是相關。

邊緣型人格障礙（ＢＰＤ）

邊緣型人格障礙是被汙名化的疾病，其特徵是高度的情緒困擾和憤怒、情緒快速波動、身分認同感很差並且不斷變換認同、人際關係既緊張又不穩定、頻繁的藥物濫用和反覆的自我傷害。這種感覺和行為模式經常源於童年的虐待或忽視，在這種情況下，孩子無法學會控制自己的情緒，因為他們沒有得到情緒成熟的成年人給他們穩定的影響。成長過程中，父母首先必須用安撫來控制嬰兒的情緒：父母提供孩子撫慰，嬰兒就能發展自我安撫的能力。嬰兒期之後，在孩子需要透過理性發展學習技能時，他們需要行為與口頭的指導來控制自己的情緒，否則就會成為情緒失調的成年人。

在哈佛醫學院任職的馬丁．泰徹（Martin Teicher）寫道，受虐者大腦發生改變，「是因為他們預期這個惡意世界一定充滿壓力，因而產生的一種適應」。預期和推測都是基於童年經歷，對於那些受到虐待的孩子，敵意和憤怒可能是適當反應，但他們在成年後會變得自我挫敗和適應不良。人會因為受到虐待而變得過度防衛，使自己對人際接觸更加疏離，無論那些人是拒絕自己的人或自己渴望的人。有證據顯示，虐待促使大腦系統產生變化，狀況可能是特定形式的虐待或在特定成長時間受到虐待，這些都會對大腦發育產生影響。言語虐待或在家目睹暴力似乎會讓聽覺皮質和視覺皮質的神經通路發生變化，聽覺和視覺皮質就是感覺記憶通路。還有，若是情緒或身體上遭受忽視則會導致「杏仁核－海馬迴」發生改變，這就是參與情緒調節、負責整合的較高大腦，我們稱為「扣帶迴前額葉網絡」。

邊緣型人格者的神經影像顯示，他們的杏仁核對情緒線索的反應會延長，延長時間與感受強度和無法控制的情緒一致。前額葉抑制本來應該從前額葉向下延伸到杏仁核到海馬迴，但邊緣型人格者似乎不會發展得很平均。你可能已經想到，由於沒有前額葉抑制的剎車，患有邊緣型人格障礙的人對衝動控制的能力很差，並且經常濫用藥物。邊緣型人格患者就像活在情緒發展的停滯階段。所有應該發育的神經——衝動控制、社會操縱、情緒調節、身分認同——都以某種方式停止了。剛成年的年輕人感到情緒不穩定、衝動控制能力差、判斷能力也差是很自然的，但在邊緣型人格的人中，這些感覺狀態和行為根深蒂固，並且維持時間比年輕人更久。

有時候，在精神病領域工作的人會覺得邊緣型人格者似乎永遠學不會，但臨床研究和長期經驗顯示情況並非如此。內在感覺狀態及可測量的行為反應會隨著年齡增長而改善。研究發現，邊緣型人格者對「辯證行為療法」（dialectical behavior therapy，簡稱DBT）的反應最好。辯證行為療法是一種基於辯證的心理療法，接受自己的同時又要邁向改變。這種療法是美國心理學家瑪莎・萊恩漢（Marsha Linehan）創立的，她自己在年輕時就曾因邊緣型人格住院多年。我常認為，這種療法近似於「養育成人」。我並不是說所有邊緣型人格障礙的患者或具有邊緣型人格特徵的人都沒有得到好的養育，因為有些人只是情緒比較不穩定，衝動控制能力比較差，更容易對特定物質上癮，或經歷更多憤怒，或者對自己作為應該獨立於世的人，卻沒有很強的內在意識力。研究顯示，有些與生俱來的人格特徵似乎不會隨著時間推移而變化，這些特徵的穩定性會讓人更容易成熟。但這並不總是與養育子女有關。

進行辯證行為療法，要與病人協商出行為界限，例如不可切割自己身體、不能以自殺要脅，同時要給予這個人強烈支持，還要輔以由洞察為導向的心理治療。這很像父母親給予的堅定教養，讓人們在自己同意的行為規範中培養安全感，並學習調節情緒。對於邊緣型人格障礙者來說，同時對於因為遭受逆境而記憶和情緒網絡偏差的人來說，勒杜的前額葉抑制模型顯現新學習的可能，辯證行為療法在改善情緒方面很成功，這些都為他們帶來好轉的希望。有一項針對接受辯證行為療法的人進行的神經影像學研究，發現他們從前額葉皮質到杏仁核的抑制通路增加，情緒調節得到改善。如果一切順遂，幼年時無災無難，前額葉神經元會在成年初期生長來抑制杏仁核輸出，而達到情緒平衡。這種轉變有助穩定的自我意識出現，形成穩定的個性和身分認同。了解自己的情緒感受和意圖，這是對情緒的洞察力；然後隨著年齡增長和前額葉的發展，我們會了解他人的情緒感受和意圖，進而改善關係。當性吸引力無法因經驗感受而達到平衡時，與年輕人對愛的渴望相比，成熟的感情更能引導出成功幸福的關係。在愛的領域，這不是老年人才有的優勢。儘管我們不斷接到訊息，年輕的外表更具吸引力，但情況並非總是如此。讓我們回到椋鳥來結束本章，椋鳥就是一個好例子，告訴我們記憶和學習在愛情擂台上占有優勢。

就像人類，椋鳥在社會上是合作的，但在私人領域則很競爭。牠們化成大群或小群行動，在天空中成群起伏，形成不停變換的美麗圓形。沒有領導者，只有出色的雷達，讓牠們在飛行中與周圍其他椋鳥保持完美的間隔。但說到繁殖後代，牠們就不講大家有份這一套，一旦以睪固酮為燃料的鳴唱皮質受到陽光照射，雄鳥就會站在土巢入口，與其他雄鳥競爭，吸引領地裡的雌鳥。雌鳥會迎向唱得最好的歌手，對雌鳥來說，誰的曲子唱得長、誰的歌聲最複雜，牠就是最好的歌手。因為椋鳥是出色的模仿者，唱的歌都是聽來的，年齡越大，聽的曲目越多，會唱的歌就越多。這讓年長雄鳥占了便宜，因為牠們記得的歌曲多，越能博得雌性青睞。但同時，年輕雄鳥要從前輩那裡學習新曲目，創造旋律記憶，等到來年又是繁殖季，牠們才會有優勢。真是令人欣慰啊！不是只有青春美麗才會贏得浪漫，還有經驗和記憶。

13 生活中不斷變化的敘事

「這就是愚弄人的地方：人是說故事的人，人生圍繞著自己的故事和他人的故事，這個人透過這些故事觀察發生在自己身上的一切，然後努力活出自己的人生，好像他不停地重述著故事。」

——法國存在主義作家沙特（Jean-Paul Sartre）[1]

在前面章節中，我們探討了大腦整合記憶系統的神經發育，說明這樣的發育如何讓理解成為可能，包括理解外感受世界、理解自己和他人。從本質上講，前額葉發育後可以讓複雜的感官訊息再現，然後把資訊集結起來創建出一個事件連貫的故事，如果是自傳式記憶則還涉及海馬迴。這會藉著前額葉記憶網絡的修剪和髓鞘化慢慢成形，隨著記憶網絡的發展，我們學會預測、想像和創造。我們已經研究了情緒神經發育的知識，探討年輕人如何通過鏡像系統學得意識自己和他人，透過前額葉生長來調

1 作者註：Jean-Paul Sartre, *Nausea*, trans. Robert Baldick (Penguin, 2000), p. 63.

節自己的情緒，從而與世界達成某種平衡。人終其一生都想尋求穩定狀態，但總是隨著當下的變化而變化，必須如此，因為新事件和新見解會改變現有的記憶網絡。

歷史上的某些時期，世界秩序發生劇烈而持續的變化，例如戰爭和瘟疫，這種狀況下個人記憶網絡隨之改變。鮑里斯．巴斯特納克（Boris Pasternak）的小說《齊瓦哥醫生》（*Doctor Zhivago*），故事發生在第一次世界大戰和俄國革命的社會動盪時期。這部小說是關於個人的，但也是關於社會變革的：「每個人都復活、重生、改變、轉型。你可以說每個人都經歷過兩次革命——他自己的個人革命以及更一般的革命。[2]」如果自傳式記憶的運作是利用細胞集群網格上的時間、地點和人物坐標來製作一個連貫的人生故事，那麼不斷動盪的架構一定會出現一個不斷變異的故事。在本章中，我們將研究個人如何像亨利．柏格森所描寫的「不斷地創造自己」，或說如何敘述自己的人生。儘管「故事」（story）和「敘事」（narrative）兩個詞是同義詞，但「敘事」超越了存粹只有架構的「故事」。故事總會形成的，因為人類神經網絡會集結出故事模式：這就是它們設計的目的。但我們通常會超越這一點，替故事賦予意義。賦予自己經驗和人生故事一個意義，最能描述這個過程的就是「自我敘事」（self-narrativization）。自我敘事通常就是葉慈心中那把華麗的梯子，這把梯子曾把葉慈從心裡的記憶回收處送往高處，也讓老年葉慈必須從這梯子爬下來[3]；最終我們都會躺在這記憶回收處。這個狀況對社會記憶和文化記憶也適用，那是我們下一章會討論的內容。

我第一次體會我的自我敘事改變是因為感同身受，那是在我青少年時代快結束的時候，正讀著尚－保羅．沙特（Jean-Paul Sartre）的小說《嘔吐》（*La Nausée*）。你可以說這部小說只是一個年輕人在世間尋求個體化的過程，但這個世間對他來說都不具意義，因此感到自己像個異類，很疏離。當時我沒有看到這一點，只覺得被它的力量震驚，主角有陣陣反胃想吐的感受，這些感覺似乎代表他在智慧上的掙扎。最近重讀了此書，我更驚訝於小說的指涉範圍和獨創性。雖然多年前第一次閱讀時並不能真正理解，但我認同主角羅岡丹（Antoine Roquentin）。那時我還未能體悟作者的感覺狀態是我們整合與記憶世界的一部分，但我被這部小說的內省深度深深打動。羅岡丹是「每一位」年輕人，心懷不滿、煩躁不安，他也是社會剛進入二十世紀時動盪的體現，知覺到意識有了新層次，所以爆發。

這本書的名字來自主角極不愉快的內感受：噁心。羅岡丹生活在一個他覺得沒有歸屬感的世界，他發自內心排斥這個世界。他不僅將他人視為異類，而且感覺**自己**也是異類。透過他不愉快的超感知體驗，讀者感受到他病態的人格解體。狀態好像是來

2 作者註：Boris Pasternak, *Doctor Zhivago* (Pantheon, 1997)

3 譯註：出自葉慈最後的詩集《馬戲團的大逃亡》（*Circus Animals' Desertion*），葉慈感慨衰老，寫道：「…… Now that my leader's gone. I must lie down where all the ladders start, In the foul rag and bone shop of the heart.」（既然我的階梯已消失，我必須躺在階梯攀升的起點，在我內心的舊貨回收處。）the rag and bone shop 是古代沿街收破爛做回收的小販。

自當下外界的感覺流與他的記憶脫節了，讓他在不斷變動和反覆無常的意識中漂流，以致與世界斷裂。但讀者被告知，羅岡丹過著正常生活，一切都很固有確定，人際關係也算稱心如意：「我在〔我的人生〕裡面；我沒想過。」他的世界慢慢分崩離析，讓他「在當下被拒絕、被遺棄……」[4]。我認為他似乎沒有神經伸進記憶系統裡處理傳入的感覺資訊。

對我來說，沙特在《嘔吐》中的成就之一是他分解了意識的基礎——也就是由持續的自我意識構成的連貫性，這種連貫是當下事件與記憶整合在一起的結果。自傳式記憶將現在編進過去和未來，讓我們有一種「身在其中」的感覺。羅岡丹生活在一個連續但漂浮的當下，他無法處理感官體驗所以內爆。他決定創造新人生，從法國鄉下搬到巴黎過新生活，因此解決了危機。從此以後，他決定「用現在建立〔他的〕記憶」。沙特和他存在主義的同行夥伴，尤其是「第一波女性主義」（first-wave feminism）的創始人西蒙・波娃（Simon de Beauvoir），分別離開了自己的生活確定性，勇敢創造出新的世界觀。

這本書不但讓我心有戚戚，也引起了一九七〇到八〇年代我那一代愛爾蘭年輕人的共鳴，也許因為我們都想離開那套無法信任的信仰體系，脫離由共享的文化認同建立起的安定。但這並沒有帶給我任何我所期待的自由解放，正如一九三八年的羅岡丹描述的那樣，它常常讓人感到怪異和迷失方向，一切都在重建之前炸成碎片了。當社會正在快速變化，要構建自我意識或說認同的經驗，可能更加困難，但對年輕人來說總是充滿挑戰。存在即人生，不管任何文化，通常都會引導一個人，從最初的不安定進入概念框架，進而理解文化以及此人所在的位置。對於沙特和波娃這樣的人來說，他們感受到的自己與所理解的世界之間存在著不一致，最終只能用改變世界來解決這個問題。

創傷

沙特的書深植我記憶中，所以當我的病人亞拉夫，那個躁症發作的聰明年輕人告訴我一段話時，著實嚇了我一跳——用羅岡丹的語氣來說就是：「我必須重建我對自己的了解」，「只有人才會改變記憶。」我治療的病人多與世界存在著不協調，但起因多半不是對自身存在的焦慮或因為社會政治的劇烈變化，通常是因為童年的創傷和／或嚴重的精神疾病。然而，若要稱做「創傷」（trauma），條件是此人要創造一個幾乎全新的自我和一組全新的記憶。法蘭西是我的病人，她被惡毒的童年記憶和精神病性的誤解糾纏，她讓我深入了解創傷和／或精神病如何產生可怕的自我敘述，然後摧毀一個人。有一個重要觀念必須確立，探究個人受過什麼創傷，無論是死亡或生病，其實

4 作者註：Sartre, *Nausea*, p. 61.

沒有意義，賦予創傷意義是危險的，我們之後將再討論這一點。就像你將看到的，法蘭西很了不起，藉著她的故事也可以讓我們回顧一下舊時代精神病患收容所的情形。

法蘭西

法蘭西的童年非常悲慘，她是家中四個孩子中的第三個。父親酗酒、暴虐，經常動手打人，雖然有一份穩定的工作，但賺的錢都花在買酒上了。母親為了賺食物錢和養孩子，大部分時間也在外打拚，所有的孩子都被忽略，不管在身體上或情感上。法蘭西從小被父親、以及去他們家做生意或拜訪的男人性虐待。她很少去上小學，一般白天就和她的弟弟一起待著自生自滅，弟弟是唯一和她有愛的聯繫的人。她沒有同年齡的朋友，也沒有能說話的人。隨著她越長越大，她上學的頻率越來越低，然後就完全停止了，沒有她上中學的紀錄。

她經常離家出走，十一歲開始流落街頭，靠行竊和乞討學著活下來。她睡在大樓門廊或電話亭，偶爾警察會來找她，有時候她媽媽也會到警察局接她回家，但那也是暫時的。在街頭流浪的日子讓她遭遇更劇烈的暴力和性侵害。為了在街頭活著她什麼都做，也學會了如何打架保護自己。當她十三歲時，法蘭西找到了庇護人，在一位算命先生那裡大約待了一年。她十幾歲時就已經對物質上癮，主要是酒精。當她第一次住進都柏林市的一家精神病醫院時，她才十六歲。

先從法蘭西的故事岔開一下，因為有必要先讓你了解一下這家醫院。一般都把這家醫院稱為「格蘭治歌曼」（Grangegorman），如果這個名字讓人想起馬溫．皮克（Mervyn Peake）的奇幻作品《歌門鬼城》（*Gormenghast*）[5]，你大概就有概念了。這個收容機構是典型的維多利亞式建築：一個巨大的花崗岩結構，灰色、荒涼、搖搖欲墜。我在受訓期間，必須去格蘭治歌曼實習六個月，因為都柏林當地屬於舊制的收容所不多，它是其中之一。這是一個非常破舊的地方，有些地方幾乎是荒廢的。過去有段時間，還必須讓收容人轉到社區去住，而格蘭治歌曼處於加速失修狀態。那裡有無盡的長廊，一側是一排看來像牢房的房間，對面一排窗，窗上釘著一根根圍欄，窗的另一邊就是大片的走廊。一些住院者會坐在又深又長的窗台上休息，背靠著千年不開的百葉窗，腳擱在對面窗台的窗板上。有一次我值班，晚上一個人走在黑黑的長廊上，唯一的亮光只有從大窗透進來的光，一個病人從窗台上忽然衝了出來，也許剛才從睡夢中驚醒。

在那裡六個月的時間裡，我學到收容所比我原來想的刻板印象更複雜，狀況也不那麼糟糕。當我剛進去時，還帶著一定事事不平充滿憤慨的預期，例如：住院者的

5 譯註：馬溫．皮克（1911-1968），英國作家，出生於中國，著有《歌門鬼城》三部曲，描寫某古老王朝的鬥爭，是充滿哥德式鬼魅印象的奇幻小說。

權利一定被一個以機構效率為中心，而不是以患者個人需求為中心的殘酷制度給剝奪了；精神病院是不人道的；對待收容人像對待物品，他們繞圈圈走來走去，濫打鎮靜劑、流口水。其中一些是正確的，但比起我們對維多利亞時代收容所的刻板印象，這裡的護理系統更能分層負責。

有一件事情讓我記憶猶新，有一天一位老醫生帶著我去巡房，我們一路走到醫院某個隱蔽區域。這區病房位於一棟更大、幾乎廢棄的花崗岩建築內。兩棟相連處的山牆上有一扇門，我們從那個門鑽進去，然後爬了幾段樓梯。最後才到了一間很大、開放式的、像是戰地醫院配置的病房。有兩排長長的病床靠牆面對面一字排開，床與床用簾子隔開，房間最大的區塊是中間的開放空間。我們一到，就有人從床上跳起來，急忙向我們走來——令我驚訝的是，是一名男護士。其他病人穿著整齊，躺在乾淨的床上，等待老醫生每週定期巡房問診。當我們到他們的病床時，他們從床上起身。醫生和病人說話的方式就像對待同鄉老友，客客氣氣地噓寒問暖。沒有幻覺、妄想或藥物的問題。我跟著他四處走，一路詢問個別患者不同的症狀和不同的藥物，他或多或少以和藹可親的方式忽略我。

當和病人串門子式的問診結束後，我跟著他，帶著一點困惑，從另一端沿著病房出來的長廊往下走。這條走廊橫跨整棟建築，一側是典型的牢房式病房，另一側是大窗戶。其中一個病房住著一位鐘錶匠。那時還是機械錶的時代，鐘錶匠房間裡的每面牆都擺滿了他的工作用具：齒輪、錶殼、玻璃蓋、鏈帶、油罐。鐘錶匠把機構中每個人的手錶都修好了，包括病人的和工作人員的。老醫生和鐘錶匠聊了聊被他修好的醫生手錶，我敢肯定他們每週都會這樣做。在錶匠生病之初，他曾是格蘭治歌曼的「旋轉門」病人，一次又一次地送進醫院，因為他覺得家人和鄰居想殺了他。最後決定讓他留在收容所裡，對每個人都好。

回想那六個月，我記得走廊，我記得鐘錶匠的房間，我也記得舊制的收容系統，現在已把那套系統視為有缺陷的精神病護理形式，但它並不殘忍。我們已經換了一個幾乎排除「住宿照護」（residential care）、患者和精神健康工作者的系統了，不需要再與收容機構制度化的規制抗爭，但是換成必須與貧困、無家可歸和對精神病行為做出的刑事判決抗爭。多年後，我開始欣賞格蘭治歌曼老醫生的風格，一種簡單、正常的人性包容力。收容系統若運作得宜，可以提供病患一個受保護的村莊。而所謂的「精神病社區照護體系」（community care）則是將脆弱的精神病患帶入了通常沒有庇護的外在世界。整個「社區照護」的概念基於以下假設：每個精神病患者的功能都可以到達某種與開放世界並存的水平，而世界將為他們提供庇護所。精神病學在這兩種概念上都是錯的。早在一九三九年，英國精神病學家及數學家萊昂內．潘洛斯（Lionel Sharples Penrose）就曾指出，精神病床的數量和囚犯數量間存在著反比關係，今天依然如此。無論人們去到哪個城市，無論醫療保健系統多麼富裕、功能多麼強大，無論國家聲稱對人權多麼尊重，精神病患者都在街頭過著殘酷的生活，不被人看見或故意看不見。他們或許病得太重，重到無法和社會福利制度進行協商，當他們危害到公共安全時，就會被監禁。再次說明，儘管公眾對心理健康的認識和關注都有提高，但這並沒有普及到腦部有疾病的精神病患者身上。

格蘭治歌曼是法蘭西度過晚年的地方。從她第一次入院到她達到法定成年人的身分，她進出收容院大約二十次。一九八〇年代沒有針對兒童或青少年的專責收容機構，她不在收容院時，似乎就在監獄裡。有一次因為醉酒和行為不當被判四個月徒刑，那一年，她才十七歲。值得慶幸的是，她在格蘭治歌曼期間的一些臨床紀錄跟著她來到我們服務處。內容詳細清楚，尤其是她的精神科醫生F博士在他的臨床筆記和總結中表達了善意。F博士對她的處境理解且關心，因為他和護理團隊的努力，讓她從恐怖的成長歲月中得到喘息。

法蘭西十八歲時從收容院消失了，在接下來的八年裡，我們沒有她的任何紀錄。這時候她剛好遇到基蘭，她愛上了他，正如她說的，他「帶我回家」。快到三十歲時，她回到精神病院。在此期間格蘭治歌曼關閉，工作人員轉移到郊區醫院，患者轉到無疑更加人性化的社區照護系統。幸運的是，法蘭西再次見到F博士，F博士成為她的精神科醫生。這真的是運氣，因為再見面時，F博士已能引導法蘭西說出精神病的狀況了，那是在她青少年時期不願意或做不到的事。在接下來的幾年裡，她的人生旅程有波動，但有一個模式：她似乎從充滿幻覺妄想的華麗精神病轉變為不那麼精神病但會自我毀滅的狀態。似乎當精神病的恐怖消退後，湧入了另一恐怖。這引出了一種稱為「自甘墮落」(sabotaging treatment) 的應對模式。我相信這樣的狀況是，並非這個人不想好轉，而是他們不知道如何在沒有精神病的情況下生活——他們沒有正常的記憶網絡。法蘭西從來沒有處理現實世界的經驗，她必須盡量地學，就像重新恢復視力的人暴露在大量的視覺圖像中也要學。經過長時間的住院，她似乎慢慢試著與外界建立了聯繫，最終出院了。

大約二十年後，我接手她的照護工作，從表面上看，她的生活似乎已經定下來。多年前她參加藝術復建課程，因此讓她成功取得美術學位。她正跟著一位經驗豐富的心理學家做心理治療，也戒毒、戒酒，只是仍會在承受巨大壓力時自殘。我們第一次諮詢時，她不經意地穿了很多層的衣服，低著頭，眼神交會都只是快速地瞄我一下。她用非常低的聲音向我講述她的故事，不假思索地，就像她已經講過數百次一樣，似乎對過去的創傷事件沒有任何情緒感受。她還沒走出精神病的想法和感受，她相信她能具體感覺到其他人的情緒，有人會把他們的情緒轉移到她身上：「我可以收到別人的情緒……代表他們。」她的自我－他者界限常常混淆，尤其是當她與某人親近時。但也有相反狀況，她說有人住在她的身體裡，就她而言，那是「魔鬼」。

我對她的印象是，她是很嚴厲內省的人，她的內心世界是由混亂的精神錯亂想法所組成。我對她的背景感到難過，因為很少聽到如此殘酷的個人故事，幾乎是全面性的虐待。她的童年沒有救贖的成人形象，沒有從無情的虐待中獲得緩刑，也沒有得到社會安定感，除了在格蘭治歌曼待著的那段日子，那還是個維多利亞時代留下來的收容所。在所有的混亂中，雖不清楚時間但很確定，不知如何她患上了嚴重的精神病。我好想至少花一點時間思考她對我說的話，我想向她致意，那怕只是短短幾個私密時刻，我想向她難以想像的年少生活表達我的敬意。但公立精神病院的候診室不允許這樣的謙虛致意。

她現在最主要的問題與她孤僻避世的行為有關。她大部分時間都躺在床上，沉浸在精神錯亂的感受中，在這種狀況下，她受虐的過去正侵入她現在的意識中。除了基蘭給她的關懷和愛，除了精神病機構提供的保護之外，她所經歷的一切都激起有毒的回憶。住在感官和情感匱乏的世界裡，隱居在她的房間，這比一直活在外界輸入所激發出的有毒記憶裡要舒服多了。我改變她的藥物，希望能將精神病控制得更好，然後想了一個對策，試圖將法蘭西帶進一個威脅較小也有保護的社會，希望能夠逐漸改變她的偏執詮釋。我們哄她來我們的日間醫院，這樣她就可以進入某個社會環境的日常架構，看到人類在正常情況下會被照顧的小世界，同時可以進行個人化治療。要如何走進她的過去、走進形成她現在意識的知覺過濾器，這一段路要靠我們心理學家以多年培養的技巧和敏感度進行協商才行得通。

有時候，精神病一直是某人的全部世界，以致他們不想離開熟悉的環境。我們當中有人是這樣嗎？有人有精神錯亂的經驗，甚至發生過極其怪誕的事，但害怕把這些經驗拋在腦後，因為這樣可能會把自己暴露在現在仍存在的危險之中，但是他們卻看不到了。有時，他們聽到聲音卻反而覺得安慰，如果聽不到了還覺得很失落。有時候，他們不想離開自己的宏大信念，因為有信念才有神力。有時候，承認自己有慢性精神病太痛苦了。只有很少數的病人告訴我，在擺脫了精神錯亂之後，還希望這些感覺回來，但我懷疑有這種想法的人應該比我們理解的多很多。拒絕治療，想與精神病常在是個人的選擇，除非這些現象對他們或對他人構成威脅。只有在後面的情況下，精神科醫生才有法律義務進行治療，只有在必須這樣做的時刻才可以不需顧慮個人意願如何。

長期患有精神病的人需要一段間隔時間，用來隔絕精神錯亂的經驗，試著讓他進入「人皆共享」的世界並適應它。在解決他們精神病的直接感受後，需要提供一個安全環境，基於大家共有的現實，在這個安全地點建立一個新網絡，以「建構當下的記憶」，這與精神病的藥物治療同樣重要。我們在日間醫院的團隊成為法蘭西的社交世界，她的村莊。她柔軟的個性和藝術才能對醫院生活有所貢獻。法蘭西原來覺得自己無法處理與基蘭以外的人際關係，但與治療團隊間的信任關係對法蘭西的信念構成有益的挑戰。隨著時間過去，她與我們和其他患者間建立友好關係，這也讓她可以維持穩定，即使後來基蘭死了，在悲傷中的她也可以做到。我們與法蘭西的關係也讓我們受益匪淺，她是堅強與脆弱的綜合，之後還學會了嘲諷與幽默，這都讓我們覺得不一樣了。

創傷性記憶

法蘭西的記憶網絡已經形成，重複馬丁．泰徹的話，「他們預期這個惡意世界一定充滿壓力，所以產生了一種適應」。法蘭西的大腦已經被連接到一個充滿敵意的世界，而不是和善的世界，無論作為個人、還是作為一個物種，要生存下來最基本就是適應環境的能力，即使那是一個全面虐待的世界。人類有巨大的社會適應性——我們在成年初期離開家人，轉向認同同儕團體，然後轉向（通常是）一夫一妻制的關係，將來我們可能會脫離這種關係，也可能不會。我們形成新的紐帶和依戀，當所愛的人去世，我們會悲傷，然後適應。法蘭西已經適應了一個極度動盪的世界，而且受傷極深。

「創傷」在《精神疾病診斷與統計手冊第五版》（DSM 5）中被定義為「實際或有威脅性的死亡、嚴重傷害或性暴力」，這些全是法蘭西在她童年時期經歷的。倘若是不太極端的情況，生活創傷可能是由不會危及生命但會導致情緒困擾、以致無法在情感上把它們整合的事件所造成。用心理治療的語言來說，這種經驗無法在情感上消化。受傷之後，時間似乎凍結成幾個場景，這些場景帶著杏仁核迴路錘錘重擊的情緒不斷重演、重演、再重演。在現在的意識中，「過去」不斷闖入、反覆迴盪。澳洲的詞曲創作者尼克・凱夫（Nick Cave）把它唱得陰鬱黑暗，彷彿在聽者的腦島中不斷播放，這在一部記錄他喪子之痛的紀錄片中完美說明[6]。他的兒子在十五歲時去世，凱夫說兒子的死讓他像一根橡皮筋，他可以動，可以延展到現在，但在伸展到一定長度後，他就會被拉回去。所謂的「繼續前進」有時讓人覺得不可能。

創傷性事件對每個人來說都是獨特的，但有一件事是普遍的，就是它會重複出現，而且一出現就伴隨著連接事件的強烈情緒和不能「理解」的無力。我經常從受了創傷的人那裡聽到「我不明白」這句話，我從自戰爭歸來、親眼目睹一名娃娃兵殺死另一名娃娃兵的軍人口中聽到這句話；我從在分娩前才感覺孩子在子宮內踢她、但生下來卻是死胎的母親口中聽到這句話；某個孩子在十幾歲時就自殺的父母也這樣對我說；兒子因為隨機暴力事件而無辜喪命的母親也說「她不明白」。這就好像我們的前額葉建構記憶的基礎網絡沒有相關的事件可以整合，所以當其他的痛苦消退時，連繫

6　譯註：澳洲樂團「壞種子」主唱尼克・凱夫在錄製專輯《Skeleton Tree》時兒子墜崖身亡，原本為專輯拍攝的紀錄片《One More Time with Feeling》記錄了喪子悲慟與死亡陰鬱。

某時刻的痛苦必須出現，好讓我們造出一個網格。隨著記憶網絡轉變，慢慢地這個人往前走，走到「現在」定下來，悲傷侵入現在的情形會減少。曾幾何時、不知何故，在失去後感受到的愛與悲傷當中，我們是否會試圖抑制只要活著就不免改變的記憶網絡？平息記憶難道是不應該的嗎？失去親人的人是否會覺得如果沒有死者，而他們依然活在這個看似了無牽掛卻疏離的世界，自己彷彿變成一個陌生的入侵者？是否意識會做出某種權衡，抑制當下我們對逝者的感情，無論這多麼痛苦？無論如何，創傷「需要時間」。就像伊迪絲出現的「再現記憶」，我們在開頭曾拿這個例子說明在創傷性精神病的經歷後，原始記憶如何受到激化、如實境般再次播放。但是這種經歷、回憶，可能在第二次出現時被重新儲存，出現一個不太接近精神病的情緒體驗。以後每一次看到墓碑，再想到這樣的景象，失序的精神狀態都會從這意象中移出一步，直到有一天再看到小墓碑時只會剩下一種不安的感覺。這不是壓抑記憶，而是創傷性記憶能做到的最好狀況——那就是「解決」。

法蘭西還教會我一件事，那些看似不經心的社會交流很重要，有時那是某人與社會世界的唯一互動。在記憶受損和高度敏感、過度詮釋的世界中，簡單的人際交流具有再高估也不為過的重要性。愛爾蘭的大多數談話都是從評論天氣開始的，在看似公式化的互動中，交流了不可估量的情感和文化。最重要的是，我們共享現實——如果我們共有一個溫暖的晴天，就能在多風多雨的日子分享痛苦。大家對心理醫生多半有個刻板印象（希望這印象已漸漸消退），認為心理醫生不過讓病患東拉西扯一直說幾個小時也不打斷患者，就是做治療了，這與一般精神科醫生做臨床工作時的日常現實相去甚遠。我們對待那些崩潰的人更像是治療者，更想把我們的病患哄勸回大家共享的世界，而不是讓他們陷入內省的混亂中，這樣做要比理論化的空談更實際。在這個哄勸長期精神病患回到共享世界的過程中，溝通交流要保持簡單明確。對於長期患有精神病卻未經治療的人來說，他們心理健康的成長、他們對世界的參與，有時對局外人來說幾乎小到微不足道，就像法蘭西，也許只是和護士聊聊天氣，說說來日間醫院的路上發生了什麼事，談談她的新衣服或香菸多少錢，這些小事對法蘭西來說，都是一場勝利。

我認為，我們在某種程度上都像法蘭西，面對處處藏有威脅的外在世界，活在時時敏感的記憶中，要過日子必須兩者平衡，關鍵在於如何不斷發展出更健康的平衡關係。法蘭西不是在對世界發怒，她並沒有要摧毀自己或她周圍的世界；她只是努力去參與。法蘭西和其他精神病患教會我，人類存在的關鍵議題不是在某個抽象功能中成就多麼厲害的高功能，而是處於平衡狀態。若有什麼是我從治療精神病患的工作中學到的，那就是自己與世界之間必須達成一種簡單的平衡，這才是決定個人幸福的關鍵。在美國作家麥可・康寧漢（Michael Cunningham）的小說《末世之家》（*A Home at the End of the World*）中有一句話，深深打動了我。康寧漢在書中描寫了一群內心脆弱的人，他們就像「被膠帶黏在一起」，最後住在一起生活，像某種古怪的表演樂團，以彼此透亮的默契，協調出一場感情細膩的舞蹈。他們不一定快樂，而且肯定功能失調，他們找到了自己的家，儘管是在世界的盡頭。人生在世，我們都需要一個家，無論它在哪裡。某人的正常狀態，也許正如希波克拉底說的那樣，是那個人自己要去找的，我們沒有人可以去評判。

14 假或真

「我的記憶說：『我已經那樣做了。』我的驕傲毫不退讓地說：『我不可能那樣做。』最後——記憶屈服了。」

——德國哲學家尼采（Frederick Nietzsche）[1]

一八九九年，美國心理學家麥迪遜·本特利（Madison Bentley）做了一項研究，他觀察並記錄實驗者回憶彩色圖卡上簡單圖像的情形。他發現，對第一張色卡顏色回憶的準確性會因為之後出現其他顏色而降低。之後的競爭性感官輸入，使回憶變得模糊。在此實驗中，本特利展示了之後的記憶如何改變先前的記憶，這觀察看似平庸且明顯，但實際上既不平庸也不明顯。我們可能憑直覺認為我們的過去驅動了現在，但正如之前我們讀到的，現在的事件也會改變過去的記憶。現在的經驗和記憶永無停歇地在建構與再建構中舞蹈著。本特利的研究反映出十九世紀末對於記憶的概念，是如

1 作者註：尼采，《善惡的彼岸》。Frederick Nietzsche, *Beyond Good and Evil*, trans. Marion Faber (OUP, 1998), p. 58.

何從記憶是固定的印象，如古代哲學家的蠟印或十七世紀笛卡兒的機械概念，轉變為一種涉及感官體驗、生理喚醒和情感的有機聯想過程。

本特利的實驗表面上很平凡，但在意識形態上卻很複雜。在對記憶的細緻觀察和靈敏直覺方面，他可說是默默無聞的先驅。我們現在知道，我們的記憶並非存入就固定下來，記憶可能會想起來也可能不會，外界的新輸入不只用來增強既有網絡，而是當下輸入會和記憶之間成為有連接關係的彈性網絡。即便是一種新顏色，如果快速呈現，也會改變代表之前顏色的細胞集群，如果另一個顏色很快又出現，網絡就會再次被破壞。這一原則也適用於更組織化和更複雜的程序，如自傳式性記憶。海馬迴的作用在整合輸入的感官經驗，創造新的自傳記憶，但是把目前的細胞集群與已存在的前額葉網格放在一起，當然會改變之前存在的網格。大家可能知道製作記憶的過程——思考、主動回憶或想像——但我們總是在默默地處理訊息。神經電流總是在作用，回應身體和外界的電流而旋轉，無論大腦目前是集中專注還是默默地不停運作。

本特利的論文讀來輕鬆愉快，因為他的簡單觀察與神經科學不斷揭示的無盡複雜很一致，也因為他的文筆很有感情。順帶一提，他還發現我們比較容易記住較亮的顏色，那是因為明亮顏色會引起更多的生理喚醒。而當我們被喚醒時，大腦神經元也會被喚醒，它們會向鄰近的神經元放電，形成細胞集群記憶，或許這就是童年時期總是看來陽光燦爛的原因。他在論文的最後一段寫道，「從這個角度來看，或許就能解釋為什麼部分記憶轉為幻想，記憶真實度不斷減弱。」[2]

自傳式記憶

如果簡單的感覺皮質記憶，比如顏色識別，很容易就可以操縱，那麼自傳式記憶也可能被操弄嗎？關於自傳式記憶，唯一可以確定的是它一定會改變——正如英國物理學家詹姆斯・克拉克・麥斯威爾（James Clerk Maxwell）所說，**事件只會發生一次**。儘管自傳式記憶幾乎沒有「真實度」（fidelity），但如同我們看到的，在不真實中，背叛也分有很多層次。最淺顯的層次是謊言，人們故意撒謊。說謊在我那個時代是一種罪過，當我們每個月魚貫進入懺悔室向神父告解時，我們都說了同樣的話：「我說謊了，我沒有聽父母的話。」即便如此，這還算是好的。但聽起來也不複雜，故意撒謊或故意混淆，可能會把事情轉化為更模棱兩可的記憶，然後變得更像真實的記憶。

美國劇作家亞瑟・米勒（Arthur Miller）在劇作《熔爐》（*The Crucible*）中巧妙地

2 作者註：本特利一八九九年的論文可參見以下網址 https://www.jstor.org/stable/pdf/1412727。他論文中的許多理論概念都已被轉述成現今的心理學期刊論文。雖然語言有變化，但由於擺脫了當今神經科學專業化的束縛，那時期的手稿具有思想新鮮感和廣闊的空間。英國物理學家詹姆斯・克拉克・麥斯威爾在本特利論文發表前二十年前就已經解釋過這一點，當時他寫道：「對於任何學科的學生來說，重新閱讀該學科的原始回憶錄都有很大的好處，因為科學在新生階段總是最完整的。」（錄自麥斯威爾一八七三年《電與磁論》的序言）。

描述故意說謊如何轉化為真實信念。故事主軸是十七世紀發生在麻州小鎮塞勒姆的女巫審判事件。有些女孩一開始就對另一個女孩做了不實指控，然後越騙越大，人也變得越來越情緒化，似乎開始把假話當真。這些戲劇化的情緒描述對現在的我們來說似乎很假，但在十七世紀對情緒無所認知的環境，又身處對感情壓抑的社群，藏在檯面下的情緒會以某種社會允許的方式找到出口。塞勒姆是殘酷不幸的社區，充斥著隱匿的謊言，狀況已到了大規模歇斯底里的階段。最終，謊言成為集體信念的一部分，因為它符合群體需要的情感宣洩。

虛假記憶

進入記憶不真實的無意識領域，我們陷入「虛假記憶」（false memory）的兔子洞。虛假記憶通常被理解為：這件事情被記住的狀態可能與發生狀況不同，或者記住了可能根本沒有發生的事情。對於這個定義框架的主要問題是它與「真實的」事件記憶在術語上是矛盾的。形容詞「真實」通常不適用於記憶，這有充分理由，但似乎大家還是普遍接受事情可以用原貌記住，儘管自十九世紀以來科學都已經對此做了說明。正如本特利在一八九九年證明的那樣，感官意識是流動的，記憶不能進行複製。所有的自傳式記憶在某種程度上都是錯的，因為一定會變，不斷進行的事件和經驗讓記憶網絡不斷變化，人類自我敘述的動力也讓記憶改變。

備受愛戴的加拿大作家、諾貝爾文學獎得主艾莉絲・孟洛（Alice Munro）說得非常好：「記憶是一種我們不斷跟自己說的自己的故事——然後我們會告訴其他人一個有點不同的版本。」正如她所說，我們一開始告訴自己的是**我們「自己的」故事**。接著我們會把它做一點修飾，或者修很多，然後告訴「其他人一個有點不同的版本」，這個不同的版本會成為我們「不斷告訴自己」的新版本，隨後又因為別人而再改變。「自我敘述」會把你的「故事」轉化為你的「敘事」，變成你希望自己成為的樣子，以及你希望別人看待你的樣子。這一切最終都是由虛榮心驅動的。謙卑的人最引人注目和最吸引人的特點是他們不需要自我敘述。世界已經充滿了為數壯觀的自戀者，他們的虛榮心和自我膨脹只能藉著他們自欺欺人的自我敘述才能平衡。我們可以隱藏在自我敘述的背後，我們可以自滿地、有時甚至是滑稽地將自己置身於世界之中，做一個虛構的人。一個人有無窮無盡的能力，可以擦掉、重建、選擇性遺忘以及選擇性記憶。所以，如果過去的記憶，無論那是卡片顏色還是發生在自己身上的事，都依據當前經驗的需求和我們不斷變化的自我敘述不斷重建，那麼，是否存在「虛假記憶」？

當我們在談虛假記憶時，我們在說什麼？

有一堆概念和術語與「虛假記憶」相關。在二十世紀大部分由佛洛伊德思想主導的精神病學時代，精神病學對「被抑制」（repressed）和「被壓抑」（suppressed）[3]

的記憶做了大量猜測，直到本世紀後期，腦科學開始成熟後才結束。我們當初必須努力學習什麼是被抑制的記憶而不是被壓抑的記憶——被壓抑的記憶是說一個人故意將記憶從意識裡推開，而被抑制的記憶是說這件事不是故意的，也就是說，抑制記憶是無意識的過程。我參加過案例研討會，在會議上與同儕討論個別病例，對於捏造、壓抑、抑制等問題討論到快要吐。患者「真的」完全失憶了嗎？患者是否為了謀取次要利益而假裝失憶？或者他只是不想回家面對賭債？案例研討會的討論不可避免地一直在繞圈圈。在精神病文獻中也有案例研究，它們描述「心因性遺忘症」（psychogenic amnesia）通常的進程是，如果治療團隊可以讓患者在不會丟臉的情況下記憶功能恢復，那麼遺忘症會逐漸消退。要探索故事是真是假，倒不如探索發生原因是塞勒姆的骯髒祕密、家庭衝突、祕密成癮或逃避，還更有成效。鄭重聲明，我從未見過所謂的「心因性」遺忘症的病例。

抑制記憶、壓抑記憶？佛洛伊德發明了這麼容易混淆的概念，之後出現的虛假記憶就更讓人困惑。這都是基於他對兒童性虐待的看法發展出來的。佛洛伊德把「女性神經症」（female neuroses，「神經症」是對精神疾病的總稱）是由童年性虐待引起的理論，轉變成是由童年性虐待的幻想所引起。他把「嬰兒期的性行為」理論化，引導出女孩對父親有性吸引力，並繼續用越來越晦澀的語言把所謂的童年性虐待理論化，但他不是用已經發生的事件，而說那是女孩心中的幻想。一九三三年，佛洛伊德在文章中寫到「記憶轉為幻想」，幻想就是性虐待[4]。佛洛伊德是否意識到他這個說法是借用了本特利的句子「記憶轉為幻想」，或者他的行為是無意識的、是被抑制的還是被壓抑的？到了二十世紀晚期，社會對亂倫和兒童性虐待的否認逐漸消失，很明顯，兒童性虐待非常悲慘地很普遍。然後發生了一些非常詭異的事，在佛洛伊德理論的奇怪扭曲下，他的催眠和暗示技術被用來「恢復」童年遭受虐待的記憶。這套「用佛洛伊德刺激被壓抑記憶的技術來恢復童年性虐待記憶」的做法，之後這套做法又發展成另一個怪物。過去受虐待的記憶是透過暗示的心理治療技術誘導出來的，鼓勵那些記憶被「鎖住」的患者參加倖存者團體，或看一些指引書籍照著做，嘗試恢復記憶。

這些恢復出來的記憶到底是「假的」還是「真的」？對此隨後就展開了一場辯論。

---

3 譯註：在佛洛伊德的「防衛機轉」中，最令人困惑的是 repressed 與 suppressed 的中文翻譯而不是定義，壓抑理論在佛洛伊德的德文論文中用的是「Verdrängung」，翻成英文時以「無意識」及「下意識」分別翻成 repression 及 suppression，英文字首上可看出無意的「re-／抑制」與強壓的「sup-／壓抑」，但目前在中文文本中，兩字交錯譯為「壓抑、壓制、抑制」混雜使用，更有「潛抑」，徒增困擾，這裡一律跟隨英文字首的意義翻譯。

4 作者註：以下引文描述佛洛伊德如何根據兒童性行為，將性虐待是回憶的想法轉變為無意識幻想，變成女孩對父親有性吸引力的理論：

神經症的症狀與實際事件沒有直接關係，只是與一廂情願的幻想有關。就神經症而言，心理現實比物質現實更重要。即使是現在，我也不相信我用誘惑幻想強加在我的病人身上，或者我「建議」他們。事實上，我首次偶然發現了伊底帕斯情結，後來它又被認為具有壓倒性的重要性，但那時候我還沒有意識到它就是幻想的偽裝。……當錯誤被釐清後，研究兒童性生活的道路就打開了。（錄自〈自傳性研究〉（1925）：http://www.mhweb.org/mpc_course/freud.pdf）

這場爭論也可說是另一場「一個針尖能站多少天使在跳舞？」的公案。美國心理學家伊麗莎白・羅芙托斯（Elizabeth Loftus）在此議題上一直是重要人物，她為虛假記憶的領域帶來一些現實性，更重要的是，她把操縱記憶的技術從主流的臨床實踐中消除了。現在大多數司法管轄區已不再允許用所謂的「恢復記憶」作為法庭證據[5]。不幸的是，兒童性虐待的受害者和倖存者不需用記憶刺激術就能記得那些毒害他童年、他的基礎記憶和餘生心理健康的醜陋事件，這一點很重要，但往往無人提及。

「虛假」記憶的神經科學

儘管精神病學已經放棄了虛假記憶的概念，但它仍然是神經學文獻中的一個術語，用來討論後佛洛伊德時代對無數診斷為「歇斯底里」女士造成的傷害，她們被認為是性虐待下的受害者或倖存者。我感到遺憾的是，在任何範疇中，形容詞「虛假」都應該固定在「記憶」之前。但是撇開形容詞不談，虛假記憶的神經學不但令人著迷，而且能和某些有潛力的科學發現結合，對人類記憶系統產生深遠影響。虛假記憶的新神經學始於藻類生物學，這是我人生中很熟悉的景象。

我住在一個叫霍斯的村莊，它位於都柏林灣北端的一個島上，只有一條公路與大陸相連。從城市到霍斯的公路緊臨海岸線，途經數英里的大海。近年來我們這地方夏天陽光充足，當我從城市開車或騎自行車回家時正當退潮，大海變成一大片連綿不絕的螢光綠藻。第一次看到岸邊留下的螢光綠色，我忽然想起利根川進了不起的科學實驗。利根川是跨領域的科學家，他因為在免疫學的成就得到諾貝爾獎[6]。他的故事始於一種叫做「**光遺傳學**」（optogenetics）的科技發展，這是二十一世紀的偉大發現。

光遺傳學是了不起的科技，要了解這個故事的基本原理，我們需要從螢光綠藻開始談起。綠藻的綠色來自藻類細胞表面的色素蛋白，稱為「視紫質」（rhodopsins）。視紫質蛋白實際上是讓陽光進入細胞的通道，進入的光能量就會轉化為細胞能量，使藻類移動和分裂。這個過程類似於葉綠素在葉子的作用：將光轉化為細胞能量；也像視網膜色素在眼睛中的作用：將光能轉化為電神經傳遞。人類視網膜也產生視紫質，作為對光敏感的蛋白。在以上所有例子中，只要透過能將光帶入細胞的色素分子，光能就能轉化為細胞能量，無論是藻類的綠色視紫質分子，葉子的綠色葉綠素分子，還是紅、藍、綠三色的視網膜細胞。以上是新科技光遺傳學一半的基礎，故事的另一半

5 譯註：美國認知心理學家伊麗莎白·羅芙托斯研究虛假記憶造成的冤案，據她研究，目前美國每年兩千多件冤案有一半以上是因為目擊證人的虛假記憶錯誤指認，詳情可參見她寫的《辯方證人》（*Witness for the Defense*）。

6 作者註：利根川解決了免疫學中最困難的難題之一：免疫細胞如何產生多種抗體，因此獲得了一九八七年的諾貝爾生理學醫學獎。幾年後，也就是一九九〇年，他改變了研究路線，將他躁動不安的敏銳頭腦轉向神經科學中最具挑戰性的問題：記憶之謎。有限數量的海馬迴細胞如何產生、儲存和回想出如此多的記憶？也許這與免疫細胞如何產生這麼多樣化的抗體並沒有太大不同。大家可能還記得，在一九七〇年代和一九八〇年代，艾德曼進行相同的轉變，從免疫研究轉到神經科學，這或許反映了免疫需要細胞記憶的事實。

涉及基因工程，用基因工程操縱人類細胞產生視紫質蛋白，因此得名**光遺傳學**。

這是如何實現的？正如演化狀態，我們已經知道視紫質會在視網膜細胞中產生，這個蛋白質僅存在眼睛中，但視紫質DNA以潛伏形式存在於所有細胞中，也就是視紫質DNA存在於腦細胞中，但除了在眼睛，它不會被製成蛋白質。底特律的科學家潘卓華（Zhuo-Hua Pan）多年來一直致力於將視紫質插入失明小鼠的無功能視網膜細胞中，最後終於利用帶有視紫質蛋白基因密碼的微生物成功地做到了這一點。眼盲老鼠開始產生視紫質蛋白，光線進入刺激活化了視網膜，賦予老鼠視力。同時間，美國和德國合作的科學家發表了一篇研究，說明如何對大腦海馬迴神經元進行基因操作產生視紫質蛋白，然後通過光照射刺激活化神經元[7]。光遺傳學讓神經科學家利用光線照射就能激發活化電子，這種基因工程使科學家能夠在神經元層次上看到即時記憶。

利根川利用這種技術來研究記憶的形成，最近已經研究到他所謂的「虛假」記憶。之前在波士頓利根川實驗室工作的湯瑪斯．萊恩（Tomás Ryan）最近回到我們三一學院神經科學研究所，為我們提供他與利根川合作實驗的第一手生動資料。在這個小鼠實驗中，他們利用視紫質在小鼠海馬迴神經元上標記了一個物體記憶——先讓小鼠記住一個沒有裝飾、沒有任何記號的藍色盒子。接下來，他們把老鼠放進一個紅色盒子，讓小鼠在紅色盒子中被地板上的電流電擊，小鼠嚇壞了，表現出典型的僵死恐懼反應。老鼠現在對藍色盒子有情緒中性的記憶，對紅色盒子有情緒化的記憶。實驗的下一階段就是把做了標記的小鼠放回藍盒中，**同時**利用光激發技術活化紅盒子的記憶細胞集群。當小鼠被送進之前情緒中性的藍色盒子時，牠嚇到僵住——恐懼已經從對紅盒子的記憶轉到對藍色盒子的記憶。科學家們透過情緒標記，操縱了小鼠對藍盒的記憶。

對於如此出色的實驗，身為精神科醫生的我只有一個問題——它的標題：「在海馬迴中創造虛假記憶」[8]。這個標題讓我十分感興趣，因為我沒有想過將情緒插入情緒中性的記憶會創造虛假的記憶，因為這是我們一直在做的事。例如，父母應該對孩子都是溫柔和善的，除非他們喝醉了。如果父母反覆無常失控攻擊，這樣的經驗引起的恐懼就會改變孩子對父母的記憶，因為它現在被情感標記了。第二個令人質疑的問題是，人造記憶就是虛假的嗎？無論記憶如何被誘發，無論是利用小鼠神經元的內部刺激還是通過外感受，這個代表經驗的神經物質都形成了。就像幻聽，他真的聽到外面

---

7 作者註：「通道視紫質」（channel rhodopsins，我在文中簡化為視紫質）首先由馬克斯普朗克研究所的格奧格・納格爾（Georg Nagel）實驗室分離出來，科學家尋找在單細胞綠藻中引起光電流的蛋白質。然後納格爾與艾略克・包登（Eric Boyden，他當時還是加州史丹佛大學的博士生）以及卡爾・代瑟洛斯（Karl Deisseroth，同樣是史丹佛大學學生）一起合作，使用這種方法標記神經元裡面休眠的類視紫質DNA，產生通道視紫質。值得注意的是，這一基因工程的壯舉在弗朗西斯・克里克（Francis Crick）於一九九九年在加州大學聖地亞哥分校的一系列講座就已經預言到。華生和克里克解開了DNA被藏住的螺旋結構。

8 作者註：湯瑪斯・萊恩也認為這不是虛假的，而是被操縱的記憶。在「什麼是虛假記憶」的普遍混淆中，這一術語被隨便使用。

傳來的聲音，難道這聲音不像真人說話那樣真實嗎？也許你們可以說這件事並沒有在共享現實中發生，但無論幻聽或真人說話，經驗成立都基於記憶的神經物質。利根川的實驗明確地說明了記憶可以透過人工方式進行修改，這比探討修改後的記憶是真是假要有趣得多。

光遺傳學技術在人類腦部疾病的治療上有許多可能的臨床應用潛力，儘管這還有一段路要走。說不定光遺傳學技術可以製造出用光啟動的大腦植入物，比如光動調節器，藉以改變大腦功能。光遺傳學技術現在也用於關閉神經活動，倫敦大學學院神經病學研究所進行了一項研究，他們用光遺傳學技術成功控制了大鼠皮質的癲癇發作。癲癇是因為細胞過度胡亂放電，在這項研究中，抑制性神經元經過基因改造後，如果受到光線照射，就會抑制大鼠受損的皮質放電。醫療科學從一九五三年治療頑固性癲癇的HM海馬迴切除手術，進步到二〇一二年用光抑制癲癇活動，中間僅僅只花了五十九年。

光遺傳學另一個重要應用，是用來研究哪些特定的治療方式會對哪一部分的記憶迴路造成影響。用光遺傳技術刺激受損的海馬迴神經元，是否可以讓憂鬱症病人與失智症患者修復或再生記憶迴路？是否有一天我們去醫院看腦科，是為了以針對性方式再生受損的記憶迴路？也許是治療創傷？光遺傳學的故事展示了只要整合各領域的專業知識——遺傳學、物理學、自然科學、神經科學、光學、醫學、生物工程，就能導致應用知識的驚人飛躍。在全球互聯網互通連接的新時代，這種跨學科的科學合作現在就可以做到。

平衡抑制記憶的新想法

有一門與記憶檢索相關的新科學，也就是探索我們會記得什麼和忘記什麼。感覺的輸入是透過相對穩定的纏結突觸組織所推動，這是一種動態結構，合併現有結構及當下經驗造成的中斷，探索此過程的是一門稱為「競爭性維護」（competitive maintenance）的新科學。我從神經科學研究所的同事及朋友馬尼・拉瑪斯瓦米（Mani Ramaswami）那裡知道這種記憶激發和抑制的動態過程，馬尼利用黑腹果蠅（一種很常見、我已經放棄拍打的果蠅）研究這種動態的分子機制。我從馬尼的研究學到神經抑制是主動且必須的程序，藉以過濾掉感覺訊息；若沒有抑制程序，就會造成混亂的感覺超載。另外，選擇性注意與記憶的複雜過程也可以在腦細胞甚至分子的層次上測量，這點我也覺得很有意思。我們可以透過自我意識和內省來觀察我們的經驗，也可以藉由心理方法探索和測量，甚至可以用行為測量得知，但這過程一定是發生在細胞層次，即使出現的是數百萬正電和負電的總和。

試圖回答神經學研究中的任何一個問題，似乎都會引發越來越多的問題，還會開啟後面一整個高度複雜卻完全未知的系統。就如我們想檢查我們記得什麼，所以開啟了一個神經抑制平衡程序的新研究：神經生理學有很多可能性，神經連接和網絡形成有驚人的可能性！我們真正知道的是，有一個即時的感覺世界通過感覺通路進入大腦，這些由通路傳入的信號會形成突觸連接，中間經過抑制和解除抑制的機制，在記憶迴路中傳送，在神經網絡中建構，這可能導致神經系統暫時或永久的變化。雖說每個個別的神經程序最終是由科學法則決定的，但即使我們理解了這些規律，最後的結果也是無限大。記憶怎麼可能對事件有真實性？

失落的領域

利根川認為，有朝一日可以透過光遺傳學技術刺激杏仁核，重新活絡快樂記憶。雖然現在神經科學已經擴及到時間的神經動力學，但對於利根川的夢想，要找回普魯斯特逝去的快樂時光，我認為是幻夢一場。

對於記憶領域是不是還有什麼現在無法觸及的範圍呢？就像一座用水泥牆圍起的花園？感覺好像有什麼東西幾乎不受干擾地留在個人記憶中：一個存在但無法再次進入的地方，一個我們只憑直覺的地方，一個「消失的愛」，一個失落的領域。二十世紀初，有一本與普魯斯特《追尋逝去時光》同時代的法國文學經典《高個兒莫南》（*Le Grand Meaulnes*，又譯《美麗的約定》），翻譯成英文的書名則是《失落的領域》（*The Lost Domain*），述說一個在樹林中尋找神祕失落世界的故事。這個地方如夢幻般的意識出現在記憶中，生動的意象如同沒有時間關聯的斷片般流轉，在童年記憶與性覺醒開始融合在一起。莫南回憶中如夢般的印象與感覺，位於森林深處某個夢幻迷境；對我來說，那個地方就是記憶樹突連接岔出根根分枝形成的森林。……想起時，應該是一種消失的愛吧。敘述者法蘭茲試圖警告莫南不能回到過去，但主角怎麼會意識到這一點，最後徒留悲傷。尋找失落的時間和失落的領域永遠不會得到相同的經驗，無論年輕絕望的浪漫主義者有多麼不情願，都得要接受。

15 最古老的記憶

「過去真的過去了嗎？……祖先的領域不應被視為過去的遺跡，而是直覺上作為持續的能量，可激發現在的事件、關係和主體性。」

——愛爾蘭大學講師安妮·穆爾豪爾（Anne Mulhall）[1]

集體記憶

很明顯，我們理解世界的概念和框架是從他人那裡學來的。集體記憶通常被概念化為文化記憶，但我們深層集體記憶中有很大一部分也是生物性的。雖然我們出生時是一塊相對空白的石板，被經驗烙印，但人類自始自初就是生物，就是一代一代演化下來的。地球上的所有生命形式共享一個基因組合，某人獨特的基因組不僅來自家族的遺傳物質，更來自我們遺傳祖先從藻類到類人猿所有的集體基因庫[2]。是生物中的細胞組織決定了細胞簇出現的生命類型。

棕熊和母系記憶

都柏林三一學院校友寶拉・米漢（Paula Meehan）是愛爾蘭國寶詩人，她寫了一首探討深層生物記憶的詩〈阿蒂蜜斯的慰藉〉（The Solace of Artemis）。這首詩的靈感來自一篇學術論文，共同撰寫人來自都柏林三一學院、牛津大學和賓州州立大學，內容關於古愛爾蘭棕熊。自冰河時代以來，大約二萬至五萬年前，古愛爾蘭棕熊就已經滅絕了。然後在一九九七年，在愛爾蘭西部斯萊戈山脈一個洞穴中發現了一隻雌性古

---

1 作者註：安妮・穆爾豪爾，《記憶、詩歌、復原：寶拉・米漢的轉型美學》。Anne Mulhall, 'Memory, Poetry, and Recovery: Paula Meehan's Transformational Aesthetics', in *An Sionnach: A Journal of Literature, Culture, and the Arts*, Vol. 5, Nos. 1 and 2 (spring and autumn 2009), p. 206.

2 作者註：「人類基因組計畫」（human genome project）幫助釐清人類細胞中的所有基因，目前大約整理出三萬個基因，統稱為「基因組」（genome）。這是當時最大的科學合作案，始於一九九〇年，完成時間比二〇〇三年的預計完成日期提前結束。所有生物都自細胞分裂衍生，細胞使用同樣巨大的DNA分子存儲基因信息。DNA儲存在一個梯子狀如拉鍊的複雜結構，以自軸扭曲，捲成一束。內容包含生命密碼的四個分子組成：A、C、G和T。人類基因組中有三十億個這樣的「字母」，依照各種序列組織排列，形成各種蛋白質的獨特代碼，其中大部分蛋白質在所有生命形式都很常見。我們正在運作的DNA大約有九十九%與黑猩猩的DNA相同，我們與香蕉共享六十%的DNA。最近最引人注目的科學故事是關於棲息在腸道中的微生物，稱為「腸道微生叢基因體」（gut microbione）。關於人類腸道中的微生物叢如何影響大腦功能的故事與泰德・迪南（Ted Dinan）和約翰・卡宴（John Cryan）有關。我和泰德・迪南是好朋友，他是科克大學的精神病學家和大腦研究員，我和他一起攻讀博士學位，而約翰・卡宴是活潑而聰明的科學家。腸道微生物叢由大約一百萬億個細胞組成——大約是人體細胞的三倍——它們與身體以共生的方式運作。從字面上看，人類已經將這些簡單的微生物原封不動地納入體內，且已轉變成有生命的人類生理系統，與其他人類生理系統並存。

棕熊的遺骸。在斯萊戈發現棕熊的DNA令人興奮，但更令人興奮的是，古愛爾蘭棕熊DNA裡有一特定部分，一個粒線體DNA，存在於所有北極熊中。所有細胞都有粒線體，它為細胞提供能量，通常稱為細胞的發電機，就像細胞內獨立的小細胞器，有專屬的DNA。在包括人類在內的大多數物種中，粒線體DNA的基因密碼是從母親那裡不經修改的完整繼承，稱為「母系繼承」（matrilineal inheritance）。這意味著古愛爾蘭棕熊是所有北極熊的祖先。不知為什麼，一隻或幾隻古愛爾蘭母棕熊跋涉來到北極（當時北極和歐洲的陸地是相連的）並與一隻在地北極熊交配。這個粒線體DNA原樣保存，從愛爾蘭西部傳了四萬多年，仍在所有母北極熊體內用現存燃料燃燒細胞。寶拉思考了這個永恆存在且深深嵌入在女性生物體內的記憶，把它與第一代網路、所謂的「機器的孩子」的膚淺記憶進行比較：

他們講的記憶，是可以買的，是可以便宜買的，但是我，
記憶守護者，被買賣，掃描金色蜂巢心智上編碼的時間
是永恆。我燒了我的書，我燒了我整個檔案
一把熊熊烈焰都燒了，突觸之火燒過一個細胞又一個細胞，
那裡是，我注定的蠟狀六邊型，融化的蜂巢。3

在永恆的女性記憶深處，有些東西持續著，或許是愛情，或許是母愛。……在洞口等待，看著愛人穿過廣闊的冰原向她飛奔……夢見我的幼崽圍在巢穴四周，我親愛的，聞著雪，甜蜜的遺忘。

再者，粒線體在過去可能就是一種細菌，然後整合到動物細胞中，顛覆了細胞為求生存吞噬它的原始目的。突變的細菌繼續具有半獨立的生命形式，依附在每個人體細胞的細胞機制中。RNA是人類負責將DNA轉為蛋白質的密碼集結，而病毒與RNA則有相同結構。病毒也是進入人體細胞DNA機制的闖入者，如果我們沒有相同的分子生物機制，它們就不會對我們產生任何影響。這正是為什麼COVID-19可以誘使人類細胞產生使人類患病的COVID蛋白質。有時我們也利用這樣的機制，把病毒當作載體，改變病人活細胞中DNA的產生。也是如此，我們體現了演化祖先的記憶與情緒經驗，正如我們之前探討過的，人類天生對氣味記憶有立即的情緒反應。這是因為年代古老的物種在面對危險時，往往來不及有意識地思考，就必須立即反應、自動識別並加以應對。這種一聞到氣味就能立時反應的捷徑，讓擁有比人類更大嗅覺皮質的老鼠存活至今，而我們人類是這種情緒經驗的幸運繼承者。地點在人類記憶系統

---

3 作者註：Paula Meehan, 'The Solace of Artemis', from *Imaginary Bonnets with Real Bees in Them* (University College Dublin Press, 2016), p. 30.

中起著核心作用，因為對於捕食者和食物採集者來說，返回食物充足的地方很重要，還必須避開危險的地方。人類大腦中存在很多天生即有的固定連線，這些線路的存在不是因為人類世界的需求，而是演化祖先的需求。

文化記憶

當深層的生物記憶成為不斷嗡嗡運作的背景，文化記憶被我們放在前面作為構建新記憶且整合一切的途徑，只為了解這世界。生物和文化記憶對個人記憶系統的意義為何？柏林馬克斯普朗克研究所的保羅・巴爾特斯（Paul Baltes）和塔尼雅・辛格（Tania Singer）做了總結，認為兩者不可分割：

> 人們普遍認為，心智是生物性與文化性的共同建構，是兩個互動系統的互相影響：包括內部的「遺傳－生物性系統」以及外部的「物質－社會－文化系統」。大腦是這兩種遺傳系統的聯合產物[4]。

在認識生物記憶和文化記憶不可分割的同時，他們得出結論：社會文化的影響在現代世界中占主導地位。而我的所見所聞讓我相信，在一般生活中，對我們所關注及記憶的一切來說，沒有什麼比社會文化記憶的滲透更重要的了。

集體記憶（mémoire collective）這個詞是一九二五年由法國社會學家莫里斯・哈伯瓦克（Maurice Halbwachs）首次提出。哈伯瓦克的核心論點是個人的私人記憶存在於集體記憶的框架內，沒有集體記憶，私人記憶就沒有意義和依循脈絡：「然而，人們通常從社會中獲得他們的記憶；他們也從社會中回想、識別、定位自己的記憶。[5]」他認為有一套文化信仰或記憶作為「框架」，這套框架會隨著社會變化逐漸被其他人殖民。如此，一套新觀念會逐漸引入現有框架中，這意味著整體可以保持穩定，觀念經過組建會逐漸轉變。在某些持續留存的簡單形式中，比如從前基督教時期到基督教時期有很多儀式的再命名，即可看到這一點，典型的例子是我們以基督教的聖誕節取代了前基督教時期的冬至慶祝活動。

也許你注意到文化記憶的動態與個人記憶的動態相似——不是固定的、不是一成不變的，而是在當下不斷地重新建構。就好像有一個集體的人類皮質網絡組織，有時是無組織的，鬆散地構成，但不斷被大量的感官輸入修改。就像哈伯瓦克所觀察到的，過去並沒有被保留下來，而是根據現在的想法重建。他對這種修正主義的過程

4 作者註：摘自〈可塑性和衰老的心靈：大腦和行為的生物文化編排範例〉，'Plasticity and the Ageing Mind: An Exemplar of the Bio-cultural Orchestration of Brain and Behaviour', *European Review*, 9:1 (2001), 59–76.

5 作者註：Maurice Halbwachs, *On Collective Memory*, ed. and trans. Lewis A. Coser (University of Chicago Press, 1992), p. 38.

做了說明，而此描述與個人記憶的描述相同，由於自我敘述轉變，記憶發生了中斷：「……我們在回憶商店中選擇……下一個符合我們當下想法的訂單。」集體記憶的儲存十分脆弱，似乎與個人記憶一樣易變。

最古老的故事

然而在不斷變化的人類文化中，有個不變的特色就是民間的神怪傳說。它們是最古老的故事，具有普遍性又能融入當地，通過口語代代相傳。我在充滿神怪傳說的文化中長大，令人驚訝的是，到了我這一代，愛爾蘭農村依然非常接近傳統，以口語傳頌故事。神怪傳說的力量曾經深深嵌入我的深層記憶，現在依然打動我。我花了幾年時間才認識到神怪傳說中隱藏的產後精神病主題。你可能和我一樣震驚，不僅是因為伊迪絲可怕的精神病妄想，還因為它讓人想起被附身的嬰兒和兒童這些在文化上很令人熟悉的故事。伊迪絲的經歷對我來說比一窩蜂類似的好萊塢電影更有一股遙遠的熟悉感，像一道暗流不時低鳴。

愛爾蘭民間傳奇就像歐洲其他地方的神怪故事，直到快進入二十世紀才出現在紙上。當時愛爾蘭出現了一場文化復興運動「凱特爾暮光」（the Celtic Twilight），這個運動與比它早幾十年、由格林兄弟引領的保護日耳曼民族文化的運動類似[6]。以文化復興來說，把屬於愛爾蘭自己的民間傳說寫成文字具有特殊意義，因為愛爾蘭在被英國統治期間，本土語言、歷史、宗教被明文禁止了數百年。愛爾蘭當地多半都使用「愛爾蘭英語」（Hiberno-English），也就是把英語單詞搭配愛爾蘭語文法使用的混雜語。當時把愛爾蘭語當成主要流通口語的地區只有在愛爾蘭西部、北部和南部沿海極小的地區，過去如此，到了現在也是一樣，這些地方也是最有可能以愛爾蘭語講述民間傳說的地方。愛爾蘭語非常精簡，相對而言詞彙較少，意義上會開展較大的模糊空間，所以用來講述言簡意賅的神怪傳說是最完美的語言。

道格拉斯．海德（Douglas Hyde）於一八九〇首先提供有書面文字紀錄的正統愛爾蘭神怪傳說，文中使用人民「正確的語言」（根據葉慈的說法）。海德是凱爾特文化復興運動中核心集團的領導份子，但其中海德也好、葉慈也好，都沒有在一九一六年開始的愛爾蘭獨立運動投身革命。海德收集民間故事，只要他聽到這些神怪精靈的傳說，就用愛爾蘭語寫下，並在對頁寫下英文譯文[7]。我手邊那本翻開的海德寫的原版書《在火邊》（*Beside the Fire*），就是這樣呈現。這本《在火邊》屬於我的鄰居瑪麗，她嫁

6 作者註：當《格林兄弟民間故事和神怪故事》（*Brothers Grimm folk and Fairy Tales*）的原始版本在二〇一四年重新出版時，我非常高興。這些精闢的傳奇故事與兒童故事截然不同，只限定成人閱讀，證明這些故事反映的是真實生活，而不是美好的幻想。查爾斯．佩羅（Charles Perrault）在十七世紀末整裡出的法國神怪故事集是歐洲第一部口述民間故事集，以真實的原始故事進行翻譯。書中最臭名昭彰的故事是「藍鬍子」，他是一個連環謀殺妻子的男人，書中許多故事都涉及亂倫和殺嬰。

7 作者註：Douglas Hyde, *Beside the Fire: A Collection of Irish Gaelic Folk Stories* (David Nutt, 1890).

給了道格拉斯・海德的孫子。而道格拉斯・海德，這位鍾情於愛爾蘭雙語神怪傳說的作者，於一九三八年成為新愛爾蘭共和國的第一任總統。小驚喜之後，這些妖魔鬼怪精靈的民間傳說綿密地交織在我幼年的想像中[8]。

我和兄弟姊妹在愛爾蘭神怪傳說的魔幻中長大。我們的夏天都在愛爾蘭西南角凱里郡的小農場度過，母親家在那裡住了好幾代。成長過程中我們搬了好幾次家，但去拉索蘭（Rathoran）過暑假是固定的。「Rath」這個字首在愛爾蘭地名當中很常見，它在愛爾蘭語（又稱蓋爾語）的意思是一塊凸起的圓形土台，頂部平坦，四周種滿樹木，通常種的是被認為具有魔力的山楂樹，據說妖精住在圓台下。農場由母親的弟弟吉姆叔叔和妹妹小梅阿姨一起經營，吉姆叔叔告訴我們，曾經有位鄰居想把山楂樹挖掉，但只要他的拖拉機去挖，就會被山楂樹一次次地推回去。吉姆叔叔自己沒有拖拉機，每天早上仍然要靠馬車將牛奶桶運去奶油廠，直到馬死了。我對這些夏天最珍貴的記憶，是有天我起了個大早悄悄溜出臥室，所以我是兄弟姊妹中唯一去過奶油廠的孩子。我被吉姆叔叔抱上馬車後面，從農場通往阿比非爾的主幹道是條泥土路，一路顛簸，而我的腿震個不停。

「只是生活」

葉慈也拜倒在愛爾蘭民間神怪故事的咒語下，在他的書《愛爾蘭民間故事和童話》

（*Irish Folk Stories and Fairy Tales*）的導言中，他將道格拉斯・海德的成就描述為「既不幽默、也不悲傷，只是生活」。葉慈著名的短詩〈被偷換的孩子〉（The Stolen Child）很可能與兒童不明原因死亡有關：

來啊，人類的孩子！
來到水中和荒野
跟著精靈，手牽手。
世上的哭聲比你想的多更多。

這讓我們回到伊迪絲和她精神病態的信念，她的孩子被一模一樣的假貨調包了。偷換孩子這個主題是普遍的，被換過的孩子（the changeling，或稱「調換兒」、「幻形兒」）被認為是妖精留下的，真正的孩子被他們偷走了。葉慈曾說過有關妖精換子的神怪故事，一位奧蘇利文夫人認為她的孩子被「妖精偷換」了。一如以往，她跑去找當地某位靈通女人尋求建議。靈通女人建議她把蛋殼放在大鍋裡用火煮。煮蛋殼這件事

8 我小時候最喜歡的一本書是希尼得・德瓦勒拉（Sinead De Valera）編的童話集《愛爾蘭童話故事》（*Irish Fairy Stories*）（London, 1973），悉尼得嫁給了愛爾蘭的第三任總統埃蒙・德瓦萊拉（Eamonn de Valera），他也是參與獨立戰爭的革命家。

不合常理，人們只會煮雞蛋，不會煮蛋殼。如果這個孩子是乾淨的，就應該沒有上帝賜與的任何知識，他就不會對煮蛋殼這件事感到奇怪。如果他是狡猾的幻形兒，按理說就會對煮蛋殼的奇怪行為做出立即反應。當奧蘇利文夫人煮蛋殼時，孩子（幻形兒）用老男人的聲音問：「妳在做什麼？媽媽。……妳在燉東西嗎？媽媽。」上天給予說話的天賦，「現在毫無疑問證明他是被妖精偷換過的東西」。奧蘇利文夫人有個會說話的幻形兒，這個故事讓人聯想到患有產後精神病的女性所經歷的幻聽，並常把事情推給調包過的嬰兒。殺死孩子的是奧蘇利文夫人，而不是靈通女人，這種結果在未經治療的產後精神病中很常見。

在神怪傳說中稱為幻形兒的東西，在精神病學的術語中可能是替代妄想（delusion of substitution）[9]。產後精神病患的替代妄想對象可能包括她身邊所有的人，但最常見的是她的孩子、她的丈夫或伴侶，如果送她住院，她對醫護人員也會產生替代妄想。我在貝斯勒皇家醫院工作時，早已經習慣了替代妄想。如果這個女病患處於封閉狀態，我會小心翼翼處理這個想法，向她們保證，她們懷疑的冒牌貨都是疾病的一部分。我曾遇過一位婦女執著相信她的丈夫在讓她懷孕的那晚上被魔鬼附身了。雖然他現在又是她的丈夫了，但在受孕的那天晚上，魔鬼接管了他。

在產後精神病的病例中，有一半的患病女性以前從未得過精神病，它就像大白天閃電大作，出人意料。對她和她身邊的人來說，更是一種困惑奇特的經驗。好像女人生完孩子後就有了戲劇性的變化，而童話故事把這件事想成可能是母親被長得一樣的冒牌貨給頂替了。格林兄弟記錄了一個母親被替換的神怪故事：

次年，皇后生下英俊的王子，正當國王外出打獵時，女巫變成女僕出現，進入皇后在休養的房間。……女巫領著皇后走進浴室，讓她進去後鎖上了門。裡面熊熊烈火，美麗的皇后窒息而死。……現在女巫轉向自己的女兒，賦予她皇后的外形樣貌，讓她代替皇后躺在床上。

也有其他的故事，比如新產婦被妖精劫持去給妖精孩子餵奶，當她回來時，可能已是幾年後，當年的新產婦已有巨大變化。另一個主題是剛生完孩子的婦人無法睡覺，最後累到才剛閉上眼睛，旁邊等著的妖精就把幻形兒放入嬰兒床裡。這可能反映了精神病失眠的症狀，然後出現替代妄想。另外還有「妖精醫生」（Fairy Doctor），這是愛爾蘭版的聰明女巫師，是精靈傳說的另一個重要層面，妖精醫生會在小孩出生時給出建議。民俗學家艾琳．克勞斯（Erin Kraus）研究愛爾蘭某個小鎮上的妖精醫生傳

9　作者註：替代妄想有個特殊的名稱：「卡普葛拉症候群」（Capgras syndrome），此命名來自首先發現這個病的法國精神病學家。這個病更常與老年人的認知障礙有關，與產後精神病的關係反而較小。

說，她寫道：

> 妖精棲息在兩邊之間的世界，在這個世界可一眼看穿時間的邊界——黃昏或午夜，萬聖節或五月前夜[10]；在此世界可以穿越地點的邊界——在城鎮的邊緣，在潮汐之間，在花園的盡頭。……同樣地，在此世界可看到轉化狀態，如出生、成人、死亡，這些都與進入妖精的世界有關[11]。

傳統上口耳相傳的地方神怪故事現在已變成迪士尼人畜無害的全球性童話，這些故事告訴我們，好人有好報，壞人有惡報；無辜受苦者有報償，無能懶惰者被處罰。對比大部分的真實人生故事，特別是女性的人生故事，對照其中未經消毒的原始故事主題，這些推論一點也不公平。童話及傳奇研究學者瑪麗娜・華納（Marina Warner）在她引人入勝的書《從前從前：童話簡史》（*Once Upon a Time: A Short History of the Fairy Tale*）中寫了一段格林兄弟的故事。格林兄弟有一次要去德國大學城馬爾堡的一家醫院，在半路上去見了一位很會說傳奇故事的老婦人，不過這個老婦人拒絕把她的故事告訴格林兄弟。但是兩兄弟最後還是拿到了，他們找了一個年輕女孩去騙老人家說故事。馬爾堡的老婦人跟女孩說了一個故事，灰姑娘的故事，格林兩兄弟就從女孩那裡得到了「灰姑娘」。

華納寫道，「也許這個老婦人就是不想讓這些有精英氣質的年輕男人看穿女性經歷的私密想法和復仇夢想呢？」[12]在灰姑娘的原始版本中，「醜陋」的姊姊們拿刀自殘，切掉自己的腳跟和腳趾，只為了穿進那雙被認為只有完美女性能穿進去的完美鞋子。而鴿子，所謂的浪漫愛情與希望之鳥，在灰姑娘過世母親的復仇怒火下把姊姊們的眼睛啄瞎吃了。原始童話的主題通常很殘暴，但很難讓人感受到任何情緒，因為故事文本中沒有角色的主觀情感。正如葉慈說的，它們**既不幽默，也不悲哀**。故事是這樣的：父母想殺小孩，所以把小孩逐出家門；因為大野狼想吃孫女，所以先去把祖母吃了；女孩把自己偽裝成山羊，為了避免被父親強姦；綁架嬰兒和兒童，把他們關押多年，只為一個個把他們吃掉。……我們講故事時不帶任何感情，讀原著時也不放任何情緒。故事從一個事件移動到下一個事件，就像孩子講故事一樣。

我認為這些故事用這種方式傳播，主要是因為從女人傳給女孩的故事訊息太重要，不能被主觀感情扭曲。重點不是故事該如何詮釋，或者人們該如何感受，或者這

10 譯註：五月前夜（May Eve），在愛爾蘭民間傳奇中五月前一夜是妖精搬家的日子，從黃昏起到隔天清晨妖精出沒，因此所有人都閉門在家躲妖精。

11 作者註：引自艾琳・克勞斯（Erin Kraus）的著作《基爾代爾的靈通女人：摩爾・安東尼和愛爾蘭東部的流行傳統》（*Wisewoman of Kildare: Moll Anthony and Popular Tradition in the East of Ireland*，Dublin, 2011）。這本書講述的是在愛爾蘭當地有名的「靈通女人」與精靈醫生。

12 作者註：Marina Warner, *Once Upon a Time: A Short History of the Fairy Tale* (OUP, 2014).

件事是對還是錯；事實上亂倫、強姦、謀殺、性競爭都是存在的事實，女孩需要知道這些事實並學會保護自己。這些故事對生活與存活來說太有價值，無法通過說故事來轉化。女性把這些故事傳下去是一種力量，她們非典型、不刻板，帶著女性的原始樸實，對我來說這才是真正深刻的女性集體記憶，是亙古棕熊作為母親和愛人的陰暗面。

總結一些想法

我在醫學界經歷了一段時期，還是醫學院學生時學到的知識是大腦是獨立且被功能定義的神經通路，而精神病學「位於」情緒記憶迴圈黑洞中某個不知名的地方；走到現在，醫學已經開始進行連接大腦的科學性探索了。一九八〇年代還沒有神經科學部門，一九九〇年代也只有很少數——所有這些大腦知識都是新的，在歷史進程中竟像一眨眼般就發生了。隨著知識的開展，我學到有關大腦的知識，但我對這些新知識的參考點，也就是我的基本記憶，都植根於個人經驗、我病人的經驗，以及那些偉大創新思想家的經驗。這些思想家真心認為我們應該以科學去了解那些偉大藝術家早就在沉浸反省的事，這些藝術家在我們知道過程涉及哪些機制之前就寫下記憶經驗。就像大家一樣，我也是透過知識和經驗去學習。基礎記憶也許基於既定的科學知識，或深植原版傳說故事的集體智慧，或來自具有高度創造力的觀察者的天才。

知識和經驗之所以能夠融合，是因為我們有一個多層次的大腦記憶系統，新的經驗被保存在具有可塑性的海馬迴中，這是我們的記憶製造者。之後逐漸整合到可塑性較少、更能鞏固記憶的皮質中。當下經驗和記憶被整合到前額葉皮質的複雜網絡中，這是故事敘事者。在複雜性的最高點，記憶在想像中被有意識地操縱。在這個層次上，記憶可以在沒有外部感覺輸入的情況下運作，這種能力可用來形成新的思維模式、想像和創造，或者修改一個人對世界的理解。通過這樣的記憶再現，我們發展自我意識，並以同樣的方式發展理解他人的自我意識。如此，我們開始接受自己是一個獨立的人，每個人都一樣，身為人就有存在的孤獨感且與他人密不可分。理解、欣賞他人，就像他們是反射的鏡像，這是人類善良美德的神經基礎。

精神病學的核心專業在於理解經驗並為其命名，這就是為什麼精神病患很大部分要訴諸神經科學和涉及記憶組織運作的更大世界。精神疾病可能與大腦的整合程序和大腦功能網絡的中斷有關，我們現在只能通過網絡神經科學和連接組學來理解。隨著這門科學的發展，精神疾病將成為研究的主要目標，而我相信這將是結束精神病汙名化的開端。但這裡有一個重要警告：我大多數的患者並未如此樂觀。他們躲不過患病的汙名，因為患有精神疾病的是他們，即使他們克服了自己內在的汙名，他們也知道，在一般情形下，其他人並沒有。人生有些痛苦是躲不過的，如疾病、分離、死亡、失敗，有些則是不必要的——但也許這是所有折磨中最痛苦的。

回到貝斯勒森林和獾洞的日子，我真正學到的是，伊迪絲出現的情境再現、所謂對事件的回憶，也是一種經驗，雖然我在多年後才理解這件事。她第一次看到小墓碑的感受被轉化為特定的神經元印記，成為和墓碑相關的恐懼編碼。第二次再看到墓碑，立刻點燃神經元產生分支，就像一道閃電，在暴風雨中照亮了樹，創造一種全新的體驗。伊迪絲讓我明白，記憶本質上是神經編碼的經驗。這種經驗可以像戲劇一樣重演、被重新活化並引起情緒困擾，或許只有在埋藏過去的記憶回收處，才能調整這個地下直覺。

神經科學家可能會說記憶是一個程序，精神科醫生可能會說它是一個經驗庫，神經科醫生可能會討論特定大腦區域的病理導致特定的記憶功能缺陷。但是，記憶源自神經元的無限纏結和放電，是當下經驗與記憶網絡互動產生的廣大且無盡蔓延的連接關係。微型突觸活動就像燈飾閃閃爍爍、是一種全腦效應，並以全腦效應表現為有意識的經驗。用伊迪絲的話來說，「記憶是**真實的**」，這是無可辯駁的感受。理論來來去去，一代一代地在文化思潮的海洋中漂泊，但歸根結柢，人類的生活經驗比理論更重要——就像大腦，經驗是無法簡化的。

後記

每篇科學文章的末尾，作者都會寫一段標題定為「局限性」的段落，說明他們的研究存在怎樣的缺陷。他們會列出一些小細節，解釋為什麼研究結果可能不正確或不夠具有普遍性，作者通常會做出結論說，在結果被確認前，這項研究必須重複實驗，才能解決工作上的局限性。這種模糊和猶豫與非科學世界的期望相反，人們普遍希望獲得簡單明瞭的訊息，多半不容忍模糊性。但醫界必須接受模棱兩可，他們多半是猜的，卻是根據經驗、做有根據的猜測，並將繼續這樣做，直到出現可精確評估身體系統功能何處故障、處於故障的何種階段、且能分辨故障原因的機器；他們還會一直猜，猜到我們開發出專門針對某病理的生物療法或藥物療法。最後抵達這一點的一定是精神病學，因為它處理最複雜器官的最複雜層面。因此，我在結尾處提醒大家注意，本書的內容只是反映了我在寫此書和你在讀此書當時不斷變化發展的知識現狀。

二〇一八年有個美好的夏天，出現了很多讓我期待的事件。我不會忘記（只要我還記得）這個漫長炎熱的夏天揭示著愛爾蘭公投帶來的喜悅。我住在霍斯，那裡的海灣面朝北方，被懸崖圍繞，因為太冷了，藻類沒有大量繁殖，所以那裡可以游泳。游到遠處浮標後，我經常把自己攤在石頭上，被熱氣蒸著，感覺某種讓人幸福的先前記憶又被點燃，就在那個夏天。我在海裡游泳，我在記憶中游泳。

記得溫暖的石頭，在傍晚瘋狂的玫瑰紅橙色落日中游泳，在清晨只是透亮的晨光中游泳，在擦乾穿衣的儀式中和一起游泳的朋友聊天，游泳的細節多到我不知該如何說起。我家老大去年暑假住在家，來來往往的總是要提高意識注意，然後每天寫作。我現在必須離開這些沉浸在生活的瑣事，面對日漸縮短的日子。哲人加斯東・巴舍拉（Gaston Bachelard）把冬天稱為「最古老的季節……賦予我們記憶年齡，帶我們回到遙遠的過去」。

感謝你閱讀這本書，就算是其中小部分內容；我希望你能享受閱讀的樂趣，哪怕只是我在寫作過程中獲得的一小部分樂趣。

感謝

伊斯特和尚恩，我的母親和父親，以及兄弟姊妹，喬、瑪拉、特蕾莎，還有我們一起的回憶。特別感謝喬，他閱讀了部分原稿並提供詳細的回饋。

泰德・迪南，我的第一個導師和朋友，他讓我精簡概念，讓我知道我寫下的某些零碎訊息，其實是不需要的。

羅賓・莫瑞，我的第二位導師，他向我展示如何探究自己的問題。

感謝我的病人，所有人。我對那些慷慨分享自己故事供他人閱讀的人也深表感謝。

感謝科學家，他們讓世界變得清晰，讓我們知道這一切是如何運作的。我只提到一些我最喜歡的科學家，他們只是眾多偉大科學家中一小部分。非常感謝我在三一學院神經科學研究所的神經科學同事們，那是個特別的所在，在那裡，精神病學家、神經學家和實驗室科學家都可以快樂興奮地在共享知識的氛圍中並肩工作。我要特別感謝神經科學家兼作家謝恩．奧瑪拉（Shane O'Mara）把我介紹給出版界。

還有，我要感謝我的精神科醫生同行，我們共同經歷的大學交流和知識讓我們有一種獨特的聯繫。

感謝瑪麗．科斯格羅夫，我與她合作了一個神經人文研究計畫，名為「憂鬱症與大腦」。我希望在這段「鈣化二分法」的對話中，瑪麗能從我那裡學到一半，而我從她那裡學到她的一半。

我感謝詩人寶拉．米漢。我們對愛爾蘭的詩都留有特殊的位置，那地方可以追溯至凱爾特時代。與寶拉的談話讓我得到許多啟發，其中有一種理解是詩人被要求成為真正的時代紀念者。寶拉和普魯斯特一樣，如中流砥柱：她是她自己和他人經驗的觀察者。

感謝視覺藝術家塞西莉．布倫南，她的創造洞察力將我帶到我本來不會去的地方。達利，多謝你幫助我整理原始插圖。

還有負責插圖的索卡．法瑞爾及她的丈夫克里斯．考利負責閱讀手稿。

多謝我的朋友們，多謝你我在一起的歡笑和樂趣，多謝你們與我一起分享人生起伏、創傷和回憶。

感謝辛恩和羅文，他們給了我最大的快樂和最美好的回憶。

感謝比爾．漢密爾頓，我聰明的經紀人和編輯，他看到了原始未成形狀態的手稿，並幫助我理解我在寫什麼。

感謝約瑟芬．格雷伍德，我的編輯，如果沒有她敏銳的眼睛和耳朵，就無法理解整本書。

最後是我的游泳社團，尤其是 Orcas 2，可用於每天恢復平靜。

參考資料

Part 1 我們如何形成記憶

2 感覺：記憶的原料

1. Kuppuswamy P. S., Takala C. R., Sola C. L., 'Management of psychiatric symptoms in anti-NMDAR encephalitis: a case series, literature review and future directions', *General Hospital Psychiatry*, 2014; 36:388–91.
2. Sansing L. H., Tuzun E., Ko M. W., Baccon J., Lynch D. R., Dalmau J., 'A patient with encephalitis associated with NMDA receptor antibodies', *Nature Clinical Practice Neurology*, 2007; 3:291–6.
3. Jezequel J., Johansson E. M., Dupuis J. P., et al., 'Dynamic disorganization of synaptic NMDA receptors triggered by autoantibodies from psychotic patients', *Nature Communications*, 2017; 8:1791.
4. Bassett D. S., Sporns O., 'Network neuroscience', *Nature Neuroscience*, 2017; 20:353–64.
5. O'Leary N., Jairaj C., Molloy E. J., McAuliffe F. M., Nixon E., O'Keane V., 'Antenatal depression and the impact on infant cognitive, language and motor development at six and twelve months postpartum', *Early Human Development*, 2019; 134:41–6.

3 理解感覺

6. Scott J., Martin G., Bor W, Sawyer M., Clark J., McGrath J., 'The prevalence and correlates of hallucinations in Australian adolescents: results from a national survey', *Schizophrenia Research*, 2009; 107:179–85.

7. van Os J., Linscott R. J., Myin-Germeys I., Delespaul P., Krabbendam L., 'A systematic review and meta-analysis of the psychosis continuum: evidence for a psychosis proneness–persistence–impairment model of psychotic disorder', *Psychological Medicine*, 2009; 39:179–95.
8. Kurth R., Villringer K., Curio G., et al., 'fMRI shows multiple somatotopic digit representations in human primary somatosensory cortex', *Neuro Report*, 2000; 11:1487–91.
9. Ortiz-Teran L., Ortiz T., Perez D. L., et al., 'Brain plasticity in blind subjects centralizes beyond the modal cortices', *Frontiers in Systems Neuroscience*, 2016; 10:61.
10. Haigh A., Brown D. J., Meijer P., Proulx M. J., 'How well do you see what you hear? The acuity of visual-to-auditory sensory substitution', *Frontiers in Psychology*, 2013; 4:330.
11. Berger J., 'Raising the portcullis: some notes after having cataracts removed from my eyes', *British Journal of General Practice*, 2010; 60:464–5.
12. Shergill S. S., Brammer M. J., Williams S. C., Murray R. M., McGuire P. K., 'Mapping auditory hallucinations in schizophrenia using functional magnetic resonance imaging', *Archive of General Psychiatry*, 2000; 57:1033–8.
13. Plaze M., Paillere-Martinot M. L., Penttila J., et al., ' "Where do auditory hallucinations come from?" – a brain morphometry study of schizophrenia patients with inner or outer space hallucinations', *Schizophrenia Bulletin*, 2011; 37:212–21.
14. Luo Y., He H., Duan M., et al., 'Dynamic functional connectivity strength within different frequency-band in schizophrenia', *Frontiers in Psychiatry*, 2019; 10:995.
15. McGovern D. P., Astle A. T., Clavin S. L., Newell F. N., 'Task-specific trans-

fer of perceptual learning across sensory modalities', *Current Biology*, 2016; 26(1):R20–21.

4 海馬迴的故事

16. Hurst L. C., 'What was wrong with Anna O?', *Journal of the Royal Society of Medicine*, 1982; 75:129–31.
17. Slater E. T., Glithero E., 'A follow-up of patients diagnosed as suffering from "hysteria" ', *Journal of Psychosomatic Research*, 1965; 9:9–13.
18. Scoville W. B., Milner B., 'Loss of recent memory after bilateral hippocampal lesions', *Journal of Neurology, Neurosurgery and Psychiatry*, 1957; 20:11–21.
19. Vargha-Khadem F., Gadian D. G., Watkins K. E., Connelly A., Van Paesschen W., Mishkin M., 'Differential effects of early hippocampal pathology on episodic and semantic memory', *Science* 1997; 277:376–80.
20. Maguire E. A., Gadian D. G., Johnsrude I. S., et al., 'Navigation-related structural change in the hippocampi of taxi drivers', *Proceedings of the National Academy of Sciences of the USA*, 2000; 97:4398–403.
21. Schmaal L., Veltman D. J., van Erp T. G., et al., 'Subcortical brain alterations in major depressive disorder: findings from the ENIGMA Major Depressive Disorder working group', *Molecular Psychiatry*, 2016; 21:806–12.
22. Roddy D. W., Farrell C., Doolin K., et al., 'The hippocampus in depression: more than the sum of its parts? Advanced hippocampal substructure segmentation in depression', *Biological Psychiatry*, 2019; 85:487–97.
23. Viard A., Piolino P., Desgranges B., et al., 'Hippocampal activation for autobiographical memories over the entire lifetime in healthy aged subjects: an fMRI study', *Cerebral Cortex*, 2007; 17:2453–67.

24. Squire L. R., Alvarez P., 'Retrograde amnesia and memory consolidation: a neurobiological perspective', *Current Opinion in Neurobiology*, 1995; 5:169–77.
25. Daselaar S. M., Rice H. J., Greenberg D. L., Cabeza R., LaBar K. S., Rubin D. C., 'The spatiotemporal dynamics of autobiographical memory: neural correlates of recall, emotional intensity, and reliving', *Cerebral Cortex*, 2008; 18:217–29.
26. Preston A. R., Eichenbaum H., 'Interplay of hippocampus and prefrontal cortex in memory', *Current Biology*, 2013; 23:R764–73.
27. Piefke M., Weiss P. H., Zilles K., Markowitsch H. J., Fink G. R., 'Differential remoteness and emotional tone modulate the neural correlates of autobiographical memory', *Brain*, 2003; 126:650–68.
28. Wamsley E. J., 'Rhythms of sleep: orchestrating memory consolidation (com- mentary on Clemens et al.)', *European Journal of Neuroscience*, 2011; 33:509–10.
29. Batterink L. J., Creery J. D., Paller K. A., 'Phase of spontaneous slow oscillations during sleep influences memory-related processing of auditory cues', *Journal of Neuroscience*, 2016; 36:1401–9.
30. de Sousa A. F., Cowansage K. K., Zutshi I., et al., 'Optogenetic reactivation of memory ensembles in the retrosplenial cortex induces systems consolidation', *Proceedings of the National Academy of Sciences of the USA*, 2019; 116:8576–81.
31. Noh K., Lee H., Choi T. Y., et al., 'Negr1 controls adult hippocampal neurogenesis and affective behaviors', *Molecular Psychiatry*, 2019; 24:1189–205.
32. Frankland P. W, Bontempi B., 'The organization of recent and remote memories', *Nature Reviews Neuroscience*, 2005; 6:119–30.

5 第六感：隱藏的皮質

33. Buck L. B., 'Olfactory receptors and odor coding in mammals', *Nutritional Reviews*, 2004; 62:S184–8; discussion S224–41.
34. Siebert M., Markowitsch H. J., Bartel P., 'Amygdala, affect and cognition: evi- dence from 10 patients with Urbach–Wiethe disease', *Brain*, 2003; 126:2627–37.
35. Bechara A., Tranel D., Damasio H., Adolphs R., Rockland C., Damasio A. R., 'Double dissociation of conditioning and declarative knowledge relative to the amygdala and hippocampus in humans', *Science*, 1995; 269:1115–18.
36. Adolphs R., Tranel D., Damasio H., Damasio A., 'Impaired recognition of emotion in facial expressions following bilateral damage to the human amygdala', *Nature*, 1994; 372:669–72.
37. Feinstein J. S., Adolphs R., Damasio A., Tranel D., 'The human amygdala and the induction and experience of fear', *Current Biology*, 2011; 21:34–8.
38. Phelps E. A., LeDoux J. E., 'Contributions of the amygdala to emotion processing: from animal models to human behavior', *Neuron*, 2005; 48:175–87.
39. Dilger S., Straube T., Mentzel H. J., et al., 'Brain activation to phobia-related pictures in spider phobic humans: an event-related functional magnetic resonance imaging study', *Neuroscience Letters*, 2003; 348:29–32.
40. James W., 'The physical basis of emotion', *Psychological Review*, 1894; 101:205– 10.
41. Craig A. D., 'How do you feel – now? The anterior insula and human aware- ness', *Nature Reviews Neuroscience*, 2009; 10:59–70.
42. Verstaen A., Eckart J. A., Muhtadie L., et al., 'Insular atrophy and diminished disgust reactivity', *Emotion*, 2016; 16:903–12.

43. Ehrlich S., Lord A. R., Geisler D., et al., 'Reduced functional connectivity in the thalamo-insular subnetwork in patients with acute anorexia nervosa', *Human Brain Mapping*, 2015; 36:1772–81.

44. Surguladze S. A., El-Hage W., Dalgleish T., Radua J., Gohier B., Phillips M. L., 'Depression is associated with increased sensitivity to signals of disgust: a functional magnetic resonance imaging study', *Journal of Psychiatric Research*, 2010; 44:894–902.

45. Penfield W., Faulk M. E., Jr, 'The insula: further observations on its function', *Brain*, 1955; 78:445–70.

46. Nguyen D. K., Nguyen D. B., Malak R., et al., 'Revisiting the role of the insula in refractory partial epilepsy', *Epilepsia*, 2009; 50:510–20.

47. Critchley H. D., Wiens S., Rotshtein P., Ohman A., Dolan R. J., 'Neural sys- temssupportinginteroceptiveawareness', *Nature Neuroscience*, 2004; 7:189–95.

48. Critchley H. D., Tang J., Glaser D., Butterworth B., Dolan R. J., 'Anterior cingulate activity during error and autonomic response', *NeuroImage*, 2005; 27:885–95.

49. Knutson B., Rick S., Wimmer G. E., Prelec D., Loewenstein G., 'Neural pre- dictors of purchases', *Neuron*, 2007; 53:147–56.

50. Namkung H., Kim S. H., Sawa A., 'The insula: an underestimated brain area in clinical neuroscience, psychiatry, and neurology', *Trends in Neuro sciences*, 2017; 40:200–207.

51. Eisenberger N. I., Lieberman M. D., Williams K. D., 'Does rejection hurt? An FMRI study of social exclusion', *Science*, 2003; 302:290–92.

6 地方感

52. O'Keefe J., Dostrovsky J., 'The hippocampus as a spatial map. Preliminary evidence from unit activity in the freely-moving rat', *Brain Research*, 1971; 34: 171–5.

53. Colgin L. L., Moser E. I., Moser M. B., 'Understanding memory through hippocampal remapping', *Trends in Neurosciences*, 2008; 31:469–77.

54. Ekstrom A. D., Kahana M. J., Caplan J. B., et al., 'Cellular networks underlying human spatial navigation', *Nature*, 2003; 425:184–8.

55. Maguire E. A., Mummery C. J., 'Differential modulation of a common memory retrieval network revealed by positron emission tomography', *Hippocampus*, 1999; 9:54–61.

56. Rowland D. C., Roudi Y., Moser M. B., Moser E. I., 'Ten years of grid cells', *Annual Review of Neuroscience*, 2016; 39:19–40.

57. Hafting T., Fyhn M., Bonnevie T., Moser M. B., Moser E. I., 'Hippocampus-independent phase precession in entorhinal grid cells', *Nature*, 2008; 453: 1248–52.

58. Jacobs J., Weidemann C. T., Miller J. F., et al., 'Direct recordings of grid-like neuronal activity in human spatial navigation', *Nature Neuroscience*, 2013; 16: 1188–90.

59. Hall J., Thomas K. L., Everitt B. J., 'Cellular imaging of zif268 expression in the hippocampus and amygdala during contextual and cued fear memory retrieval: selective activation of hippocampal CA1 neurons during the recall of contextual memories', *Journal of Neuroscience*, 2001; 21:2186–93.

7 時間和持續感

60. Horowitz J. M., Horwitz B. A., 'Extreme neuroplasticity of hippocampal

CA1 pyramidal neurons in hibernating mammalian species', *Frontiers in Neuroanatomy*, 2019; 13:9.

61. Eichenbaum H., 'Memory on time', *Trends in Cognitive Sciences*, 2013; 17:81–8.
62. Tsao A., Sugar J., Lu L., et al., 'Integrating time from experience in the lateral entorhinal cortex', *Nature*, 2018; 561:57–62.
63. MacDonald C. J., Lepage K. Q., Eden U. T., Eichenbaum H., 'Hippocampal "time cells" bridge the gap in memory for discontiguous events', *Neuron*, 2011; 71:737–49.
64. Deuker L., Bellmund J. L., Navarro Schroder T., Doeller C. F., 'An event map of memory space in the hippocampus', *eLife*, 2016; 5.
65. Manning L., Cassel D., Cassel J. C., 'St. Augustine's reflections on memory and time and the current concept of subjective time in mental time travel', *Behavioral Sciences* (Basel), 2013; 3:232–43.
66. Rosenbaum R. S., Kohler S., Schacter D. L., et al., 'The case of K.C.: contributions of a memory-impaired person to memory theory', *Neuropsychologia*, 2005; 43:989–1021.
67. Addis D. R., Pan L., Vu M. A., Laiser N., Schacter D. L., 'Constructive episodic simulation of the future and the past: distinct subsystems of a core brain network mediate imagining and remembering', *Neuropsychologia*, 2009; 47:2222–38.
68. Buckner R. L., Andrews-Hanna J. R., Schacter D. L., 'The brain's default network: anatomy, function, and relevance to disease', *Annals of the NY Academy of Sciences*, 2008; 1124:1–38.
69. Addis D. R., Sacchetti D. C., Ally B. A., Budson A. E., Schacter D. L., 'Episodic simulation of future events is impaired in mild Alzheimer's disease',

Neuropsychologia, 2009; 47:2660–71.

70. Laureys S., Owen A. M., Schiff ND., 'Brain function in coma, vegetative state, and related disorders', *Lancet Neurology*, 2004; 3:537–46.

8 壓力：回憶與「遺忘」

71. Moskowitz A. K., ' "Scared stiff": catatonia as an evolutionary-based fear response', *Psychological Review*, 2004; 111:984–1002.
72. Lupien S. J., Wilkinson C. W., Briere S., Menard C., Ng Ying Kin N. M., Nair N. P., 'The modulatory effects of corticosteroids on cognition: stud- ies in young human populations', *Psychoneuroendocrinology*, 2002; 27: 401–16.
73. Juster R. P., McEwen B. S., Lupien S. J., 'Allostatic load biomarkers of chronic stress and impact on health and cognition', *Neuroscience and Biobehavioral Reviews*, 2010; 35:2–16.
74. Pariante C. M., Lightman S. L., 'The HPA axis in major depression: classical theories and new developments', *Trends in Neurosciences*, 2008; 31:464–8.
75. Cleare A. J., Bearn J., Allain T., et al., 'Contrasting neuroendocrine responses in depression and chronic fatigue syndrome', *Journal of Affective Disorders*, 1995; 34:283–9.
76. Sarrieau A., Vial M., McEwen B., et al., 'Corticosteroid receptors in rat hippocampal sections: effect of adrenalectomy and corticosterone replacement', *Journal of Steroid Biochemistry*, 1986; 24:721–4.
77. de Kloet E. R., Joels M., Holsboer F., 'Stress and the brain: from adaptation to disease', *Nature Reviews Neuroscience*, 2005; 6:463–75.
78. Joels M., de Kloet E. R., 'Effects of glucocorticoids and norepinephrine on the excitability in the hippocampus', *Science*, 1989; 245:1502–5.
79. O'Keane V., Lightman S., Patrick K., Marsh M., Papadopoulos A. S.,

Pawlby S., Seneviratne G., Taylor A., Moore R. J.' 'Changes in the maternal hypothalamic–pituitary–adrenal axis during the early puerperium may be related to the postpartum "blues"',. *Neuroendocrinology*, 2011; 11:1149–55.

80. Meaney M. J., Aitken D. H., Bodnoff S. R., Iny L. J., Sapolsky R. M., 'The effects of postnatal handling on the development of the glucocorticoid receptor systems and stress recovery in the rat', *Progress in Neuropsychophar macology and Biological Psychiatry*, 1985; 9:731–4.
81. Magarinos A. M., Verdugo J. M., McEwen B. S., 'Chronic stress alters synaptic terminal structure in hippocampus', *Proceedings of the National Academy of Sciences of the USA*, 1997; 94:14002–8.
82. McEwen B. S., 'Allostasis and allostatic load: implications for neuropsychopharmacology', *Neuropsychopharmacology*, 2000; 22:108–24.
83. Ouellet-Morin I., Robitaille M. P., Langevin S., Cantave C., Brendgen M., Lupien S. J., 'Enduring effect of childhood maltreatment on cortisol and heart rate responses to stress: the moderating role of severity of experiences', *Development and Psychopathology*, 2019; 31:497–508.
84. Frodl T., O'Keane V., 'How does the brain deal with cumulative stress? A review with focus on developmental stress, HPA axis function and hippocampal structure in humans', *Neurobiology of Disease*, 2013; 52:24–37.
85. Warner-Schmidt J. L., Duman R. S., 'Hippocampal neurogenesis: opposing effects of stress and antidepressant treatment', *Hippocampus*, 2006; 16: 239–49.
86. Tozzi L., Doolin K., Farrel C., Joseph S., O'Keane V., Frodl T., 'Functional magnetic resonance imaging correlates of emotion recognition and voluntaryattentionalregulation in depression: A generalized psycho-physiological interaction study', *Journal of Affective Disorders*, 2017; 208:535–44.

87. Frodl T., Strehl K., Carballedo A., Tozzi L., Doyle M., Amico F., Gormley J., Lavelle G., O'Keane V., 'Aerobic exercise increases hippocampal subfield volumes in younger adults and prevents volume decline in the elderly', *Brain Imaging and Behaviour*, March 2019.
88. Tozzi L., Carballedo A., Lavelle G., Doolin K., Doyle M., Amico F., McCarthy H., Gormley J., Lord A., O'Keane V., Frodl T., 'Longitudinal functional connectivity changes correlate with mood improvement after regular exercise in a dose-dependent fashion', *European Journal of Neuroscience* 2016; 43(8): 1089–96.

Part 2 記憶如何塑造我們

9 自覺：自傳式記憶的開始

89. Carroll S. B., 'Evo-devo and an expanding evolutionary synthesis: a genetic theory of morphological evolution', *Cell*, 2008; 134:25–36.
90. Lewis M., Ramsay D., 'Development of self-recognition, personal pronoun use, and pretend play during the 2nd year', *Child Development*, 2004; 75: 1821–31.
91. Plotnik J. M., de Waal F. B., Reiss D., 'Self-recognition in an Asian elephant', *Proceedings of the National Academy of Sciences of the USA*, 2006; 103:17053–7.
92. Prior H., Schwarz A., Gunturkun O., 'Mirror-induced behavior in the magpie (Pica pica): evidence of self-recognition', *PLoS Biology*, 2008; 6:e202.
93. Hutchison W. D., Davis K. D., Lozano A. M., Tasker R. R., Dostrovsky J. O., 'Pain-related neurons in the human cingulate cortex', *Nature Neuroscience*, 1999; 2:403–5.
94. Swiney L., Sousa P., 'A new comparator account of auditory verbal halluci-

nations: how motor prediction can plausibly contribute to the sense of agency for inner speech', *Frontiers in Human Neuroscience*, 2014; 8:675.

95. Bastiaansen J. A., Thioux M., Keysers C., 'Evidence for mirror systems in emotions', *Philosophical Transactions of the Royal Society of London Series B: Biological Sciences*, 2009; 364:2391–404.
96. Carr L., Iacoboni M., Dubeau M. C., Mazziotta J. C., Lenzi G. L., 'Neural mechanisms of empathy in humans: a relay from neural systems for imitation to limbic areas', *Proceedings of the National Academy of Sciences of the USA*, 2003; 100:5497–502.
97. Singer T., Seymour B., O'Doherty J., Kaube H., Dolan R. J., Frith C. D., 'Empathy for pain involves the affective but not sensory components of pain', *Science*, 2004; 303:1157–62.
98. Meffert H., Gazzola V., den Boer J. A., Bartels A. A., Keysers C., 'Reduced spontaneous but relatively normal deliberate vicarious representations in psychopathy', *Brain*, 2013; 136:2550–62.
99. Wiech K., Jbabdi S., Lin C. S., Andersson J., Tracey I., 'Differential structural and resting state connectivity between insular subdivisions and other pain-related brain regions', *Pain*, 2014; 155:2047–55.
100. Butti C., Hof P. R., 'The insular cortex: a comparative perspective', *Brain Structure and Function*, 2010; 214:477–93.
101. Seeley W. W., Carlin D. A., Allman J. M., et al., 'Early frontotemporal dementia targets neurons unique to apes and humans', *Annals of Neurology*, 2006; 60:660–67.
102. Allman J. M., Watson K. K., Tetreault N. A., Hakeem A. Y., 'Intuition and autism: a possible role for Von Economo neurons', *Trends in Cognitive Sci ences*, 2005; 9:367–73.

103. Dolan R. J., Fletcher P. C., McKenna P., Friston K. J., Frith C. D., 'Abnormal neural integration related to cognition in schizophrenia', *Acta Psychiatrica Scandinavica*, 1999; s395:58–67.

104. Brune M., Schobel A., Karau R., et al., 'Von Economo neuron density in the anterior cingulate cortex is reduced in early onset schizophrenia', *Acta Neuropathologica*, 2010; 119:771–8.

105. Costain G., Ho A., Crawley A. P., et al., 'Reduced gray matter in the anterior cingulate gyrus in familial schizophrenia: a preliminary report', *Schizophrenia Research*, 2010; 122:81–4.

106. Rizzolatti G., 'Multiple body representations in the motor cortex of primates', *Acta Biomedica Ateneo Parmense*, 1992; 63:27–9.

107. Maranesi M., Livi A., Fogassi L., Rizzolatti G., Bonini L., 'Mirror neuron activation prior to action observation in a predictable context', *Journal of Neuroscience*, 2014; 34:14827–32.

10 生命之樹：分支和修剪

108. Herholz S. C., Halpern A. R., Zatorre R. J., 'Neuronal correlates of percep- tion, imagery, and memory for familiar tunes', *Journal of Cognitive Neuroscience*, 2012; 24:1382–97.

109. Gogtay N., Giedd J. N., Lusk L., et al., 'Dynamic mapping of human cortical development during childhood through early adulthood', *Proceedings of the National Academy of Sciences of the USA*, 2004; 101:8174–9.

110. Zhou D., Lebel C., Treit S., Evans A., Beaulieu C., 'Accelerated longitudinal cortical thinning in adolescence', *NeuroImage*, 2015; 104:138–45.

111. Storsve A. B., Fjell A. M., Tamnes C. K., et al., 'Differential longitudinal changes in cortical thickness, surface area and volume across the adult life

span: regions of accelerating and decelerating change', *Journal of Neuro science*, 2014; 34:8488–98.

112. Boksa P., 'Abnormal synaptic pruning in schizophrenia: Urban myth or reality?', *Journal of Psychiatry and Neuroscience*, 2012; 37:75–7.
113. Whitaker K. J., Vertes P. E., Romero-Garcia R., et al., 'Adolescence is associated with genomically patterned consolidation of the hubs of the human brain connectome', *Proceedings of the National Academy of Sciences of the USA*, 2016; 113:9105–10.
114. O'Callaghan E., Sham P., Takei N., Glover G., Murray R. M., 'Schizophrenia after prenatal exposure to 1957 A2 influenza epidemic', *Lancet*, 1991; 337:1248–50.
115. Murray R. M., 'Mistakes I have made in my research career', *Schizophrenia Bulletin*, 2017; 43:253–6.
116. Weinstock M., 'Alterations induced by gestational stress in brain morphology and behaviour of the offspring', *Progress in Neurobiology*, 2001; 65:427–51.
117. Salat D. H., Buckner R. L., Snyder A. Z., et al., 'Thinning of the cerebral cortex in aging', *Cerebral Cortex*, 2004; 14:721–30.

11 自我意識

118. Elliott B., Joyce E., Shorvon S., 'Delusions, illusions and hallucinations in epi- lepsy: 2. Complex phenomenaand psychosis', *Epilepsy Research*, 2009; 85:172–86.
119. Edelman G. M., Gally J. A., 'A model for the 7s antibody molecule', *Proceed ings of the National Academy of Sciences of the USA*, 1964; 51:846–53.
120. Kelly J. R., Baker A., Babiker M., Burke L., Brennan C., O'Keane V., 'The

psychedelic renaissance: the next trip for psychiatry? *Irish Journal of Psycho logical Medicine*, 2019:1–5.

12 性激素和會唱歌的鳥

121. Hall Z. J., Macdougall-Shackleton S. A., 'Influence of testosterone metabolites on song-control system neuroplasticity during photostimulation in adult European starlings (Sturnus vulgaris). *PLoS One*, 2012; 7:e40060.
122. Draper P., Belsky J., 'Personality development in the evolutionary perspective', *Journal of Personality*, 1990; 58:141–61.
123. Plant T. M., 'The role of KiSS-1 in the regulation of puberty in higher primates', *European Journal of Endocrinology*, 2006; 155 Suppl 1:S11–16.
124. Ball G. F., Ketterson E. D., 'Sex differences in the response to environmental cues regulating seasonal reproduction in birds', *Philosophical Transactions of the Royal Society of London Series B: Biological Sciences*, 2008; 363:231–46.
125. Bean L. A., Ianov L., Foster T. C., 'Estrogen receptors, the hippocampus, and memory', *Neuroscientist*, 2014; 20:534–45.
126. Wierckx K., Elaut E., Van Hoorde B., et al., 'Sexual desire in trans persons: associations with sex reassignment treatment', *Journal of Sexual Medicine*, 2014; 11:107–18.
127. Hamann S., Stevens J., Vick J. H., et al., 'Brain responses to sexual images in 46,XY women with complete androgen insensitivity syndrome are female-typical', *Hormones and Behavior*, 2014; 66:724–30.
128. Henningsson S., Madsen K. H., Pinborg A., et al., 'Role of emotional process- ing in depressive responses to sex-hormone manipulation: a pharmacological fMRI study', *Translational psychiatry*, 2015; 5:e688.
129. Miedl S. F., Wegerer M., Kerschbaum H., Blechert J., Wilhelm F. H., 'Neural

activity during traumatic film viewing is linked to endogenous estradiol and hormonal contraception', *Psychoneuroendocrinology*, 2018; 87:20–26.

130. Sotres-Bayon F., Bush D. E., LeDoux J. E., 'Emotional perseveration: an update on prefrontal-amygdala interactions in fear extinction', *Learning and Memory*, 2004; 11:525–35.
131. Choudhury S., Blakemore S. J., Charman T., 'Social cognitive development during adolescence', *Social Cognitive and Affective Neuroscience*, 2006; 1:165–74.
132. Teicher M. H., Samson J. A., 'Annual research review: enduring neurobiological effects of childhood abuse and neglect', *Journal of Child Psychology and Psychiatry*, 2016; 57:241–66.
133. De Bellis M. D., Keshavan M. S., Shifflett H., et al., 'Brain structures in pediatric maltreatment-related posttraumatic stress disorder: a sociodemographically matched study', *Biological Psychiatry*, 2002; 52:1066–78.
134. Pechtel P., Lyons-Ruth K., Anderson C. M., Teicher M. H., 'Sensitive periods of amygdala development: the role of maltreatment in preadolescence', *NeuroImage*, 2014; 97:236–44.
135. Whittle S., Dennison M., Vijayakumar N., et al., 'Childhood maltreatment and psychopathology affect brain development during adolescence', *Journal of the American Academy of Child and Adolescent Psychiatry*, 2013; 52:940–52 e1.
136. Cullen K. R., Vizueta N., Thomas K. M., et al., 'Amygdala functional connectivity in young women with borderline personality disorder', *Brain Connectivity*, 2011; 1:61–71.
137. Linehan M. M., Heard H. L., Armstrong H. E., 'Naturalistic follow-up of a behavioral treatment for chronically parasuicidal borderline patients', *Arch*

ive of General Psychiatry, 1993; 50:971–4.

138. Stoffers J. M., Vollm B. A., Rucker G., Timmer A., Huband N., Lieb K., 'Psychological therapies for people with borderline personality disorder', *Cochrane Database of Systematic Reviews*, 2012:CD005652.

139. Roberts B. W., Caspi A., Moffitt T. E., 'The kids are alright: growth and stability in personality development from adolescence to adulthood', *Journal of Personality and Social Psychology*, 2001; 81:670–83.

140. Goodman M., Carpenter D., Tang C. Y., et al., 'Dialectical behavior therapy alters emotion regulation and amygdala activity in patients with borderline personality disorder', *Journal of Psychiatric Research*, 2014; 57:108–16.

141. O'Keane V., O'Hanlon M., Webb M., Dinan T., 'd-fenfluramine/prolactin response throughout the menstrual cycle: evidence for an oestrogen- induced alteration', *Clinical Endocrinology* (Oxford), 1991; 34:289–92.

142. O'Keane V., Dinan T. G., 'Sex steroid priming effects on growth hormone response to pyridostigmine throughout the menstrual cycle', *Journal of Clinical Endocrinology and Metabolism*, 1992; 75:11–14.

143. Frokjaer V. G., Pinborg A., Holst K. K., et al., 'Role of serotonin transporter changes in depressive responses to sex-steroid hormone manipulation: a positron emission tomography study', *Biological Psychiatry*, 2015; 78:534–43.

13 生活中不斷變化的敘事

144. Mundt A. P., Chow WS., Arduino M., et al., 'Psychiatric hospital beds and prison populations in South America since 1990: does the Penrose hypothesis apply? *JAMA Psychiatry*, 2015; 72:112–18.

145. Gulati G., Keating N., O'Neill A., Delaunois I., Meagher D., Dunne C. P., 'The prevalence of major mental illness, substance misuse and homeless-

ness in Irish prisoners: systematic review and meta-analyses', *Irish Journal of Psychological Medicine*, 2019; 36:35–45.

14 假或真

146. Follette V. M., Polusny M. A., Bechtle A. E., Naugle A. E., 'Cumulative trauma: the impact of child sexual abuse, adult sexual assault, and spouse abuse', *Journal of Traumatic Stress,* 1996; 9:25–35.
147. Cochran K. J., Greenspan R. L., Bogart D. F., Loftus E. F., 'Memory blindness: altered memory reports lead to distortion in eyewitness memory', *Memory and Cognition*, 2016; 44:717–26.
148. Deisseroth K., 'Optogenetics', *Nature Methods*, 2011; 8:26–9.
149. Bi A., Cui J., Ma Y. P., et al., 'Ectopic expression of a microbial-type rhodopsin restores visual responses in mice with photoreceptor degeneration', *Neuron*, 2006; 50:23–33.
150. Nagel G., Ollig D., Fuhrmann M., et al., 'Channelrhodopsin-1: a light-gated proton channel in green algae', *Science*, 2002; 296:2395–8.
151. Boyden E. S., Zhang F., Bamberg E., Nagel G., Deisseroth K., 'Millisecond-timescale, genetically targeted optical control of neural activity', *Nature Neuroscience*, 2005; 8:1263–8.
152. Ramirez S., Liu X., Lin P. A., et al., 'Creating a false memory in the hippocampus', *Science*, 2013; 341:387–91.
153. Wykes R. C., Heeroma J. H., Mantoan L., et al., 'Optogenetic and potassium channel gene therapy in a rodent model of focal neocortical epilepsy', *Science Translational Medicine*, 2012; 4:161ra52.
154. Wykes R. C., Kullmann D. M., Pavlov I., Magloire V., 'Optogenetic approaches to treat epilepsy', *Journal of Neuroscience Methods*, 2016; 260:215–

20.
155. Fan Z. L., Wu B., Wu G. Y., et al., 'Optogenetic inhibition of ventral hippocampal neurons alleviates associative motor learning dysfunction in a rodent model of schizophrenia', *PLoS One*, 2019; 14:e0227200.
156. Barnett S. C., Perry B. A. L., Dalrymple-Alford J. C., Parr-Brownlie L. C., 'Optogenetic stimulation: understanding memory and treating deficits', *Hippocampus*, 2018; 28:457–70.
157. Fonseca R., Nagerl U. V., Morris R. G., Bonhoeffer T., 'Competing for mem- ory: hippocampal LTP under regimes of reduced protein synthesis', *Neuron*, 2004; 44:1011–20.
158. Barron H. C., Vogels T. P., Behrens T. E., Ramaswami M., 'Inhibitory engrams in perception and memory', *Proceedings of the National Academy of Sciences of the USA*, 2017; 114:6666–74.

15 最古老的記憶

159. Edwards C. J., Suchard M. A., Lemey P., et al., 'Ancient hybridization and an Irish origin for the modern polar bear matriline', *Current Biology*, 2011; 21:1251–8.
160. Heinz T., Pala M., Gomez-Carballa A., Richards M. B., Salas A., 'Updating the African human mitochondrial DNA tree: relevance to forensic and population genetics', *Forensic Science International: Genetics*, 2017; 27:156–9.
161. Dinan T. G., Cryan J. F., 'The microbiome–gut–brain axis in health and disease', *Gastroenterology Clinics of North America*, 2017; 46:77–89.

belle vue 30

記憶
我們如何形成記憶，記憶又如何塑造我們？精神病學家探索解析大腦記憶之謎

作　　者　薇洛妮卡．歐金（Veronica O'Keane）
譯　　者　潘昱均
總 編 輯　曹　慧
主　　編　曹　慧
編輯協力　陳以音
封面設計　Bianco Tsai
內頁排版　楊思思
行銷企畫　林芳如
出　　版　奇光出版／遠足文化事業股份有限公司
E-mail: lumieres@bookrep.com.tw
粉絲團：https://www.facebook.com/lumierespublishing
發　　行　遠足文化事業股份有限公司（讀書共和國出版集團）
http://www.bookrep.com.tw
23141新北市新店區民權路108-4號8樓
電　　話：(02) 22181417
郵撥帳號：19504465　戶名：遠足文化事業股份有限公司
法律顧問　華洋法律事務所 蘇文生律師
印　　製　成陽印刷股份有限公司
初版一刷　2021年12月
初版二刷　2024年1月1日
定　　價　420元
I S B N　978-986-06878-1-1
978-986-0687835（EPUB）
978-986-0687828（PDF）

歡迎團體訂購，另有優惠，請洽業務部（02）22181417分機1124、1135

國家圖書館出版品預行編目（CIP）資料

記憶：我們如何形成記憶，記憶又如何塑造我們？精神病學家探索解析大腦記憶之謎 / 薇洛妮卡．歐金（Veronica O'Keane）著；潘昱均譯. -- 初版. -- 新北市：奇光出版：遠足文化事業股份有限公司發行, 2021.10
面；　公分
譯自：The rag and bone shop : how we make memories and memories make us
ISBN 978-986-06878-1-1（平裝）

1. 記憶　2. 生理心理學

176.33　　110013228

線上讀者回函